KB244832

생명의 거미줄

현대시와 에코페미니즘

The Web of Life

The Contemporary Poetry and Ecofeminism

지은이 **이혜원**(李惠嫄)은 1966년 강원 양양에서 태어나 서울에서 성장했다. 고려대학교 국어교육과를 졸업하고 동대원에서 석사·박사 학위를 받았다. 1991년 『동아일보』 신춘문예로 등단하여 문학평론가로 활동하고 있으며, 김달진문학상을 수상한 바 있다. 저서로 『현대시의 욕망과 이미지』, 『세기말의 꿈과 문학』, 『현대시 깊이 읽기』, 『현대시와 비평의 풍경』 등이 있다. 현재 고려대학교 문예창작학과 교수로 재직 중이다.

생명의 거미줄

현대시와 에코페미니즘

1판 1쇄 발행 2007년 3월 25일
1판 2쇄 발행 2008년 10월 10일

지은이 / 이혜원
펴낸이 / 박성모
펴낸곳 / 소명출판
등록 / 제13-522호
주소 / 137-878 서울시 서초구 서초동 1621-18 (란빌딩 1층)
대표전화 / (02) 585-7840
팩시밀리 / (02) 585-7848

somyong@korea.com / www.somyong.co.kr

ⓒ 2007, 이혜원

값 18,000원

ISBN 89-5626-245-4 93810

생명의 거미줄

현대시와 에코페미니즘

The Web of Life

The Contemporary Poetry and Ecofeminism

이혜원

이 책에 처음부터 이런 제목을 붙이려고 의도하지는 않았다. 그동안 쓴 글을 모아보니 엇비슷하여 함께 묶을 수 있는 것들이 추려졌다. 모든 시가 궁극적으로는 생명과 아름다움을 지향하는 것이거늘 표 나게 이런 제목을 붙일 필요가 있을까 망설이기도 하였다. 내 글의 관심은 항상 견고한 이론이나 분명한 주장보다는 각각의 시가 갖는 고유한 숨결과 표정을 살피고 즐기는 데 있었다. 딱딱한 잣대나 뻣뻣한 그물망 안에서 섬세한 시들은 쉽게 위축되고 망가진다. 내가 간혹 적용하려한 이론들은 시를 가두거나 토막 치지 않고 더 새롭고 생생한 것으로 보기 위함이었다.

주제를 의식하고 쓰지는 않았지만 묶고 보니 최근에 나의 관심사가 자연·여성·근원 등의 문제에 집중돼 있음을 알겠다. 아마도 내가 좋아하는 시들의 경향이 거기에 가깝기 때문일 것이다. 인간 중심, 남성 중심, 현실 중심의 풍토에 역행하는 주변적인 것들을 그린 시들에서 나는 미약하지만 귀중한 통찰을 발견한다. 중심이 아닌 것에 대한 관심은 모든 생명을 유지시키는 생물적 다양성, 나아가 문화적 다양성을 인정하는 길이다. 다양한 개체들이 균형 있게 어울려 살아가는 것이야말로 생태계나 문화계가 상생할 수 있는 방법이기도 하다.

'생명의 거미줄'은 심층생태학의 핵심 개념으로서, 다른 존재들과 유기적으로 얽혀있는 생명의 본성을 의미한다. 서로가 끊을 수 없는 관계의 망 속에 놓여있다고 할 때 감히 무시하거나 가벼이 여길 수 있는 존재는 없다. 과도한 욕망이 전체의 균형을 깨트리고 그것이 곧 공멸의 위기로 다가온다는 불변의 이치도 쉽게 체감할 수 있다. 그런데 에코페미니즘에서는 '전체'에 대한 강조가 개별 존재들의 영역을 넘어서 확대될 수 있는 가능성을 우려한다. 더 큰 전체를 위해 작은 개체들의 희생을 간과해서는 안 된다는 것이다. 생명의 진정한 상호 연관성은 보다 넓은 전체뿐 아니라 개별 존재와의 구체적인 관계 속에서 실현될 수 있다는 에코페미니즘의 입장은 모든 존재와 사유의 다양성을 향해 열려 있다. 에코페미니즘에서는 모든 존재들의 다양성과 개성이 손상되지 않고 균형 있게 직조된 '생명의 거미줄'을 지향한다. 이 책의 모든 글들이 넓게 보면 이러한 입장과 다르지 않기 때문에 부제를 '현대시와 에코페미니즘'으로 하였다.

제1부 '자연과 여성'에서는 자연과 여성성 혹은 여성시와 관련되는 글들을 묶었다. 자연과 여성의 관계를 조명하는 에코페미니즘 이론을 직접적으로 적용한 글을 비롯하여 남성의 시각에서 보는 여성성, 그리고 여성시인들이 구사하는 언어와 사유의 특성을 다룬 글들이 있다. 에코페미니즘에서 강조하는 '영성'이 '이성'과 달리 생명에 대한 원초적이면서도 통합적인 교감으로서 자연과의 '살아있는 관계'를 유지할 수 있는 여성적 능력임을 발견할 수 있다. 더불어 여성 특유의 본능과 감각이 삶의 숨결과 상생의 지혜를 산출하는 과정을 주목해 보았다.

제2부 '자연과 근원'에서는 근원적 세계에 대한 사유와 동경이 깃든

시들을 살펴보았다. 자연과 관련되는 시들은 대체로 근원에 대한 지향이 강한 편이다. 근원으로서의 자연은 문명의 폐해와 근대화가 일으킨 소외로 인해 방황하는 인간들에게 되찾아야할 본연의 가치를 제시해준다. 본래의 자연에 대한 관심이 퇴행이 아닌 새로운 대안임을 알 수 있다.

제3부 '자연의 미학'에서는 생태시들의 미학적 층위를 생각해보았다. 대개 생태시들은 주제론적인 측면에 비해 미학적인 면에 대해서는 별로 조명을 받지 못한다. 주제면의 선명성에 비하면 미학적인 특장이 별무하기 때문일 것이다. 그러나 미학적인 성과가 미미한 생태시의 생명력은 급속도로 고갈되기 마련이다. 좋은 생태시는 먼저 좋은 시로서 읽힐 수 있어야 한다. 좋은 생태시들이 갖는 미학적 특성을 살펴보았더니, 자연의 형상과 리듬을 많이 닮았다.

우리들 삶의 조건은 점점 자연에서 멀어지는데, 여전히 자연을 노래하는 시들이 많다. 현실 저편은 시가 늘 기대왔던 낭만이거나 희망이다. 문명의 몸살을 앓고 있는 시대에 자연의 노래는 진정한 소통과 살아있는 관계의 회복을 희구한다. 그것이 크고 화려한 목청은 아니지만 귀한 소리이고 오래 지속될 것임을 안다.

이 책을 엮으면서 재작년 돌아가신 어머니 생각이 많이 났다. 낳고, 기르고, 북돋우고, 배려하는 데 아낌이 없으셨던 어머니께 이 책을 바치고 싶다. 우연 혹은 필연으로 나와 한 거미줄에 엮인 모든 소중한 분들께도 감사의 인사를 올린다.

2007년 봄
이혜원

생명의 거미줄
현대시와 에코페미니즘

책머리에 __ 3

자연과 여성

살아 있는 관계의 회복을 실천하는 시
백석 시의 에코페미니즘적 이해

자발적 복종과 저항의 양식
한용운 시에 나타나는 자연과 여성의 재해석

가족의 이산(離散)과 가족의 이상(理想)
1920~30년대 시에 나타난 가족과 여성

해원(解寃)과 부활의 주술
강은교 시와 샤머니즘

곡신(谷神)의 시대, 여성의 시 쓰기

살아 있는 관계의 회복을 실천하는 시

백석 시의 에코페미니즘적 이해

1. 대안적 세계관으로서의 에코페미니즘

백석은 1980년대 후반 해금 이후 우리 현대시 연구사에서 가장 많은 주목을 받아온 시인이다. 해금 직후 단발적인 조명을 받는 데서 그쳤던 다른 시인들에 비해 백석에 대한 관심은 지속적으로 확대되어 왔다. 백석 시에 대한 관심이 증대되는 이유는 그의 시가 당대적 의미를 넘어서 새로운 세기에도 여전히 유효한 미래지향적인 전망으로서의 가능성을 보여주기 때문이다. "작은 사투리와 옛 이야기, 연중 행사의 묵은 기억 등을 그것도 질서도 없이 그저 곳간에 볏섬 쌓듯이 그저 구겨넣는 데 지나지 않는다"[1]고 당대 첨단의 모더니스트였던 오장환으로부터 혹평

---

1) 오장환, 「백석론」, 『풍림』, 1937.4, 19면.

을 받았던 백석의 시는 포스트모더니즘시대를 지나 최근의 페미니즘이
나 생태주의, 탈식민주의 이론의 적용을 받으면서도 계속 새로운 의미
를 부여받고 있다. 백석의 시가 당대를 초월하는 근원적이면서도 독창
적인 세계를 내포하고 있기 때문이다. 그의 시는 전근대적인 토속과 방
언의 세계를 그렸는데도 탈근대적 형식으로서 주목받으며,[2] 식민지 현
실을 직접적으로 언급한 바 없지만 탈식민주의적인 대안으로 거론되
고,[3] 남성 시인이면서도 페미니즘의 조명을 받고,[4] 자연을 예찬한 어떤
시인보다도 생태주의의 핵심에 닿아 있는 것으로 평가된다.[5] 모든 불평
등과 속박에 대한 근원적인 부정에 해당하는 그의 시는 당대의 식민지
현실뿐 아니라 현재의 인간과 자연, 남성과 여성 사이에서 이루어지는
대립과 차별에 대한 비판적 대안을 제시한다.

이 글에서는 백석 시가 갖는 현재성을 조명하기 위해 에코페미니즘
적 관점으로 그의 시를 검토해보고자 한다. 에코페미니즘은 최근의 문
학 이론 중에서 광범위한 영향력을 행사하는 생태 담론과 페미니즘이
결합한 혁신적인 이론이다. "생태담론과 에코페미니즘은 서로 영향을
주고받으며 전개되어왔으며 에코페미니즘은 생태담론에 더욱 더 근본
적으로 혁명적인 시각을 더해준다."[6] 최근의 환경 문제는 인류의 생존

---

2) 박윤우, 「백석 시에 있어서 고향의식과 근대성의 관계양상 연구」, 『국제어문』 20호,
　1999.7, 121~138면; 정유화, 「시적 방법과 근대적 자아의 초상—백석론」, 『어문연구』
　103호, 1999.9, 73~90면; 최정례, 「백석 시의 근대성 연구」, 고려대 박사논문, 2005.
3) 김용희, 「'몸말'의 민족시학과 민족 젠더화의 문제—백석의 경우」, 『여성문학연구』
　12호, 2004.12, 189~213면.
4) 곽봉재, 「백석 시의 이미지 연구—'불'과 '여성'의 이미지를 중심으로」, 『국어국문학』
　124호, 1998, 271~289면; 이숭원, 「백석의 삶과 문학적 대응 양상 연구—여성과 관련된
　작품을 중심으로」, 『한국시학연구』 7호, 2002, 217~242면; 박민영, 「백석 시의 상상력
　—집단의식」, 『현대시의 상상력과 동일성』, 태학사, 2003, 89~131면; 이혜원, 「1920~30
　년대 시에 나타난 가족과 여성」, 『여성문학연구』 13호, 2005.6, 57~85면.
5) 김은자, 「생명의 시학」, 『백석』, 새미, 1996, 259~295면; 김수이, 「1930년대 시에 나
　타난 자연 인식 양상 고찰」, 『현대문학이론연구』 23호, 2004, 27~53면; 이문재, 「백석
　시의 생태학적 상상력 고찰」, 경희대 석사논문, 2004.
6) 이귀우, 「생태담론과 에코페미니즘」, 『새한영어영문학』 43권 1호, 2001, 39면.

과 관련하여 가장 심각한 문제로 부각되고 있다. 근대의 개발정책과 이성 중심주의가 근본적으로 재검토되기 시작한 것도 삶의 근원적인 터전이 위협받기 시작한 현실적 상황에서 비롯된 것이다. 초기의 환경론이 인간 중심적인 관점을 벗어나지 못하여 자연의 훼손을 저지할 근본적인 해결책이 될 수 없다는 비판이 제기되면서 관점의 혁신을 동반하는 심층생태학이 부각되기 시작한다. 심층생태학에서는 기존의 인간 중심적인 시각을 교정하고 자연과 생명을 재발견하는 의식의 근본적인 변화를 지향한다. 에코페미니즘 역시 자연에 대한 의식의 근본적인 전환을 도모한다는 점에서 이와 유사한 양상을 보인다.

그렇다면 심층생태학과 에코페미니즘의 차이점은 무엇일까? 이 두 가지 이론은 환경침체현상의 근본 원인을 이해하는 시각에서 달라진다. 심층생태학에서 가장 비난하는 것은 인간 중심적인 세계관인 데 비해 에코페미니즘에서는 남성 중심적인 세계관을 문제 삼는다. 심층생태학의 자아 개념이 중성적이고 관념적인 것에 비해 에코페미니즘에서는 자연과의 관계에서 남성과 여성의 차이를 구분한다. 여성은 자연에 대해 지배적이고 적대적인 관계에 있지 않고, 가부장제하에서 자연과 마찬가지로 착취와 억압의 대상으로 존재했다는 것이다. 따라서 남성들이 여성성을 띤 타자를 정복하면서 남성으로서의 정체성을 획득한 것과 달리 자연과 여성들은 불가피하게 타자의 위치에 놓여 있었다고 할 수 있다. 심층생태학에서 더 큰 '전체' 즉 자연과의 동일시를 통해 인간이 각 개체에게 주는 상해를 극소화하려고 하는 것에 대해 에코페미니즘에서는 이것이 좀 더 지속적이고 추상적인 것을 선호하여 특수성의 구체적인 세계를 초월하려는 데 익숙한 남성들의 무의식적 충동을 반영하는 것은 아닌지 의심한다. 에코페미니즘에서는 개인 존재 영역을 넘어선 전체주의 철학을 경계하면서 모든 생명의 상호 연관성에 대한 우리의 깊고도 전체적인 의식은 더 넓은 전체뿐만 아니라 특정한 개별 존재와의 관계에서 우리가 경험하는 생활에서 나오는 인식이어야 한다고 주장한다.[7] 이처럼 에코페미니즘은 심층생태학에서 간과하기 쉬운 인간중심주의의 추상성을 경계하며, 자연과 여성 억압의 근본 원인으로 자본주의적 가부장제를 지목하고 그것을 극복할 수 있는 대안으로 여성적 사유와 관점을 중시한다.[8]

에코페미니즘은 그 동안 끊임없는 대립과 갈등을 일으켜 온 이원론적 세계관에 대한 근본적인 비판을 통해 평화롭고 호존적인 생명의 존속을 도모하고 있다. 이원론적 세계관으로 인해 자연과 여성, 하층 계급, 소수민족 등에 행해지던 차별과 폭력을 근절하려는 것이다. 이는 근대가 노정했던 복합적 문제이기도 하기 때문에 탈근대적 세계관으로서의 에코페미니즘의 가능성을 보여주기도 한다. 이원론적 세계관을 대체

---

7) 마티 킬, 정현경 · 황혜숙 역, 「생태여성주의와 심층 생태학」, 『다시 꾸며보는 세상』, 이화여대 출판부, 1996, 202~216면 참조.

8) 환경, 성차, 계급 등 현재의 첨예한 문제들을 해결하기 위한 에코페미니즘의 대표적인 행동강령은 다음과 같다.

①에코페미니즘의 평화전략은 모든 '지배적 주의들'(성차별주의, 민족차별주의, 계급주의, 자연주의, 군사주의 등)을 반대한다.

②에코페미니즘은 '지배적 주의들'이 가부장제에 의해 어떻게 유지되고 강화되는지를 밝힌다.

③에코페미니즘은 이를 언제나 과정 중에 있는 것으로 재구성한다. 이론 구축은 언제나 일련의 역사적, 사회경제적, 환경상황과 특수한 개념적 맥락 안에서 수행되기 때문이다.

④에코페미니즘은 구조적으로 환원주의적이거나 단일하지 않고 다원적이다. 왜냐하면 그것은 다양하고 복잡한 목소리들, 특히 여성의 목소리들에서 생겨나기 때문이다.

⑤에코페미니즘은 부분적으로 반가부장제적 포괄성 속에서 에코페미니즘적 평화정치학의 주장을 평가한다.

⑥에코페미니즘은 '지배적 주의들'과 다른 억압적인 관계들을 유지하고 영속화하고 정당화하기 위해 기능을 발휘하는 권력의 사용에 적극적으로 도전한다.

⑦에코페미니즘은 인간을 본질적으로 관계 속에서 사회적으로 구성된 존재로 상정한다.

⑧따라서 에코페미니즘은 돌봄, 상호성, 우정, 유대, 신뢰와 사랑을 중점적으로 고려한다.

⑨에코페미니즘은 현재의 가부장제에 대한 이론적이고 실질적인 해독제의 일부로 '해방의 심리학'과 '해방의 신학'을 위한 자리를 마련한다.

⑩에코페미니즘은 페미니즘 이전 단계인 현재의 행동지침을 마련한다.

Warren, Karen J., *Ecoloical Feminism*, London : Routledge, 1994, p.189.

할 수 있는 새로운 관점으로 에코페미니즘에서는 유기체적인 관계를 중시한다. 물질과 정신을 이원화하지 않는 유기체적인 세계관은 물질에 깃들어 있는 영성을 인정한다. 물질에 깃들어 있는 영혼과의 교감은 여성성의 중요한 요소인 감성의 작용에 의해 가능한 것으로, 이는 생태학적 사유의 핵심적 요소라 할 수 있다. 이와 같이 에코페미니즘은 근대 가부장제에서 도외시되었던 여성적 관점과 능력을 부각시키고 실천함으로써 근대가 노정한 많은 갈등과 차별의 문제를 해결할 수 있는 대안으로서 주목할 만하다.

백석의 시는 남성 시인에 의해 그것도 에코페미니즘이 거론되기 훨씬 이전에 쓰였지만, 에코페미니즘적인 사유와 관점의 핵심을 내포하고 있는 것으로 보인다. 에코페미니즘적인 시각으로 백석의 시를 검토하는 것은, 최근의 탈근대적·탈식민주의적·생태주의적·여성주의적 관점을 포괄하면서 그의 시가 내장하고 있는 충만한 생명의 정신에 접근하는 방법이 될 수 있다. 백석의 시는 에코페미니즘적인 문제의식과 감수성, 대안 등을 다양하게 축적하고 있다. 여기에서는 백석의 시가 이분법적 세계를 초월하여 화합과 공존의 세계를 지향했다는 점을 지적하고, 그의 시에서 여성적인 감성과 영성이 발현되는 양상을 살피며, 그의 생명 존중 정신이 갖는 실천적 의미를 검토해볼 것이다.

2. 차별의 무화와 화합의 추구

백석의 시는 우리 현대시사에서 유례가 없을 정도로 근대적인 이분법적 세계관에서 자유롭다. 그의 시에서 문명과 자연, 남성과 여성, 이성과 감성, 지배와 피지배 사이의 우열 관계는 무화된다. 당대 최상의 근대교육과 첨단의 문예사조였던 모더니즘의 세례를 받았던 그가 토속과 방언의 세계에 몰입했던 것은 다분히 의도적인 데가 있다. 그는 당대 지식인들이 그토록 열망하던 근대가, 민족과 계급과 성차 등에 새롭게 초래한 차별적이고 억압적인 질서를 간파했던 것이다. 그는 자신의 기억 속에 잔존해 있는 친자연적이고 토속적인 삶을 근대적 이성과 문명의 세계보다 우위에 놓았다. 이미 근대를 경험한 그에게 있어 근대 이전으로의 회귀는 퇴행이 아닌 반동에 가깝다. 근대적 질서가 초래한 갖가지 병폐에 저항하기 위해 그는 근본적인 차원에서 차별을 무화할 수 있는 방법을 모색했던 것이다. 시인으로서 그는 식민지 현실에 대한 직접적인 비판보다 회복해야 할 평등하고 조화로운 세계를 재현하는 길을 택했다. 현실과 직접 대결하기보다는 의식의 전환을 통해 더 근본적인 변화를 유도할 수 있는 문학적 대응을 행했던 것이다. 행복감의 원천을 이루는 친자연적인 원형의 삶을 복원함으로써 그것이 훼손된 현실의 문제를 근본적으로 반성하게 한다.

근대적 삶에 대한 부정으로서 제시된 세계는 의식의 근본적인 변화를 동반하는 것이었다. 백석의 시에서 묘사된 자연은 기존의 시들과 전혀 다른 독창적인 세계이다. 그의 시에서 자연은 고전시가에서의 관념적이고 이상화된 자연과 구분되고 근대시의 타자화된 자연과도 변별된다. 백석 시에서 자연은 전례 없이 구체적이고 감각적인 삶의 공간으로 구현된다. 그는 자연과 인간이 차별 없이 공존하는 원초적인 화합의 장을 그려낸다.

> 짝새가 발뿌리에서널은 논드렁에서 아이들은개구리의뒤ㅅ다리를 구어먹었다
>
> 게구멍을쑤시다 물쿤하고 배암을잡은늪의 피같은물이끼에 해볓이 따그웠다
>
> 돌다리에앉어 날버들치를먹고 몸을말리는아이들은 물총새가되었다
>
> ―「夏沓」 전문[9]

주로 유년의 기억에 잔존하고 있는 원초적인 자연은 이처럼 물아의 구분이 없는 합일의 경지를 보여준다. 유년기는 남성들이 가부장제에 진입하기 위하여 거부하게 되는 자연과 모성과의 공존적 관계가 아직 훼손되지 않는 시기이다.[10] 이 시는 오랜 기억 속에 잠재되어 있는 자연과의 감각적 조응을 선명하게 되살려내고 있다. 개구리의 뒷다리를 구워먹던 독특한 미각이나 물큰한 뱀이나 물이끼의 감촉, 따가운 햇볕의 느낌 같은 것은 원초적 기억 속에 각인되는 삶의 직접적 감각들이다. 이런 직접적인 감각들은 주체와 대상의 경계를 지우며 혼연의 일치감을 가져다준다. 이런 공간에서 자연과 인간의 차별은 무화되고 모두가 일체의 자연으로서 존재하게 된다. "몸을말리는아이들은 물총새가되었다"는 구절은 시적 비유에 그치지 않고, 자연과의 차이가 무화된 완전한 화합의 상태를 재현하고 있다.

유년의 기억 속에서 시인은 자연과 인간과 귀신이 어울려 살았던 친밀한 공존의 공간을 복원해낸다. 시인은 아직 근대 문명이 위세를 떨치기 전인 자신의 어린 시절, 인간이 자연을 경외하며 삶의 근거로 받아들였던 기억을 되살린다. '여우난골'이나 '멧도야지와 이웃사춘을 지나는 집', '산비탈 외따른 집' 같이 자연과 밀착되어 있는 공간에서 인간의 삶은 자연과 삼투한다. "산골사람은 막베등거리 막베잠방둥에를 입고 / 노루새끼를 닮었다 / (⋯중략⋯) / 노루새끼는 다문다문 흰점이 백이고 배안의 털을 너슬너슬 벗고 / 산골사람을 닮었다"(「함주시초(咸州詩抄) ― 노루」)에서처럼 인간과 자연이 서로 동화되어 대등한 관계를 형성하게

---

9) 백석, 『사슴』, 선광인쇄주식회사, 1936, 26~27면. 이후 시집 『사슴』의 시 인용은 이 책에 의거함. 『사슴』에 수록되지 않은 시들은 이동순 편, 『백석전집』(창작과비평사, 1987)에서 인용함.

10) "디너스타인에 의하면, 아동들의 자아 정체성은 처음에는 주위 세계와 구별이 없는 것으로 보여지지만, 후에 자아 정체성은 여성이 아니라는 인식뿐 아니라 자연이 아니라는 인식에 기초하게 된다. 그리하여 대상 관계 이론(objective relations theory)은 남성적인 자아가 왜 여성과 자연 세계 모두에 대한 부정(否定)으로 생겨나는지에 대한 또 다른 해석을 제공해 준다." 마티 킬, 정현경 · 황혜숙 역, 앞의 글, 206면.

되는 것이다.

　백석의 시에서 자연은 인간을 보조하는 배경에 머물지 않는다. 「청시(淸柿)」・「산(山)비」・「석류(石榴)」・「머루밤」 등 많은 시에서 자연의 묘사만으로 자족적인 세계가 그려진다. 시인에게 자연은 인간에 비해 전혀 열등하지 않은, 오히려 동화되고 싶은 근원적 세계이다. "까알까알하는 너이들의 즐거운 말소리가 나면 / 나는 내 마을 그 아는 사람들의 지껄지껄하는 말소리같이 반가웁고나 / 오리야 너이들의 이야기판에 나도 들어 / 밤을 같이 밝히고 싶고나"(「오리」)에서 오리와 인간은 차별되지 않는다. 시인은 도리어 즐겁게 무리지어 있는 오리들의 원초적 삶을 동경하는 듯하다. "병이 들면 풀밭으로 가서 풀을 뜯는 소는 인간(人間)보다 영(靈)해서 열 걸음 안에 제 병을 낫게 할 약(藥)이 있는 줄을 안다고"(「절간의 소 이야기」)에서의 소도 인간보다 훨씬 생존의 능력이 뛰어난 동물로 그려진다. 근대적 이성을 준거로 하지 않는다면 인간과 동물 간의 우열 관계는 단정 지을 수 없다. 영적인 능력에 있어서는 원초적인 자연에 가까운 동물들이 오히려 우월할 수도 있는 것이다. 이성 중심의 이분법적 사유에서 자유로웠던 시인 백석은 자연과 인간의 차별보다는 대등하고 화해로운 관계에 관심을 기울였으며 이는 오늘날의 생태학적 사유를 선취한 것이었다.

　백석의 생태학적 사유는 인간중심주의를 부정한다는 점에서 심층생태학의 관점을 공유하지만, 다른 한편으로 에코페미니즘에서 중시하는 구체적이고 감각적인 자연의 체험에 기반하고 있다는 점에서 더욱 주목을 요한다. 백석의 시는 개별 생명들과의 실존적인 연관성과 구체적으로 표현된 공감의 체험을 중시하는 에코페미니즘의 입장에서 볼 때도 만족스러운 텍스트라 할 수 있다.

　그의 시는 또한 비인간중심주의적 관점을 지나치게 강조하는 심층생태학에 대해서 의혹을 품는 에코페미니즘적 관점으로 볼 때 매우 흥미로운 사례를 이룬다. 에코페미니즘에서는 우리가 인간이기 때문에 다른 피조물들을 대하는 태도도 인간의 특성으로부터 나온 원칙과 통찰력에 의존할 수밖에 없다고 주장한다. 온전하게 구성된 인간 공동체 안에서만 인간은 일차적으로 자기 자신과 다른 사람들을 돌볼 수 있으며, 그러고 나서야 비로소 비인간 존재들을 돌볼 수 있다. 근대적 가부장제에 의해 파괴된 원자론적인 개인주의는 비인간 존재들은 물론 인간 자신의 필요조차 이해하기 힘든 상황을 초래하였다.[11] 에코페미니즘에서 인간중심주의보다 가부장제 비판에 역점을 두는 것은 이 때문이다. 인간 상호간의 배려와 비인간적인 존재에 대한 관심은 분리될 수 없는 문제이다. 비인간적인 존재에 대한 배려의 정도는 인간 공동체를 이해하고 보살필 수 있는 능력에 의해 결정된다.

백석의 경우 자연에 대한 깊은 관심과 친밀감은 친족 공동체에 대한 애착과 떼어놓고 생각하기 어렵다. 함께 어울리고 의존하며 살아가는 친족 공동체의 체험은 자연스럽게 인간과 비인간을 포함한 세계의 구성원이 공존과 화합의 관계에 놓여 있음을 받아들이게 한다. 이는 에코페미니즘에서 말하는 '살아 있는 관계(living relation)'라고 할 수 있다. 이것은 개인적인 차원과 사회적·공동체적 차원에서 지구상의 생명체의 살아 있는, 생명을 유지하는 상호 관계를 의미한다.[12] 자아와 타자가, 인간과 자연이 분리되어 경쟁 관계에 놓여 있는 것이 아니라, 원활하게 소통하고 상호 협력하며 살아가는 것이야말로 보다 오랫동안 공존할수 있는 '살아 있는 관계'의 방식이다.

> 명절날나는 엄매아배따라 우리집개는 나를따라 진할머니 진할아버지가있는
> 큰집으로가면

---

11) 마이클 짐머만, 정현경·황혜숙 역, 「심층 생태학과 생태여성주의—떠오르는 대화」, 『다시 꾸며보는 세상』, 이화여대 출판부, 1996, 236면 참조.

12) 마리아 미스·반다나 시바, 손덕수·이난아 역, 『에코페미니즘』, 창작과비평사, 2000, 282면.

얼굴에별자국이솜솜난 말수와같이눈도껌벅걸이는 하로에베한필을짠다는 벌
하나건너집엔 복숭아나무가많은 新里고무 고무의딸李女 작은李女
　열여섯에 四十이넘은홀아비의 후처가된 포족족하니 성이잘나는 살빛이매감
탕같은 입술과 젓꼭지는더깜안 예수쟁이마을가까이사는 土山고무 고무의딸承
女 아들承동이
　六十里라고해서 파랗게뵈이는山을넘어있다는 해변에서 과부가된 코끝이빩
안 언제나힌옷이정하든 말끝에설게 눈물을짤때가많은 큰곬고무 고무의딸洪女
아들洪동이작은洪동이
　배나무접을잘하는 주정을하면 토방돌을뽑는 오리치를잘놓는 먼섬에 반디젓
닭으려가기를좋아하는삼춘 삼춘엄매 사춘누이 사춘동생들
—「여우난곬族」 부분

근대 이전까지 삶의 기반을 이루었던 친족 공동체의 모습을 이 시만큼
실감나게 재현한 예는 없을 것이다. 명절이 되어 큰집에 모여든 친척들
은 저마다 순탄치 않은 사연을 간직하고 있다. 그러나 그들은 서로 의지
하고 어울리며 공동체를 유지하고 있다. 이 시에서 흥미로운 것은 특히
사슬처럼 이어져 결속력을 강조하고 있는 구성 방식이다. 시인은 숨가쁘
게 이어지는 이 시의 호흡처럼 단절될 수 없는 공동체의 긴밀한 관계를
그리고 있다. 많은 친척들 사이에 슬쩍 끼어든 '우리집개'도 당당한 공동
체의 구성원이라 할 수 있다. 시인은 인간과 인간, 인간과 자연이 차별되
지 않고 화합하고 공존하는 진정한 삶의 모습을 그리려 했다.

근대를 체험했던 시인으로서 원형적인 공동체의 모습을 재현한다는
것은 다분히 의도적인 것이었다. 시인은 자신이 이미 공동체적 삶에서
멀어진 것을 자각하고 있었지만 그것을 회복해야 할 이상적 세계로 인
식하고 있었다.

아득한 옛날에 나는 떠났다
扶餘를 肅愼을 勃海를 女眞을 遼를 金을
興安嶺을 陰山을 아무우르를 숭가리를

범과 사슴과 너구리를 배반하고
송어와 메기와 개구리를 속이고 나는 떠났다

나는 그때
자작나무와 이깔나무의 슬퍼하든 것을 기억한다
갈대와 장풍의 붙드든 말도 잊지 않었다
오로촌이 멧돌을 잡어 나를 잔치해 보내든 것도
쏠론이 십리길을 따러나와 울든 것도 잊지 않었다

나는 그때
아모 이기지 못할 슬픔도 시름도 없이
다만 게을리 먼 앞대로 떠나 나왔다
그리하여 따사한 햇귀에서 하이얀 옷을 입고 매끄러운 밥을 먹고 단샘을 마
시고 낮잠을 잤다
밤에는 먼 개소리에 놀라나고
아츰에는 지나가는 사람마다에게 절을 하면서도
나는 나의 부끄러움을 알지 못했다

그동안 돌비는 깨어지고 많은 은금보화는 땅에 묻히고 가마귀도 긴 족보를
이루었는데
이리하야 또 한 아득한 새 녯날이 비롯하는 때
이제는 참으로 이기지 못할 슬픔과 시름에 쫓겨
나는 나의 녯 한울로 땅으로—나의 胎盤으로 돌아왔으나

이미 해는 늙고 달은 파리하고 바람은 미치고 보래구름만 혼자 넋없이 떠도는데

아, 나의 조상은 형제는 일가친척은 정다운 이웃은 그리운 것은 사랑하는 것
은 우러르는 것은 나의 자랑은 나의 힘은 없다 바람과 물과 세월과 같이 지나
가고 없다

—「北方에서」 전문

　이 시는 "화자 '나'의 의도적 혼용을 통해서 민족사와 개인사를 아우르고 있어서 아주 이례적"13)이라고 평가된다. '의도적 혼용'이란 백석이 현재적 자아를 훌쩍 뛰어넘어 자신의 핏줄 속에 내재되어 있는 민족적 기억을 과감하게 되살리고 있는 것을 뜻한다. 「여우난곬족(族)」 등에서 보여주는 혈연 공동체에 대한 강한 유대감으로 볼 때 충분히 가능한 상상이라 할 수 있다. 시인은 혈연의 연대를 거슬러 올라가서 만나게 되는 최초의 지점을 '아득한 옛날' 우리 겨레의 원류를 형성했던 북방 민족에서 찾고 있다. 이 태초의 지점은 "범과 사슴과 너구리" 같은 동물들이나 "자작나무와 이깔나무" 같은 식물들과도 자유로운 소통이 가능한 친자연적인 상태였다. 이곳에서 인간과 자연, 인간과 인간들이 지극히 친밀하고 화해로운 관계를 형성하고 있다. 시인은 경쟁과 반목이 전혀 없는 이 행복한 공존의 상태를 모든 생명이 안전하고 조화로운 '태반'으로 기억한다. 이곳에서 떠나온 이후의 삶은 문명화의 과정이었다고 할 수 있다. 하얀 옷을 입고 매끄러운 밥을 먹고 단샘을 먹는 안락한 문명에 젖었던 것을 그는 '부끄러움'으로 회고한다. 좀 더 편안하고 영화로운 삶을 추구하려는 욕망이 "돌비는 깨어지고 많은 은금보화는 땅에 묻히고 가마귀도 긴 족보를 이루"는 침탈과 죽음의 역사를 만들었기 때문이다. 이 시에는 인류 역사의 문명화 과정은 태초의 평화로운 공동체를 파괴하면서 이룩된 것이고 현재는 되돌릴 수 없을 정도로 피폐해졌다는 날카로운 통찰이 깃들어 있다. "나의 조상은 형제는 일가친척은 정다운 이웃은 그리운 것은 사랑하는 것은 우러르는 것은 나의 자랑은 나의 힘은 없다"는 탄식은 근대화로 인해 철저하게 파괴된 민족 공동체와 민족적 자존에 대한 회한을 드러낸다. 근대화 과정에서 형성된 '국가'는 '어머니 땅'인 '민족'을 전쟁과 정복으로 약탈해버렸다. 그리하여 "따스함, 공동체, 개인적·비공식적인 관계, 자유, 친밀함, 아늑함, 자연

---

13) 유종호, 「시원 회귀와 회상의 시학」, 『다시읽는 한국시인』, 문학동네, 2002, 240면.

과의 친화 등 요컨대 유년기와 관련된 기억들"14)을 함유하고 있는 '민족'은 사라지게 된 것이다. 돌아가야 할 공동체적 기반을 상실한 참담한 현실을 직시하고 있는 이 시는 시인이 왜 그토록 유년의 원초적 기억에 대한 강한 애착을 보였는지를 반증한다. 그는 근대적 문명이 침탈과 파괴를 거듭한 후에 공멸하는 비극으로 귀결되는 것으로 전망한다. 그는 절박한 생존의 문제와 결부시켜 문명을 부정했으며 공생을 위한 유일한 대안으로 태초의 공동체적 삶으로서의 회귀를 꿈꾸었다. 이는 현재의 급진적 에코페미니즘의 관점과 유사한 것으로서, 이미 오래 전에 근대문명의 위험성을 정확하게 감지했던 시인의 예리한 통찰력을 보여준다.

3. 감각의 다양성과 영성의 발견

백석의 시는 위에서 살펴본 바와 같은 기본적인 세계관에 있어서뿐 아니라 미학적 감성이나 표현의 방식에서도 에코페미니즘의 입장과 일치한다. 에코페미니즘에서는 근대의 이성 중심적인 사고로 인해 억압되었던 '몸'의 감각과 '영성'을 중시한다. 페미니즘은 '전신적 기쁨(jouissance)'이라는 감성적 차원에서 몸을 존중한다. 이때의 '기쁨'은 '몸의 달력(calender)'으로 삶의 매순간을 체감하는 여성스러움과 관련되는 것이다. 'jouissance'와 관련해 아주 재미있는 것은, 이 단어를 분철해 보면 'j'ouïs sance'가 되는데, 이것의 뜻은 '나는 의미를 듣는다'이다.15) 이는 여성적인 몸의 감각이 남성의 시각 중심주의와 구별되는 것과 관련된다. 남성

---

14) 마리아 미스·반다나 시바, 손덕수·이난아 역, 앞의 책, 162면.
15) 정화열, 『몸의 정치』, 민음사, 1999, 195면.

중심의 문화에서는 청각·후각·미각·촉각과 같은 직접적인 감각을 경시하고 유난히 시각적인 문화를 중시한다. 시각은 다른 감각보다 사물을 객관화하고 지배하기에 용이한 감각이다. 근대적인 이성과 문명이 시각을 중심으로 발달하였다는 것은 그 남성 중심적인 성격을 반영하는 것이다. 많은 여성론자들이 시각 중심의 문화로부터 억압되어 온 감각의 다양성을 강조하는 것은 결코 우열의 관계에 놓일 수 없는 감각의 평등을 되찾고 잊혀졌던 '전신적 기쁨'을 회복하기 위한 것이다.

백석의 시는 감각의 총화라 할 수 있을 정도로 다양한 감각적 체험들을 재현해낸다. 그의 시에서는 시각적 이미지 역시 빈번하게 나타나지만, 후각이나 청각·미각·촉각 등의 원초적인 감각들과 조화를 이루기 때문에 결코 두드러지지 않는다. 그의 시에서 원초적 생명력과 몸의 감각을 살려내는 데 있어 후각이나 미각의 역할은 각별하다.

아카시아들이 언제 힌두레방석을깔었나
어데서 물쿤 개비린내가온다

─「비」 전문

이千姬의하나를 나는어늬오랜客主집의 생선가시가있는 마루방에서맞났다
저문六月의 바닷가에선조개도울을저녁 소라방등이붉으레한마당에 김냄새
나는비가날렸다

─「統營」 부분

女僧은 合掌하고 절을했다
가지취의 내음새가났다

─「女僧」 부분

시큼한 배척한 퀴퀴한 이 내음새 속에
나는 가느슥히 女眞의 살내음새를 맡는다

얼근한 비릿한 구릿한 이 맛 속에선
까마득히 新羅백성의 鄕愁도 맛본다

—「咸州詩抄—北關」 부분

문창에 텅납새의그림자가치는아츰 시누이동세들이 욱적하니 홍성거리는 부
엌으론 샛문틈으로 장지문틈으로 무이징게국을끄리는 맛있는내음새가 올라오
도록잔다

—「여우난곬族」 부분

백석 시에서 후각과 미각은 매우 강렬한 삶의 느낌을 환기시킨다. 그
것은 삶과 유리될 수 없는 직접적인 감각이다. 이렇게 재현된 감각적인
실존은 몸의 기억 속에 각인되어 있는 긴밀한 교감의 정서를 동반한다.
냄새나 맛으로 기억되는 존재들이란 객관화되기 이전의 친밀한 관계를
형성하고 있는 것이다. 스치듯이 지나간 '천희(千姬)'나 '여승(女僧)'이나
'북관(北關)'사람 모두 제각각의 향취로 남아 친밀감을 형성한다.

백석의 시에서 사람의 향취 이상으로 강렬한 삶의 감각은 바로 음식
의 맛과 향기이다. 백석이 타의 추종을 불허할 정도로 많은 음식 관련
시들을 남긴 것은 이미 입증된 바 있다. 그의 음식에 대한 묘사에서 눈
여겨보아야 할 것은 그것이 매우 구체적인 감각을 동반하며 '전신적 기
쁨'이라 할 만한 몸의 환희와 관련된다는 사실이다. 「여우난곬족(族)」에
서 보이는 것 같은 완전한 행복감은 공동체의 애정과 보호 속에서 "무
이징게국을끄리는 맛있는내음새가 올라오도록" 잘 때의 육체적 충만감
에서 기인하는 것이다. 백석의 시에서 음식은 가장 쉽게 삶의 환희를
이끌어내는 대상이다. "금귤이 눌한 마을마을을 지나가며 / 싱싱한 금귤
을 먹는 것은 얼마나 즐거운 일인가"(「이두국주가도(伊豆國湊街道)」), "기장
쌀은 기장차떡이 좋고 기장차랍이 좋고 기장감주가 좋고 그리고 기장
쌀로 쑨 호박죽은 맛도 있는 것을 생각하며 나는 기쁘다"(「월림(月林)장」),
"약탕관에서는 김이 오르며 달큼한 구수한 향기로운 내음새가 나고 / 약

이 끓는 소리는 삐삐 즐거웁기도 하다"(「탕약(湯藥)」)에서처럼 시인은 솔직담백하게 음식이 가져다주는 기쁨을 만끽한다. 몸으로 직접 느끼게 되는 이런 단순하고 원초적인 환희는 근대적 이성과 시각 중심의 문화에서 억압되어 온 것이다. 시인은 놀라울 정도로 직접적이고 단순한 반응으로 음식이 주는 기쁨을 표현하고 있다. 이성과 정신을 숭상하는 근대사회에서 원시적이고 동물적인 감각으로 도외시되었던 후각이나 미각의 환희를 되살려낸 것이다.

백석은 감각이나 대상에 대해 결코 우열의 차별을 두지 않았다. 음식조차도 일방적으로 소비되는 것에 그치는 것이 아니라 인간에게 기쁨을 주고 마음을 정화시켜 주는 대상으로 인식된다. 심지어는 "흰밥과 가재미와 나는 / 우리들은 그 무슨 이야기라도 다 할 것 같다 / 우리들은 서로 미덥고 정답고 그리고 서로 좋구나"(「선우사(膳友辭)」), "이 조용한 마을과 이 마을의 으젓한 사람들과 살틀하니 친한 것은 무엇인가 / 이 그지없이 고담(枯淡)하고 소박(素朴)한 것은 무엇인가"(「국수」)라며 음식에 인격을 부여하기도 한다. 인간과 비인간 사이의 차별을 인정하지 않았던 시인은 자신과 관계되는 모든 대상에서 친밀감과 환희를 느낄 수 있었다.

시인은 마음과 몸을 열어 교감할 때 한없이 확대되는 세계를 발견했다. 이성의 눈으로는 볼 수 없는 영적인 세계에 대해서도 공감하였다. '영성'의 인정은 생명의 신성함에 대한 경외감에서 비롯된다. 이는 자연을 정복과 침탈의 대상으로 삼는 근대의 이성 중심주의적인 사고와 대비되는 여성적이고 감성적인 사유라 할 수 있다. 영성은 '어머니 대지'를 치유하고 세계에 다시 주술을 걸고자 하는 노력과 상통한다.16) 자연에 깃든 영성을 받아들인다면 더 이상 자연을 파괴하고 침해하는 폭력을 행할 수는 없기 때문이다. '어머니 자연(Mother Nature)'의 영혼을 섬기던 시대에 여신은 생명의 근원이나 풍요와 선(善)의 신으로서 남녀 모두

---

16) 마리아 미스·반다나 시바, 손덕수·이난아 역, 앞의 책, 31면.

에게 숭배의 대상이었다. 여신이 점차적으로 부신(父神)으로 대체되어 간 것은 남성들의 계급 질서적, 가부장적, 지배적, 권위주의적 태도가 투사 되면서부터이다.17) 부신의 숭배 속에서 여성과 자연, 심지어는 남성 자 신의 몸조차도 자기 자신으로부터 분리하기 시작한 남성들은 여신을 지 나치게 집단적이고 물질적이고 감정적인 존재로 폄하하면서 자신들의 행위를 합리화시켰다. 부신 숭배의 역사는 자아와 타자를 분리하고 개 체화하는 과정이었다. 이를 통해 자연의 파괴와 타자에 대한 폭압이 정 당화된다. 에코페미니즘은 이러한 남성 중심적인 세계의 폭력성에 저항 할 수 있는 대안으로 영성의 회복과 여신의 복귀를 강조한다. 잊고 있던 영성의 발견은 자연을 경외하고 공존을 모색할 수 있는 길이다.

백석의 시에서는 속신과 혼령이 삶의 일부로 생활화되어 있는 애니 미즘적인 세계가 그려진다. 그의 시는 영성이 살아 있는 전근대적인 토 속의 삶을 실감나게 재현한다.

> 섯달에 내빌날이드러서 내빌날밤에눈이오면 이밤엔 쌔하얀할미귀신의눈귀 신도 내빌눈을 받노라못난다는말을 듣든히녁이며 엄매와나는 앙궁읗에 떡돌 읗에 곱새담읗에 함지에 버치며 대냥푼을놓고 치성이나들이듯이 정한마음으 로 내빌눈약눈을받는다
>
> —「古夜」 부분

이 시에서 '내빌날'은 한 해 농사를 여러 신들께 고하고 제사지내는 납일(臘日)을 뜻한다. 농사가 주업을 이루던 전근대적 사회에서 자연은 인간의 생존과 번영을 결정하는 절대적인 위치에 있었다. 자연에 깃든 영성에 경외감을 표하고 의지하던 이런 시대에는 자연과 인간이 분리 될 수 없는 유기체적인 관계에 놓여 있었다. 이때의 신들은 만물의 곳 곳에 깃들어서 서로가 영향을 주고받으며 공동체적인 영혼의 세계를

---

17) 마이클 짐머만, 정현경·황혜숙 역, 앞의 글, 225면.

이루고 있던 것으로 인식된다. 백석의 시에 등장하는 무수한 속신들은 우열의 차이 없이 각자의 영역을 관장한다. 위의 시에서는 '할미귀신'이나 '눈귀신'이 등장하는데, "내빌눈을 받노라못난다"는 다분히 인간적인 면모를 보인다. 남성들에 의해 이상화된 부신이 인간들과는 동떨어진 권위와 위엄을 갖추고 있는 것에 비해 백석 시에 등장하는 많은 속신들은 인간의 삶 속에서 함께 살아 움직이는 인간화된 존재들이다. 백석의 시는 서구의 부신보다 훨씬 이전부터 존재하던 토착적인 다신 숭배의 전통을 보여준다. 집단적이고 물질적이고 감정적인 여신에 가까운 이 신들은 삶의 면면에서 영성이 살아 있던 시대를 반영한다. "사실 우리 전통 속의 신들, 특히 무속에서 섬기던 신은 대부분 여성이다. 바리공주가 그렇고 삼신할머니가 그렇다. 또한 그 신의 섭리를 대변하거나 인간과의 다리 역할을 하는 무당 역시 대부분 여성이었다. 그 무당의 힘을 믿는 신도 역시 여성이었음을 말할 필요도 없다."[18] 여신에 가까운 속신들, 그들과 교류하는 애기무당이나 노할머니, 귀신의 세계를 믿으면서 두려워하는 아이들이 등장하는 백석의 시는 남성 중심의 근대적 이성이 지배하기 이전의 여성적인 영성의 세계를 담고 있다. 시인은 이러한 세계를 타파해야 할 대상으로 치부하지 않고 복원하고 싶은 근원으로 여겨 충실하게 재현해낸다. 그는 잃어버린 영성을 회복하는 것이 자연과 인간, 인간과 인간 사이의 불평등한 관계를 회복할 수 있는 중요한 기반이라는 점을 자각했던 것이다.

모든 관계에서 우열이나 차별을 인정하지 않았던 시인의 의식은 시의 서술 방식에서도 찾아볼 수 있다. 백석 시의 주된 서술 방식이 반복과 병렬의 방법이라는 사실은 선행 연구를 통해 치밀하게 논증된 바 있다.[19] 시인이 집요하다 싶을 정도로 번다하게 병렬법을 고집했던 것은 만물간의 어떤 차별도 받아들이지 않으려한 의식을 반영한다.

---

18) 김재희 편, 『깨어나는 여신』, 정신세계사, 2000, 39~40면.
19) 이경수, 「한국 현대시의 반복 기법과 언술 구조」, 고려대 박사논문, 2002, 48~102면.

달빛도 거지도 도적개도 모다 즐겁다
풍구재도 얼럭소도 쇠드랑볕도 모다 즐겁다

(…중략…)

대들보 우에 베틀도 채일도 토리개도 모도들 편안하니
구석 구석 후치도 보십도 소시랑도 모도들 편안하니

— 「연자간」 부분

달빛과 거지와 도적개를, 풍구재와 얼룩소와 쇠드랑볕을 태연하게 이어붙이고 한자리에 모아놓을 수 있는 것은 시인 특유의 감성에서 기인한다. 이 시에서는 자연과 사람과 동물, 심지어는 물건까지도 차별 없이 대등하게 연결되어 있다. '도'라는 접미사로 일관되게 연결하여 이 모두가 함께 이루어내는 화합과 공생의 장을 그려내는 것이다. 한결같이 보잘것없고 미약한 존재들이지만 이 시에서는 더할 나위 없이 즐겁고 편안한 정경을 연출하고 있다. 이 시는 대등하게 공생할 때 만물이 화평할 수 있음을 보여준다. 연자간 구석구석의 농기구들이 편안한 것이 인간의 안녕을 보장하는 것은 말할 것도 없다. 다양성과 감성을 살려내는 이런 병렬적 서술 방식은, 우열을 가리기를 좋아하는 이성 중심의 남성적 언어와는 다른 여성적 언어에 가깝다고 할 수 있다.

병렬식의 서술 방식과 함께 방언을 즐겨 사용한 특이한 시작 방법도 중심과 주변, 지배와 피지배의 관계를 무화하고자 한 시인의 의도를 반영한다.[20] 남성과 인간 중심적인 시각을 극복하기 위해서는 의식뿐 아니라 근본적인 감수성과 미의식의 변화가 필수적이다. 백석의 시가 에

---

20) 백석 시에서 방언의 사용이 그의 평등 지향성과 식민지 현실에 대한 저항하는 민족 주체성의 표현이 될 수 있음을 밝힌 논문으로 이문재의 「백석 시의 생태학적 상상력 고찰」(앞의 글)과 김용희의 「'몸말'의 민족시학과 민족 젠더화의 문제」(앞의 글) 등을 참조할 수 있다.

코페미니즘적 시각에서 다시금 주목받을 수 있는 것은 바로 이러한 감성적 측면에서 보여준 획기적인 면모에 의거한다.

4. 자비와 무애의 실천

이제 백석 시의 에코페미니즘적 요소가 갖는 실천적 의미를 검토해 보고자 한다. 시인 자신은 무엇을 목표로 시를 쓰는 것과는 거리가 멀었지만, 현재의 관점에서 그의 시가 시사하는 바와 실천적 대안으로서의 가능성을 살펴볼 필요가 있다고 본다. 모든 생태주의나 여성주의는 현실을 위기로 간주하고 그것을 해결하기 위한 모색을 전제로 한다. 에코페미니즘 역시 예외는 아니다. 조화롭고 영적인 세계를 지향하는 에코페미니즘의 실천적 강령이란 현실을 적극적으로 변화시키기에는 미약하지만, 점진적이고 근본적인 변화를 위한 새로운 세계관을 제시한다. 의식의 변화를 꾀하고 평화적인 방법을 택한다는 점에서 그것은 백석의 시가 보여준 새로운 차원의 혁신과 상통한다.

백석의 시에서 남성 중심의 근대사회가 초래한 현재의 위기 상황을 극복하기 위해 참조해야 할 가장 중요한 사안은 자비와 무애의 정신이다. 이성에 억눌려 잠재해 있던 자신의 신성을 깨닫고 실천하는 일이다. 이성에 의해 밀려났던 영성을 회복하고 세계와의 교감과 화합을 증진시키는 일이다. 이를 위해서는 근대 이후 가속화된 개체화를 저지하고 과감한 자기 부정의 정신을 실천해야 한다. 바가바드기타를 소개하는 헉슬리의 글에서는 자기 부정의 방법을 다음과 같이 제시한다. "바가바드기타에, 철저한 자기 정은 두 가지 덕목이 함께 필요하다고 나오는데, 하나는 '자비'이고 다른 하나는 어디에도 얽매임이 없는 '무애(無碍)'이다.21) 타자에게 사랑을 베푸는 자비나 자신에 대한 집착을 떨쳐버리는 무애는 이기적이고 경쟁적인 현대사회와는 거리가 먼 덕목들이다. 그러나 의식의 전환을 통해 이는 자기 부정이라기보다는 자기를 확대시킬 수 있는 방법으로, 자기 희생이라기보다는 함께 생존할 수 있는 전략으로 간주될 수 있다. 경쟁과 차별이 초래한 공멸의 위기를 극복하기 위해서는 자기 희생과 돌봄이라는 여성적 덕목들을 새롭게 인식하고 실천해야만 한다.

미국 학계의 도덕적 담론에서 일대 패러다임의 전환을 가져 왔다는 길리건은 여성에게서 특히 강하게 나타나는 도덕적 성향으로 배려의 윤리를 든다. 남성적 도덕 개념이 권리나 규칙을 중시하여 공정성을 강조하는 것에 비해 보살핌을 중시하는 여성의 도덕 개념은 책임감과 인간관계에 초점을 둔다는 것이다. 배려는 자기 중심적인 것이 아니라 타자 지향적인 것으로서 관계적인 동시에 타율적인 윤리이다. 타율성, 즉 타자중심성은 친밀감이자 접촉감에 기반해 있으며, 윤리적인 책임 영역을 좌우하는 것으로서 자연과 사회적 세계를 변형시킬 수 있다. 배려의 윤리는 여성들만의 지엽적 문제가 아니라 '인간 생활의 중추적 관심'으로 이해해야 한다. 이 윤리는 '차이에도 불구하고 연결짓는' 도덕의 길이기 때문이다.22) 자비와 무애를 비롯한 배려·돌봄·사랑·우정·믿음·상호협력 등 에코페미니즘에서 중시하는 윤리적 덕목들은 한결같이 관계와 친밀감을 중시한다. 여성적 성향이라고 간주되던 이런 윤리적 덕목들은 이제 인간 삶의 근본적 가치와 도덕으로서 인정되어야 할 것이다.

백석의 시 가운데는 공동체적 삶의 환희와 충족감을 그린 시들도 많지만 외롭고 서러운 삶의 모습을 담은 시들도 많다. 시인 자신을 포함하여 적요하고 처량한 삶의 풍경을 그린 시들은 당대의 황막한 현실을 상기시킨다. 시인은 너나 할 것 없이 고난에 찬 현실에 당면해 있던 상

---

21) 김재희 편, 앞의 책, 85면.
22) 정화열, 앞의 책, 197~198면 참조.

황을 깊은 비애와 연민의 정서로 되살려낸다. 그는 쓸쓸한 낯빛의 여인들이나 외롭고 고단한 삶의 자취를 남긴 사람들, 위태롭고 안쓰럽게 살아가는 모든 생명체들을 예사롭지 않은 눈길로 바라본다. 그는 타자의 고통을 나의 고통과 다르지 않으며 무심할 수 없는 관계의 그물 속에 놓여 있는 것으로 여긴다.

> 거미새끼하나 방바닥에 날인것을 나는아모생각없시 문밖으로 쓸어벌인다
> 차디찬밤이다
>
> 어니젠가 새끼거미쓸려나간곧에 큰거미가왔다
> 나는 가슴이짜릿한다
> 나는 또 큰거미를쓸어 문밖으로 벌이며
> 찬밖이라도 새끼있는데로가라고하며 설어워한다
>
> 이렇게해서 아린가슴이 싹기도전이다
> 어데서 좁쌀알만한 알에서 가제깨인듯한 발이 채 서지도못한 무척적은 새끼거미가 이번엔 큰거미없서진곧으로와서 아물걸인다
> 나는 가슴이 메이는듯하다
> 내손에 올으기라도하라고 나는손을내어미나 분명히 울고불고할 이작은것은 나를 무서우이 달어나버리며 나를서럽게한다
> 나는 이작은것을 곻이 보드러운종이에받어 또 문밖으로벌이며
> 이것의엄마와 누나나 형이 가까이이것의걱정을하며있다가 쉬이 맞나기나했으면 좋으렷만 하고 슳버한다
>
> ——「修羅」전문

이 시는 거미가족과 시인 사이에서 일어난 한밤의 사건을 순박하게 재현한 것이다. 거미가족을 차례로 창 밖으로 내보내게 된 연유를 별다른 시적인 장치도 없이 순차적으로 기술하고 있다. "그런데도 석연치 않은 무언가 묵직한 것이 남는다. 하찮은 거미의 일이 아니라, 아 이 시

인은 어떤 사람인가, 얼마나 순결한 영혼과 감수성을 가진 시인인가 하는, 시인 자신에 대한 질문과 탄식이 남는 것을 느낀다. 그리고 시를 다 분석, 해석, 평가하고도 끝나지 않는 무엇, 시인을 둘러싸고 있는 원광과 같은 미묘한 이것이 오히려 시인의 시정신을 형성하는 붙잡기 어려운 창조의 본체적인 그 무엇이 아닐까 하는 생각이 남게 된다."23) 이 시에서 묵직한 여운을 남기는 시정신의 핵심은 타자에 대한 깊은 관심과 보살핌을 유발하는 측은지심이나 자비심 같은 높은 도덕적 덕목과 관련되는 것으로 보인다. 이는 강요되지 않은 자발적 선행이며 인간사회에 한정되지 않고 범우주적으로 확대된 높은 차원의 실천 윤리이다. 이는 '짜릿하다', '서러워한다', '가슴이 메이는 듯하다', '슬퍼한다' 등에서 나타나는 바와 같은, 타자에 대한 정서적 감응과 동질감이 없이는 성립될 수 없는 윤리이다. 이산의 슬픔이 비단 인간에게만 국한되는 것일 수 없다는 우주적 연민이 이 시의 정서적 층위를 고양시키고 있다.

시인 자신의 현재적 자아가 직설적으로 반영되는 경향이 강한 후기 시에서 그는 가난하고 쓸쓸한 자신의 삶을 시인으로서 마땅히 짊어지고 가야 할 운명으로 긍정한다. "하늘이 이 세상을 내일 적에 그가 가장 귀해하고 사랑하는 것들은 모두 / 가난하고 외롭고 높고 쓸쓸하니 그리고 언제나 넘치는 사랑과 슬픔 속에 살도록 만드신 것이다"(「흰 바람벽이 있어」)라는 언술에서처럼 그의 시는 수사의 차원을 훌쩍 뛰어넘어 드높은 정신의 세계에 도달하고 있다. 자신의 가난하고 외롭고 높고 쓸쓸한 삶에 대한 긍정은 '넘치는 사랑과 슬픔'으로 만물을 경애하게 한다. 이로써 자신과 마찬가지로 삶의 고해(苦海)에 던져진 우주 만물에 대한 자비와 배려를 행할 수 있게 된다. 이는 '나는 누구인가'라는 개체의 존재론적 질문을 '우리는 누구인가'로 확대시키려하는 에코페미니즘의 핵심적 가치관을 만날 수 있는 지점이다. 나와 마찬가지로 고통 받는 타자

___

23) 김은자, 앞의 글, 271면.

에게로 확대된 연민과 배려는 공존의 세계를 열어갈 수 있는 근본적인
실천의 덕목이다. 타자에 대한 연민과 배려는 "모든 것을 다 잃어버리
고 넋 하나를 얻는다"(「허준(許俊)」) 할 때의 높은 도덕적 결단을 전제로
하는 것이다. 이것은 자신을 포기하거나 희생하면서 얻어지는 새로운
세계이다.

　백석의 후기 명편들은 독특하고 새로운 감성이나 언술의 방식보다는
시인의 인격의 숭고함으로 인해 배출된 경우가 많다. 시인의 인격을 그
대로 반영하는 시 속의 '나'는 세속의 가치를 훨훨 털어버리고 새로운
자아를 형성하게 된다. 이는 자기를 버리면서 오히려 자유롭고 드높아
지는 '무애'의 경지에 가까운 것이다.

> 이 때 나는 내 뜻이며 힘으로, 나를 이끌어 가는 것이 힘든 일인 것을 생각
> 하고,
> 이것들보다 더 크고, 높은 것이 있어서, 나를 마음대로 굴려 가는 것을 생각
> 하는 것인데,
> 이렇게 하여 여러 날이 지나는 동안에,
> 내 어지러운 마음에는 슬픔이며, 한탄이며, 가라앉을 것은 차츰 앙금이 되어
> 가라앉고,
> 외로운 생각만이 드는 때쯤 해서는,
> 더러 나줏손에 쌀랑쌀랑 싸락눈이 와서 문창을 치기도 하는 때도 있는데,
> 나는 이런 저녁에는 화로를 더욱 다가 끼며, 무릎을 꿇어 보며,
> 어니 먼 산 뒷옆에 바우섶에 따로 외로이 서서,
> 어두어 오는데 하이야니 눈을 맞을, 그 마른 잎새에는,
> 쌀랑쌀랑 소리도 나며 눈을 맞을,
> 그 드물다는 굳고 정한 갈매나무라는 나무를 생각하는 것이었다.
> ─「南新義州 柳洞 朴時逢方」 부분

　백석의 시 중에서 자아에 대한 성찰을 가장 치열하게 보여주는 시이
다. 근대적 지식인인 시인이 "내 뜻이며 힘으로, 나를 이끌어 가는 것이

힘든 일인 것"을 생각하는 것은 독존적이고 개체적인 근대적 자아를 초
월하는 보다 넓은 차원의 세계를 통찰하게 되는 장면이다. "이것들보다
더 크고 높은 것"의 존재를 깨닫는 순간 개체적 자아는 커다란 전체 속
의 일부로서 자신을 인식하게 된다. 인간의 의지를 넘어서는 크고 높은
존재를 실감하게 되면서 아집과 독선에서 헤어날 수 있는 것이다. 집착
에서 벗어난 자아는 자신을 버리면서 오히려 자신을 고양시킬 수 있다.
시의 끝부분에서 시인은 갈매나무의 형상 속에 새롭게 각성된 자신의
인격을 그려 보인다.

집착에서 벗어나 홀가분해진 시인은 일상적인 삶 속에서 무애를 실
천하려 한다. 「귀농(歸農)」에서 보여주는 자유롭고 한가한 생활은 자연
과 인간이 조화롭게 공존할 수 있는 가능성을 보여준다. "수박이 열면
수박을 먹으며 팔며 / 감자가 앉으면 감자를 먹으며 팔며 / 까막까치나
두더지 돌벌기가 와서 먹으면 먹는 대로 두어두고 / 도적이 조금 걷어가
도 걷어가는 대로 두어두고 / 아, 노왕(老王), 나는 이렇게 생각하노라 / 나
는 노왕(老王)을 보고 웃어 말한다"에서의 유유자적하는 삶은 욕심을 버
리고 타자를 배려할 때 얻어지는 것이다. 이는 자연의 모든 구성원이
더불어 살아갈 수 있는 지혜로운 삶으로서, 오래전 선조들이 그러했고,
시인이 꿈꾸었던 탈근대적 세계이다.

5. 백석 시의 현재적 의미

에코페미니즘은 최근의 주도적 비평 조류인 탈식민주의·페미니즘·
심층생태학 등과 관련되면서 이들을 포괄할 수 있는 획기적인 이론으
로 주목받고 있다. 에코페미니즘은 지배와 피지배, 남성과 여성, 인간과

자연 등 모든 관계에서 일어나는 불평등과 억압을 근본적으로 비판하고 그에 대한 실천적 대안을 마련하려는 혁신적인 이론이기 때문이다. 백석 시에 대한 에코페미니즘적인 고찰은, 현재적 관점에서 그의 시가 갖는 생명력을 재조명하고, 현재의 위기를 극복할 수 있는 바람직한 의식의 방향을 점검하기 위한 것이다.

백석의 시에서 자연은 인간과 차별 없이 조화롭게 공존하는 구체적이고 감각적인 삶의 공간으로 나타난다. 그의 시에서 주로 유년의 기억에 의해 복원되는 원초적 자연은 인간과의 차이가 무화된 완전한 화합의 상태를 보인다. 자연의 묘사에 있어 그의 시는 에코페미니즘에서 중시하는 구체적이고 감각적인 자연의 체험에 기반을 두고 있다. 뿐만 아니라 자연에 대한 관심 이전에 인간 상호간의 소통과 협력을 중시하는 에코페미니즘의 관점과 마찬가지로 결속력이 강한 친족 공동체의 삶을 실감나게 재현하고 있다. 그는 원초적인 공동체의 삶을 회복해야 할 이상적 세계로 그리고 있다. 이는 당대로서는 근대적 차별과 침탈의 역사가 초래한 피폐한 식민지 현실에 대한 근본적 부정이었으며, 인간과 인간, 인간과 자연 사이의 불평등이 더욱 심화되고 있는 오늘날에도 여전히 유효한 저항과 비판으로서의 의미를 갖는다.

백석의 시는 미학적 감성이나 표현의 방식에 있어서도 에코페미니즘의 관점과 일치한다. 근대의 이성 중심적인 사고로 인해 억압되었던 몸의 감각과 영성을 중시하는 에코페미니즘과 마찬가지로 그의 시는 다양한 감각적 이미지와 여성적인 영성의 능력을 살려내고 있다. 감각이나 대상에 대해 차별 없이, 직접적이고 구체적인 접촉에 의한 친밀감과 환희를 그린 그의 시는 전례 없이 풍부하고 독창적인 감각의 세계를 창출한다. 이성의 눈으로는 볼 수 없는 영적인 세계와도 교류한다. 에코페미니즘에서 중시하는 영성은 생명의 신성함을 경외하는 여성적이고 감성적인 사유를 통해 만날 수 있는 것이다. 속신과 혼령이 살아 있는 백석시의 토속적 삶의 모습은 근대적 이성에 의해 억압된 영성의 세계를 복원한다. 모든 관계에서 차별을 인정하지 않았던 시인은 반복과 병렬이 특징적인 서술 방식이나 방언을 통해서도 중심과 주변, 지배와 피지배의 이분법을 부정한다. 백석이 보여준 이 같은 독특한 감수성과 미의식은 감각을 혁신하고 무궁무진한 영성의 세계를 재발견할 수 있는 가능성을 시사한다.

백석의 시를 통해 남성 중심의 근대사회가 초래한 현재의 위기 상황을 타개하기 위해서는 자비와 무애의 정신을 재인식해야 한다. 경쟁과 차별이 초래한 공멸의 위기를 극복하기 위해서는 이기적이고 경쟁적인 자아를 버리고 자기 희생과 돌봄과 같은 여성적 덕목들을 실천해 가야 한다. 관계와 친밀감을 중시하는 에코페미니즘의 윤리적 덕목들은 공생을 위한 인간 삶의 근본적 가치와 도덕으로 수용할 만하다. 백석은 쓸쓸하고 고난에 찬 당대의 황막한 삶을 공유하며 깊은 비애와 연민의 정서를 표출한다. 그의 시에는 위태롭고 안쓰럽게 살아가는 모든 생명체에 대한 교감과 우주적 연민이 깃들어 있다. 자기를 돌보지 않는 무애의 태도와 타자에 대한 자비의 정신은 시인이 도달한 높은 도덕적 결단을 반영한다. 이는 차별과 경쟁으로 인한 인간성과 자연의 파괴가 위험 수위에 도달한 현재의 시점에서 지향해야 할 근본적인 삶의 자세를 보여준다.

근대의 출발점에 있던 시인 백석은 근대에 대한 근본적 비판이 일고 있는 현재의 시점에서 숙고해야 할 많은 문제들을 선구적으로 각성하고 있었다. 당대 삶에서 가장 절박한 문제였던 식민 현실이 궁극적으로 차별적 관계에서 발생한다는 사실을 간파했으며 조화와 공생을 유지할 수 있는 관계의 회복을 꿈꾸었다. 지극히 평화적이고 이상적인 그의 방법은 현실을 직접 변화시키기에는 미약하나 근본적인 의식의 변화를 가져 올 수 있는 획기적인 기획을 포함한다. 차별에 저항하는 그의 방법은 대립과 투쟁이 아닌 깊은 관심과 배려이다. 부드럽고 섬세한 여성적 태도로 폭력과 억압에 휩싸인 삶을 극복하고자 한 것이다. 감각과 영성의 발견으로 살아 있는 관계를 통찰한 그의 미적 감수성과 자비와 무애의 정신으로 드높은 배려의 윤리를 확립한 그의 시는 오늘의 시점에서 더욱 절실한 실천적 대안을 내포하고 있다.

자발적 복종과 저항의 양식

한용운 시에 나타나는 자연과 여성의 재해석

1. 한용운 시와 에코페미니즘

한용운에 관한 최근의 연구에서는 탈식민주의적 접근이 활발하게 이루어지고 있다. 탈식민주의 이론은 그 동안 민족주의의 테두리 안에서만 거론되었던 한용운의 문학을 단순한 민족문학에 국한시키지 않고 근대성과 제국주의에 대한 보다 적극적인 대응 양상으로 파악할 수 있게 한다. 서준섭은 탈식민주의적 연구에서 식민 경험의 역사적 단절을 극복하기 위한 담론의 창출을 위해서는 식민지시대의 작품이 우선적으로 분석, 고찰되어야 함을 강조하고 한용운·임화·김기림·백석의 경우를 거론하고 있다. 그는 한용운 문학의 복합적 담론의 형식이 문예적인 것이자 사상적인 것이었고 사유와 행동의 일치를 추구하는 탈식민화의 실천 방식이었다고 주장한다.[1] 정주하지 않는 다양한 글쓰기의 의미를 식민 현실에 대한 탈주와 저항의 방식으로 파악한 점이 이채롭다. 송현호는 한용운의 소설을 탈식민주의적으로 해석하고 "만해의 소설은 탈식민적 인식과 그 실천의 방안이 어느 정도 제시되어 있다"는 소박한 결론에 이르고 있다.[2] 이선이는 한용운의 시와 소설에 나타난 탈식민주의적 인식을 분석하고 그의 문학이 근대성에 대한 날카로운 비판에 기반하고 있으며 보편사상으로서의 세계평화사상 안에서 민족 독립의 정당성을 드러내고 있다고 본다.[3] 이와 같은 탈식민주의적 연구는 한용운 문학에 나타나는 포괄적인 근대성 비판이 당대적 의미를 넘어 오늘날의 현실에서도 여전히 유효한 의미를 지니고 있음을 입증한다. 그런데 대부분이 소설이나 다양한 담론 전체를 대상으로 삼고 있어 한용운 문학의 중핵을 이루는 시에 대한 적용도 활발하게 모색되어야 할 것으로 보인다.

여기서는 한용운 문학에 대한 탈식민주의적 연구에서 밝힌 바와 같이 그의 문학이 당대적 의미를 넘어 근대성과 식민주의에 대한 포괄적이고 비판적인 인식을 담고 있다는 점에 동의하며, 그것을 시문학의 경우를 통해 보다 정치하게 확인해보고자 한다. 탈식민주의 이론보다 상징과 비유가 두드러진 한용운의 시의 특성을 섬세하게 파악할 수 있는 에코페미니즘적인 관점으로 그의 시가 갖는 근대성과 식민주의에 대한 비판적 의미를 살펴보게 될 것이다.

에코페미니즘은 생태 담론과 페미니즘이 결합한 혁신적인 이론으로서 주목받고 있다. 에코페미니즘은 근대에 가속화된 인간과 자연, 남성과 여성, 이성과 감성 등에 가해지는 모든 차별에 반대한다. 이는 근대의 이성 중심, 과학 중심의 세계에 대한 비판적 사유로서 자연의 문제를 새롭게 각성시킨 심층생태학보다도 더 급진적인 사유를 반영한다.

---

1) 서준섭, 「한국 근대 시인과 탈식민주의적 글쓰기」, 『한국시학연구』 13호, 2005.
2) 송현호, 「만해 소설의 탈식민주의」, 『국어국문학』 111호, 1994.
3) 이선이, 「만해 한용운 문학에 나타난 탈식민주의적 인식」, 『어문연구』 31권 2호, 2003년 여름.

심층생태학에서 인간중심주의에 대한 집중적인 비판을 행하는 것에 비해 에코페미니즘에서는 가부장제하에서 자연과 마찬가지로 착취와 억압의 대상으로 존재해 온 여성의 문제에 관심을 집중한다. 심층생태학에서 쉽게 긍정하게 되는 더 큰 '전체'로서의 자연과의 동일시에 대해서도 에코페미니즘은 의심한다. 개인 존재 영역을 넘어선 전체주의의 경향이 인간중심주의의 추상성으로 흐를 수 있음을 경계하며 그것을 극복할 수 있는 대안으로 여성적 사유와 관점을 제시한다. 에코페미니즘은 자연과 여성, 하층 계급, 소수민족 등에 행해지던 모든 차별과 폭력을 근절하려는 탈근대적 사유이다.4)

한용운의 시의 여성성에 대해서는 주로 정한의 정서나 어조의 문제와 관련되어 거론되어 왔다.5) 자연의 비유나 상징에 대해서도 언급되어 왔지만 주로 이미지 분석을 통한 내면의식의 조명에 집중되어 왔다.6) 자연과 여성의 의미를 통합적으로 살필 수 있는 에코페미니즘적 관점은 한용운 시가 갖는 탈근대적이고 탈식민주의적인 성격을 해명하는 데 유용하다.

한용운 시에 나타나는 자연의 특성과 영성의 의미를 통해 여성성의 중요한 요소인 감성의 작용을 살펴보려 한다. 또한 자연과 여성 차별에 대한 강력한 저항에서 에코페미니즘의 탈식민주의적 특성을 검토해 볼 것이다. 끝으로 한용운 시의 여성성에서 중요한 요소이지만 크게 주목되지 않았던 모성성이 갖는 생명의식과 자비의 실천적 의미에 대해 천착해 본다.

---

4) 마티 킬, 정현숙·황혜숙 역, 「생태여성주의와 심층 생태학」, 『다시 꾸며보는 세상』, 이화여대 출판부, 1996, 202~216면 참조.
5) 이명재, 「만해문학의 여성편향고」, 『아카데미 논총』 5집, 1977.
　　이 글에서는 한용운 시의 여성적 특성이 일제 당국의 검열에 대한 보호색으로 작용할뿐더러, 우리 전통문학의 이별과 기다림의 미학을 예술적으로 승화하고 있음을 지적하고 있다.
6) 김은자, 「『님의 침묵』 비유연구 시론」, 『관악어문연구』, 5집, 1980.
　　여기서는 『님의 침묵』의 시적 상상력이 꽃과 불의 이미지에서 출발하여 나무라는 중간항을 거치고 광물적 이미지와 빛의 이미지를 향해 나아가는 것으로 분석하고 있다.

2. 자연의 신비와 생명의 존엄성

한용운 시에 나타나는 많은 자연의 상징들은 생명에 대한 경외감과 긴밀하게 관련되어 있다. 그의 시는 자연에 대한 동양적 인식, 즉 자연을 생명의 원천으로 인식하고 자연을 통찰함으로써 깨달음을 얻으려는 면모가 두드러진다.[7] 특히 불교적 생명사상에 가까운 그의 시는 일체 생명이 불가분리한 동체적 관계를 이루는 것으로 파악한다. 모든 생명은 평등하게 존엄성을 지니며 상호 관련 속에서 작용한다는 것이다. 한용운 시에서는 자연에 대한 즉물적 묘사보다는 비유와 상징이 주를 이루며 시인의 의식 속에서 유기적으로 조합된 이미지로 현현한다. 한용운의 좋은 시에서 자연은 생명의 신비와 역동성을 함축한 존재의 근원으로 나타난다.

> 바람도업는공중에 垂直의波紋을내이며 고요히쩌러지는 오동닙은 누구의발자최임닛가
> 지리한장마씃헤 서풍에몰녀가는 무서은검은구름의 터진틈으로 언뜻언뜻보이는 푸른하늘은 누구의얼골임닛가
> 꼿도업는 깁흔나무에 푸른이끼를거처서 옛塔위의 고요한하늘을 슬치는 알ㅅ수업는향긔는 누구의입김임닛가
> 근원은 알지도못할곳에서나서 돍쑤리를울니고 가늘게흐르는 적은시내는 구비구비 누구의노래임닛가
> 련꼿가튼발꿈치로 갓이업는바다를밟고 옥가튼손으로 끗업는하늘을만지면서 쩌러지는날을 곱게단장하는 저녁놀은 누구의詩임닛가
> 타고남은재가 다시기름이됩니다 그칠줄을모르고타는 나의가슴은 누구의밤을지키는 약한등ㅅ불임닛가

---

7) 최동호, 「하나의 도에 이르는 길」, 『하나의 도에 이르는 길』, 고려대 출판부, 1997, 41~44면 참조.

　전체가 질문의 형식으로 짜여진 이 시는 자연현상 속에서 '님'의 존재를 발견해 가는 과정을 담고 있다. 님에 대한 집요한 추적과 끝까지 답변을 유보하는 독특한 어법으로 신비감을 증폭한다. 이 시는 자연의 곳곳에서 언뜻언뜻 드러나는 님의 비범한 면모를 제시한다. "바람도 없는 공중에 수직의 파문을 내이며" 떨어지는 오동잎에 대한 묘사는 정밀한 집중과 관조 속에서 님의 존재에 접근하는 모습을 보여준다. 나뭇잎이 그것에 가해지는 외부의 힘없이도 스스로 움직인다는 것은 그 자체 인과(因果)의 동기를 이룬다는 뜻이다. 스스로 인과의 동기를 이룰 수 있는 존재란 곧 절대자를 의미한다. 그러므로 바람도 없는 공중에서 고요히 떨어지는 오동잎의 자취는 우주의 근원과 동기를 이루는 절대자인 님의 존재를 드러낸다.9) '수직의 파문'은 놀라운 직관 속에서 포착한 자연의 신비이다. 검은 구름 틈으로 언뜻언뜻 보이는 푸른 하늘은 현상계 너머에 존재하는 절대자의 고귀한 모습을 강조한다. 이어지는 '깊은 나무의 푸른 이끼'에서는 무한한 시간을 공간화하며, '입김'을 통해 더욱 감각적이고 인간화된 이미지를 보인다. '근원을 알지도 못할 곳에서 나서 흐르는 시내'는 근원의 깊이와 유구한 생명력을 드러낸다. 이어지는 저녁놀의 묘사는 만물의 생멸을 주관하는 님의 존재를 재현해 보인다. 그것은 생성뿐 아니라 소멸까지도 다스리므로 우주만물의 리듬을 창조하는 '시'가 된다.

　여기까지 일정하게 반복되어 오던 진술의 유형은 마지막 연에서 역동적으로 전환한다. "타고 남은 재가 다시 기름이 됩니다"는 단 하나의 평서형 문장은 진술의 규칙성을 깨면서 강조점을 부가한다. 이 단호한

---

8) 한용운, 『님의 沈默』, 회동서관, 1926, 4~5면. 이후 시 인용은 이 책에 의거함.
9) 이혜원, 「한용운·김소월 시의 비유구조와 욕망의 존재방식」, 『현대시의 욕망과 이미지』, 시와시학사, 1998, 87면.

언명은 물리적 차원에서는 불가하지만 현상계를 초극하는 의지의 작용을 역설한다. 더불어 지금까지 님의 존재를 추적하는 데만 바쳐졌던 진술이 마지막 구절에서는 '나'의 존재를 부각시키는 것으로 마무리된다. 밤의 어둠이 빛으로 인해 인식되듯이 님의 존재는 약한 등불인 나의 작용으로 인해 드러난다. 나는 소우주로서 대우주인 님의 존재와 호응하며 우주적 질서를 실천한다. 나는 우주의 생멸을 관장하는 절대자를 발견하는 데서 그치지 않고 스스로 소우주를 완성하는 적극적인 행위를 통해 생명의 신비에 참여한다.

한용운 시에서 생명의식의 특이점은 자연의 신비와 생명력을 발견하는 데서 그치지 않고 소우주인 자아의 능동적 참여를 강조하는 데 있다. 그의 시에서 주체는 절대자의 신묘한 존재를 자각하고 발현시킬 뿐 아니라 스스로 생명의 작용에 참여하는 적극적인 태도를 보여준다. 절대자에 자아를 합치시키는 주체의 태도는 대우주와 소우주를 소통시키는 영성에 대한 자각으로 인해 가능한 것이다. 영성은 에코페미니즘에서도 매우 중요한 요소이다.[10] 영성은 종교적 성향과 밀접하게 관련되며 만물의 신성함과 존엄성을 자각하는 능력이라 할 수 있다. 영성이 여성적인 능력으로 간주되는 까닭은 여성의 관능, 여성의 성적인 에너지, 여성의 가장 소중한 생명력과 같은 것이며, 여성을 서로서로에게, 그리고 다른 생명체와 생명 요소들에 이어주기 때문이다. 그것은 여성으로 하여금 생명을 사랑하고 축복하게 해주는 에너지이다.[11] 「알 수 없어요」의 주체는 집요한 관조와 뛰어난 직관으로 자연의 신비와 생명력을 간파한다. 또한 생명의 작용에 능동적으로 참여하고 재생에 대한 신념을 잃지 않는다. 주체의 영성은 소우주와 대우주의 소통을 직관하고 생명의

---

10) Karen J. Warren, "A Feminist Philosophical Perspective on Ecofeminist Spiritualities", *Ecofeminism and the Sacred*, edited by Carol J. Adams., New York : Continuum, 1993, pp.119~132.
11) 마리아 미스·반다나 시바, 손덕수·이난아 역, 『에코페미니즘』, 창작과비평사, 2000, 29~30면 참조.

역동성을 실천한다. 영성은 이성을 넘어서는 생명의 신비를 통찰하게
한다.

한용운 시에 나타나는 많은 역설들은 합리적 이성의 범주를 뛰어넘
는 영성과 실천적 의지의 산물이다. 시인이 역설을 주된 표현 방법으로
삼은 것은 이성의 논리로 파악할 수 없는 영묘한 깨달음을 전달하기
위함이다. 언어가 성립하기 위해서는 주객(主客)의 구분이 전제가 되어
야 하는데 시인이 궁극적으로 표현하고자 것은 주객 합일의 경지이기
때문이다. 인간의 언어로 담을 수 없는 신비한 존재로서의 님을 그리고
나와 님이 화합하는 영적인 교감의 상태를 보이기 위해 시인은 역설이
나 침묵을 동원한다. "님의 얼굴을 '어여쁘'다고 하는 말은 적당한 말
이 아닙니다 / 어여쁘다는 말은 인간사람의 얼굴에 대한 말이오 님은
인간의 것이라고 할 수가 없을 만치 어여쁜 까닭입니다"(「님의 얼굴」)에
서처럼 시인은 종종 님의 아름다움과 신비감이 말로 표현하기 어려운
경지에 있음을 강조한다. 님과 나 사이의 지극한 사랑 역시 인간의 언
어로는 나타내기 어렵다는 것을 역설한다. "사랑을 '사랑'이라고 하면
벌써 사랑은 아닙니다 / 사랑을 이름지을 만한 말이나 글이 어디 있습
니까"(「사랑의 존재」), "사랑의 신성(神聖)은 표현에 있지 않고 비밀에 있
습니다"(「칠석(七夕)」) 등에서 알 수 있듯 님과 나의 사랑은 언어로서 표
현 불가능한 신성한 경지에 있다. 그의 시에서 자주 등장하는 '비밀'이
라는 시어는 님의 존재와 님과 나의 사랑이 인간의 언어로 포착할 수
없는 신성을 지니고 있음을 의미한다. 한용운 시의 여성 화자들은 여성
특유의 영성과 직관 속에서 파악한 님의 존재와 사랑을 감각적인 이미
지나 선명한 역설로 그려낸다. 때로는 수다한 언설보다 침묵을 택함으
로써 이성적 언어의 경계를 넘어서는 존재의 진실을 강조한다. 이성적
언어에 대한 거부는 불교의 언어관이나 여성적 언어가 공유하는 측면
이다. 불교에서는 '사벌등안(捨筏登岸)'처럼, 언어는 깨달음에 이르기까
지의 도구에 불과하며 궁극적인 진리에는 도달할 수 없는 것으로 본다.

지극한 깨달음의 경지는 현실의 언어가 담아낼 수 없는 초월적 영역인 것으로 파악하기 때문이다. 영성을 강조하는 에코페미니즘에서도 남성 중심의 이성적 질서를 거부하며 '해방'의 실천을 꾀한다. 이때의 깨달음이나 해방은 이성의 한계를 넘어서는 영적인 각성을 의미하며 주체의 능동적 참여를 통해 가능하다.

> 사랑도 사람의일이라 맛날째에 미리 쩌날것을 염녀하고경계하지 아니한것은아니지만 리별은 뜻밧긔일이되고 놀난가슴은 새로은슯음에 터짐니다
> 그러나 리별을 쓸데업는 눈물의源泉을만들고 마는것은 스스로 사랑을깨치는것인줄 아는까닭에 것잡을수업는 슯음의힘을 옴겨서 새希望의 정수박이에 드러부엇슴니다
> 우리는 맛날째에 쩌날것을염녀하는것과가티 쩌날째에 다시맛날것을 밋슴니다
> 아아 님은갓지마는 나는 님을보내지 아니하얏슴니다
> 제곡조를못이기는 사랑의노래는 님의沈默을 휩싸고돔니다
>
> —「님의沈默」 부분

한용운 시의 여성적 화자는 님과 이별한 현실을 상황을 정확하게 간파하는 데서 그치지 않고 재회에 대한 강렬한 열망과 신념으로 그것을 초극하려 한다. '슬픔의 힘'은 현실에 부단히 맞서는 의지와 영성의 강인함을 내포한 역설이다. '걷잡을 수 없는 슬픔'을 그대로 '새 희망의 정수박이'에 들어붓는 역동적인 변전의 과정을 통해 부정적 현실은 거대한 희망으로 전이된다. '제 곡조를 못이기는' 사랑의 노래와 현실에 맞서는 침묵과 역설의 여성적 언어는 님의 부재에 맞서는 희망의 실천이 되는 것이다. 그의 시에서는 님과 나의 사랑에 가해진 가혹한 시련으로 인해 만남에 대한 기대와 희망이 더욱 증폭된다. 고난을 극복한 후에 이어질 사랑과 희망은 더 강하고 분명한 것이 된다. 고난에 가득 찬 현실을 감싸면서 초극하려한 희망의 역설은 그의 시가 갖는 강력한 실천적 면모를 입증한다. "그를 진정한 역사 안의 시인으로서 보는 길

은 그로 하여금 어두운 시대의 구렁텅이를 자기 기만이나 안이한 위안 없이 바로 보려 하였던, 그리고 그것을 넘어서는 '비전'의 획득까지를 가능하게 하였던 시적 상상력 내지 인식의 깊이를 대변해야 열릴 수 있다."[12] 그는 식민지 현실을 극복하고자 하는 실천적 의지를 자유로운 시적 상상력과 비전으로 보여주었던 것이다. 현실 도피의 수단에 되기 쉬웠던 당대의 시들과 달리 그의 시는 투철한 현실 인식의 반영인 동시에 그것을 초극할 수 있는 정신력의 소산이었다. 그는 현실의 논리를 넘어서는 진리의 더 큰 차원을 지향했으며 그것은 주객이 화합하는 사랑과 평화의 세계이다. 그는 근대적 이성과 제국주의의 야욕에 의해 침탈된 대화합의 세계를 회복하기 위해 현실의 결핍을 직시하고 그것을 초극하려는 강력한 실천적 의지를 보여주었다. 만물이 공유하는 영성과 생명의 존엄성에 대한 자각은 모든 차별과 억압에 저항할 수 있는 절대적 근거가 된다.

3. 차별에 대한 저항과 자발적 복종

한용운 시의 여성적 자아는 님과 이별한 현실을 극복해야 할 결핍의 상황으로 파악하고 있으며 부당한 권력의 억압에 대해 예리하게 직시한다. 현실의 논리를 넘어서는 진리를 지향함으로써 그의 시는 분명한 의지와 실천력을 보이게 된다. 진정한 자아의 완성을 방해하는 세력에 대해서는 강렬한 부정으로 맞선다.

당신이가신뒤로 나는 당신을이즐수가 업슴니다

---

12) 김흥규, 「시인인가 혁명가인가」, 『문학사상』, 1978.8, 54면.

까닭은 당신을위하나니보다 나를위함이 만습니다

나는 갈고심을쌍이 업슴으로 秋收가업습니다
저녁거리가업서서 조나감자를꾸러 이웃집에 갓더니 主人은「거지는 人格이
업다 人格이업는사람은 生命이업다 너를도아주는것은 罪惡이다」고 말하얏습
니다
그말을듯고 도러나올째에 쏘더지는눈물속에서 당신을보앗습니다

나는 집도업고 다른까닭을겸하야 民籍이업습니다
「民籍업는者는 人權이업다 人權이업는너에게 무슨貞操냐」하고 凌辱하랴는
將軍이 잇섯습니다
그를抗拒한뒤에 남에게대한激憤이 스스로의슯음으로化하는刹那에 당신을
보앗습니다
아아 왼갓 倫理, 道德, 法律은 칼과黃金을祭祀지내는 烟氣인줄을 아럿습니다
永遠의사랑을 바들ㅅ가 人間歷史의첫페지에 잉크칠을할ㅅ가 술을마실ㅅ가
망서릴째에 당신을보앗습니다

—「당신을보앗습니다」 전문

이 시는 님과 이별한 후 화자가 겪는 핍박과 고난을 실감나게 그리고
있다. 화자는 땅도 없고 민적도 없는 최하층 여성으로서 온갖 수모와
고초를 감내해야 하는 처지이다. 최하층의 약자에 해당하는 이 여성은
경제적인 고충을 겪을 뿐 아니라 인격적으로도 모욕을 당하고 있다.
'갈고 심을 땅'이 없는 그녀의 처지는 국토를 빼앗긴 식민지 현실과 일
치한다. 식민국가의 영토와 여성에게 가해지는 억압은 에코페미니즘에
서 진지하게 다루는 문제이다. 에코페미니즘에서는 여성에 대한 지배와
자연에 대한 지배가 식민화의 시작임을 자각한다.13) 여성과 대지는 지
배 권력에 의해 쉽게 착취당하는 수동적인 존재들이다. 지배 권력과 제

---

13) Andy Smith, "Ecofeminism through an Anticolonial Framework", *Ecofeminism*, edited by Karen
J. Warren, Indiana Univ. Press, 1997, p.22.

국주의의 막강한 권력은 피지배자의 인격과 자유를 무시하고 자신들의 수탈을 정당화하는 지배 논리를 펼친다. '온갖 윤리, 도덕, 법률'이 그들이 내세우는 이성과 능률의 잣대이다. 그것은 여성과 자연을 소외시키는 배제의 논리이다.

노예로서의 자신의 처지를 자각하고 자율성을 확보하기 위해 눈물겹게 저항하는 이 시의 여성 화자는 헤겔의 주인-노예의 변증법을 연상시킨다. 라캉에 의하면 노예는 자율과 존엄이라는 욕망에 도달하기 위해 자기 부정과 초월을 감행한다. 한용운 시에서 여성은 부당한 권력에 끊임없이 저항하며, 진정한 주인이며 나의 이상형에 해당하는 님의 존재에 다가가려 한다. 그녀가 부당한 현실의 억압을 거부하고 저항할 수 있는 것은 보다 큰 진리에 대한 믿음과 희망을 견지할 수 있었기 때문이다. 만물이 평등하며 저마다의 존엄성을 가지고 있다는 신념은 지배 논리의 폭력성을 초극하는 궁극의 진리를 근거로 한다.

피지배자의 자율성과 존엄성이 뿌리째 흔들리던 시대에 현실의 논리를 넘어서는 진리를 지향하는 태도는 그 자체가 저항의 의미를 갖는다. 시인은 뚜렷한 해방의 이상과 진리에 대한 열망을 지속함으로써 식민 현실의 부당한 억압과 구속에 대해 부단히 저항할 수 있었다. 그의 시에서 자아가 구현해 가는 진정한 존재는 바로 님이다. 현실의 억압적인 주인에 대한 저항이 철저한 만큼 진정한 이상적 주인인 님에 대한 찬미도 열렬하다. 그의 많은 시들은 화려하고 과장된 수사를 아끼지 않고 님을 찬송한다. 참담하고 고통스러운 현실을 극복할 수 있는 자존과 신념의 표상으로서 님은 아낌없는 찬사의 대상이 된다. 님의 형상은 신비롭고 아름다운 자연으로 묘사되어 현실의 지배질서와 규율을 넘어서는 초월적 존재로 그려진다. 시인은 현상을 넘어서는 더 큰 차원의 진리를 현실 속에서 구현하고자 한 것이다. 님이 부재하고 거짓 주인이 지배하는 현실에서도 그는 님을 통한 해방의 염원을 포기하지 않고 지칠 줄 모르는 저항과 희망의 태도를 견지한다.

한용운의 시에는 지배와 복종의 관계를 드러내는 시편들이 있는데, 지배자가 누구인가에 따라 감정과 태도가 판이하게 나타나는 점을 주목해야 한다. 「당신을 보았습니다」에서처럼 배타적이고 강압적인 주인에게 여성 화자는 단호하게 저항한다. 반면에 '자발적 복종'이라는 흥미로운 양상이 드러나는 시들도 많이 있다. 이때의 주인은 스스로 복종을 선택하게 하는 이상적 존재이다.

남들은 自由를사랑한다지마는 나는 服從을조아하야요
自由를모르는것은 아니지만 당신에게는 服從만하고십허요
服從하고십흔데 服從하는것은 아름다은自由보다도 달금합니다 그것이 나의幸福입니다

그러나 당신이 나더러 다른사람을服從하라면 그것만은 服從할수가 업습니다
다른사람을 服從하랴면 당신에게 服從할수가업는 까닭입니다
—「服從」 전문

이 시는 자발적 복종의 전형적인 양상을 보여준다. 자발적인 관계 속에서 복종은 자유와 대립되는 개념이라기보다 나의 자유 의지에 의해 선택된 능동적인 행위이다. 자발적 복종은 자유보다도 우위에 놓이며 행복의 최대 조건이 된다. 두 번째 연에서 화자는 자발적 복종이 일반적인 복종과 확연히 구분되는 것임을 분명하게 표현한다. 다른 사람에 대한 복종은 절대 불가하며 당신에 대한 복종과 병행될 수 없다는 사실을 통해 자발적 복종이 철저히 자율성의 발현이며 타협할 수 없는 절대적 가치임을 선언한다. 이로써 한용운 시에 나타나는 절대자에 대한 종속적 태도가 자발성이 전제된 주체적 행위이며 자아의 이상을 실현하는 적극적인 실천의 행위임이 자명해진다.

나는 나루ㅅ배

당신은 行人

당신은 흙발로 나를 짓밟읍니다
나는 당신을안ㅅ고 물을건너감니다
나는 당신을안으면 깁흐나 엿흐나 급한여울이나 건너감니다

만일 당신이 아니오시면 나는 바람을쐬고 눈비를마지며 밤에서낫가지 당신
을기다리고 잇슴니다
당신은 물만건느면 나를 도러보지도안코 가심니다 그려
그러나 당신이 언제든지 오실줄만은 아러요
나는 당신을기다리면서 날마다날마다 낡어감니다

나는 나루ㅅ배
당신은 行人

— 「나루ㅅ배와行人」 전문

　자발적 복종의 의미를 파악해야만 이 시에 나타나는 나룻배와 행인 간의 관계도 제대로 파악할 수 있다. 행인에게 일방적으로 복종하는 나룻배와 그것을 흙발로 짓밟고 서 있는 행인은 어찌 보면 가학과 피학의 관계를 연상시킨다. 그런데 이 시에서 정작 중요한 것은 나룻배가 선택한 자발적 복종과 실천적 노동의 방식이다. 나룻배는 행인을 통해 초월적 사랑과 숭고한 노동을 수행한다. 그렇다면 행인은 나룻배를 학대하는 가해자가 아니라 나룻배가 능동적으로 사랑과 노동을 실천할 수 있는 계기를 제공하는 이상적 주인이라 할 수 있다. 나룻배의 노동은 일방적 헌신에 가깝지만 지속적인 기다림과 희망을 견지하며 도달해 가는 자기 완성의 과정이기도 하다. 따라서 나룻배와 행인은 지극한 헌신과 사랑을 통해 님과의 합일에 도달하려하는 존재론적 열망을 비유하고 있는 것이다.

　"나에게 생명을 주든지 죽음을 주든지 당신의 뜻대로만 하세요 / 나는

곧 당신이여요"(「당신이 아니더면」)에서처럼 당신에 대한 나의 절대적 복
종은 곧 당신과의 합일을 통해 이상에 도달하려는 나의 적극적인 의지
의 반영이다. 그리하여 마침내 도달할 새로운 나는 주인이 된 노예이며
해탈된 중생이라고 할 수 있다.14) 전 민족에 부가된 노예 상태에서 시
인은 부당한 억압과 착취에 대한 강력하게 저항하는 한편 개별 존재가
갖는 자유와 존엄성을 역설한다. 피지배자나 개별자의 존엄성을 추구하
는 것은 에코페미니즘의 핵심적 사안이다. 여성주의와 생태학의 합치는
바로 자연 속에 계급질서가 존재하지 않는다는 인식과 더불어 이루어
졌다. 다양성의 미덕과 위계적이지 않은 조직 체계에 대한 믿음이 양자
의 관점에 의해 형성된 것이다.15) 모든 존재의 다양성과 독자성을 인정
할 때 자연과 여성, 피지배 계급이나 식민지에 행해지는 극심한 차별은
용납될 수 없는 허위로서 판명된다. 개별적인 존재의 존엄성과 함께 서
로가 거미줄처럼 연결되어 있는 관계의 다양성을 파악할 때 탈식민주
의의 폭력적 차별이 갖는 배타성과 이기주의의 본색은 쉽사리 판명된
다. 한용운의 시는 식민 통치의 억압적 양상과 자발적 복종을 대비시킴
으로써 지배논리의 허위에 저항하고 초극할 수 있는 비판적 담론으로
작용한다.

4. 모성적 본능과 자비의 실천

한용운의 시는 식민 현실에 대한 날카로운 인식과 저항뿐 아니라 초

---

14) 이혜원, 앞의 글, 81~82면.
15) 주딧 플랜트, 정현경·황혜숙 역, 「생태여성주의와 생물지역주의의 공통 기반을 찾
아서」, 『다시 꾸며보는 세상』, 이화여대 출판부, 1996, 241면.

월과 극복을 꾀한 실천적 의지에 있어 주목할 만하다. 그의 시가 실천적 면모를 중시하는 탈식민주의나 에코페미니즘적인 관점으로 볼 때도 흥미로운 것은 그 때문이다. 비판적 성격이나 적극적인 실천이 강조되는 탈식민주의에 비해 에코페미니즘의 실천적 강령은 현실에 대한 직접적인 비판이나 대안으로서는 미약하지만 근본적인 변화를 도모할 수 있는 이론으로 유효하다. 현실의 논리를 초월하는 이상적 세계관으로서, 약육강식의 지배질서에 저항하는 평화와 자유의 원리로서 한용운의 시는 에코페미니즘과 흡사한 의식의 혁신 방법으로서 주목된다.

한용운의 시는 근대의 남성적 지배질서에 반하는 여성적인 가치와 태도를 보여준다. 근대의 이기적이고 폭력적인 남성성에 대항하여 그는 평화롭고 자비로운 품성을 강조한다. 타자에게 사랑과 자비를 베풀고 평화로운 공존을 모색하는 시인의 정신은 피폐한 식민 현실을 초극하려는 정신적 지향을 반영한다.

> 그것은 어머니의가슴에 머리를숙이고 자긔자긔한사랑을 바드랴고 쎼죽거리는입설로 表情하는 어엽븐아기를 싸안으랴는 사랑의날개가 아니라 敵의旗발임니다
> 그것은 慈悲의白毫光明이아니라 번득거리는 惡魔의눈(眼)빗임니다
> 그것은 冕旒冠과 黃金의누리와 죽엄과를 본체도아니하고 몸과마음을 돌돌 뭉처서 사랑의바다에 퐁당너랴는 사랑의女神이아니라 칼의우슴임니다
> 아아 님이어 慰安에목마른 나의님이어 거름을돌니서요 거긔를가지마서요 나는시려요
>
> —「가지마서요」 부분

사랑과 자비의 세계와 경쟁과 죽음의 세계가 뚜렷한 대조를 이루는 이 시에는 시인이 경계했던 지배질서와 이성의 논리에 대한 비판과 저항이 드러난다. 모성적 포용력을 대변하는 '사랑의 날개'는 차별과 지배의 원리로 작동하는 '적의 깃발'과 대비된다. 한용운 시에서 모성성에

대한 주목은 극히 미미한 것이었지만, 의외로 중요한 의미를 갖는다는 점을 주시할 필요가 있다. 만해시의 어조·화자·소재 등이 여성적 정서를 드러내지만 이러한 여성적 정서는 죽음의 세력으로부터 생명을 보호하고 살려내려는 모성적 본능으로 이어지기 때문에 여성적 순응성과 수동성을 벗어날 수 있다.[16] 한용운 시의 여성성은 흔히 여성적 정조나 어조에 주목하여 수동적이고 소극적인 면모가 강조되어 왔지만 기실 강인한 생명의식과 모성적인 양육의 의지를 담고 있다는 점이 부각될 필요가 있다는 것이다.

자비는 불성의 핵심을 이루는 것이며 한용운 시에서도 가장 포괄적이고 능동적인 실천의 의미를 지닌다. 에코페미니즘에서는 자비가 여성을 남성과 구분하는 영적인 성장의 조건이라고 본다. 올더스 헉슬리는 "신성에 도달하는 조건은, 자기를 철저히 버리고 사랑을 퍼주는 자비의 마음이다. 자기를 버리고 한없는 사랑을 퍼주는 그 마음만이 우리 속에 있는 독선과 우매함을 정화시킬 수 있다. 또한 우리 내면에 있는 신성의 불꽃을 당겨서 환한 빛을 비추게 한다. 이 불꽃은 곧 신성이다. 이 불꽃에 나를 태울 때, 우리는 신성이 무엇인지를 온전히 알 수 있다"[17]고 말하고 있다. 자기를 버리고 타자에게 베푸는 이타적 사랑인 자비는 이기주의와 차별로 번득거리는 '악마의 눈빛'을 한 근대적 이성과 대별된다.

모성적 포용력과 자비를 실천하는 '사랑의 여신'은 '면류관과 황금의 누리와 죽음'과 같은 근대적 지배권력과 배금주의와 죽음의 충동에 저항할 수 있는 영적 능력을 보여준다. 남성문화와 여성문화의 질적인 차이는, 남성문화의 핵심이 경쟁과 지배의 관계에 있는 데 반해 여성문화의 핵심은 평화를 지향하는 공존의 관계에 있다는 점이다. 이러한 여성적 관계맺음의 방식은, 원칙을 중심으로 움직이며 개별적인 상황을 고

---

16) 이선이, 『만해시의 생명사상 연구』, 월인, 2001, 91면.
17) 김재희 편, 『깨어나는 여신』, 정신세계사, 2000, 85면에서 재인용.

려하지 않는 남성문화와 구별된다. 여성들은 남성과는 다른 적극성과 강인함을 지니고 있으며 타자를 배척하기보다는 수용하는 특징을 지닌다.[18] 차별을 거부하고 생명을 지향하는 여성성은 현실의 원리를 넘어서는 초월적인 신성을 담지하고 있다. '사랑의 여신'은 '칼의 웃음'이 내포하는 차가운 이성의 원칙과 달리 생명에 대한 강한 긍정과 따뜻한 포용력을 의미한다. 이 시에서 온갖 차별과 적대감에 반하는 특성이 '여신'의 능력으로 표현되는 것은 여성이 지니는 각별한 영성과 생명력에 대한 긍정에 기인한다. 억압과 차별이 횡행했던 식민지 현실에 대한 저항의식으로 시인은 여성성이 함의하는 평화와 사랑의 가치를 역설한다. 그는 남성 시인이지만 누구보다도 분명하게 여성성의 가치를 인식하고 있었으며 당대의 현실을 초극할 수 있는 원리로서 이를 제시하고 있다.

> 님이어 당신은 百番이나 鍛鍊한 金결임니다
> 쏑나무뿌리가 珊瑚가되도록 天國의사랑을 바듭소서
> 님이어 사랑이어 아츰볏의 첫거름이어
>
> 님이어 당신은 義가무거읍고 黃金이가벼은것을 잘아심니다
> 거지의 거친밧혜 福의씨를 뿌리옵소서
> 님이어 사랑이어 옛梧桐의 숨은소리여
>
> 님이어 당신은 봄과光明과平和를 조아하심니다
> 弱者의가슴에 눈물을뿌리는 慈悲의菩薩이 되옵소서
> 님이어 사랑이어 어름바다에 봄바람이어
>
> ―「讚頌」 전문

님에 대한 찬송과 희망으로 가득 차 있는 이 시에는 자비와 사랑을

---

18) 정수복, 「지배와 정복에서 보살핌과 나눔으로」, 위의 책, 184면.

통한 해방의 이상이 그려지고 있다. 님의 고귀함과 신비를 묘사할 때 시인은 현란한 수식과 과장을 마다하지 않는다. 이 시에서는 한용운 시에서 존귀함과 영원성을 상징하는 '황금'의 이미지에 '백번이나 단련한'이나 '뽕나무 뿌리가 산호가 되도록'에서 보듯 시간의 깊이를 부여한 최고의 수사를 동원하고 있다. '금결', '천국의 사랑', '아침볕' 등의 빛나는 천상의 이미지로 인해 님의 신성과 존귀함은 최고로 강조된다.

1연의 찬사에 이어 2연과 3연에서는 님에 대한 희구와 기원을 드러내고 있다. '의가 무겁고 황금이 가벼운 것을 아는' 님에게 물질적 가치에 의해 무시되는 거지의 인격도 존중하며 축복을 내려줄 것을 희망한다. 민족 전체가 노예며 거지의 상태에 있던 식민지 현실에 대항하여 시인은 인격의 존엄성과 평등이 보장되는 세계를 지향했다. 님이 좋아한다는 '봄과 광명과 평화'는 거지나 약자들이 희구하는 따뜻하고 평화로운 세계의 표상이다. 약자의 몸과 마음을 어루만지고 위로하는 님의 존재는 '자비의 보살'처럼 큰 사랑을 실천한다. 거지와 약자에 대한 님의 사랑을 희구하는 나는 일대일의 닫힌 사랑을 넘어서 일대다의 열린 사랑을 지향한다. 시인이 추구한 사랑의 궁극적인 형태는 개인적인 차원을 넘어선 보편적인 차원의 것이다. 거지와 약자에게 고루 미치는 자비는 '얼음바다의 봄바다'처럼 냉혹한 현실에 희망을 가져 오는 훈풍의 역할을 한다.

시인이 지향한 시 역시 자비를 실천할 수 있는 생명력 있는 시이다. "죽은 대지가 시인의 노래를 거쳐서 움직이는 것을 봄바람은 말합니다"(「타골의 시(GARDNISTO)를 읽고」)에서 시인의 노래는 죽은 대지를 울리고 새 생명의 도래를 알리는 희망의 전언이다. 죽음의 상태인 현실에 희망의 숨결을 불어넣고 변화를 촉구하는 경이로운 생명의 시를 그는 희구한다. "나는 해저문 벌판에서 돌아가는 길을 잃고 헤매는 어린 양이 기루어서 이 시를 쓴다"(「군말」)고 시작했던 시집의 서언은 "나는 나의 시를 독자의 자손에게까지 읽히고 싶은 마음은 없습니다 / 그때에는 나의 시를 읽는 것이 늦은 봄의 꽃수풀에 앉아서 마른 국화를 비벼서 코에 대는 것과 같을는지 모르겠습니다"(「독자에게」)라는 결구로 매듭지어진다. 그는 해 저문 벌판에서 길을 잃고 헤매는 어린 양과 같이 애처로운 민족 현실에 대한 근심으로 인해 시를 썼던 것이다. 측은지심에 가까운 이러한 자비심은 고난의 극복과 해방된 미래를 지향하는 것이기에 결코 시로서의 생명이 존속되기를 희망하지 않는다. 이러한 시가 계속 읽히는 미래란 여전히 억압과 차별이 존재하는 불완전한 세계를 뜻하는 것이기 때문이다. 그는 시의 생명이 단축되더라도 온갖 모순이 극복된 이상적 미래가 조속히 도래하길 기대하였다. 그러나 시인의 기대와는 달리 아직까지도 여전히 많은 억압과 차별이 이어지고 있으며 그로 인해 그의 시는 여전히 현재성을 갖는다.

5. 실천적 담론의 생명력

　한용운의 문학은 최근에 탈식민주의적 관점의 조명을 받아 식민 현실에 대한 적극적인 탈주와 저항의 방식이었음이 입증되고 있다. 여기에서는 한용운의 문학이 근대성과 식민주의에 대한 포괄적이고 비판적인 인식을 담고 있다는 탈식민주의적 관점에 동의하면서도 그의 시가 지니는 저항의 의미를 보다 섬세하게 파악할 수 있는 방법으로 에코페미니즘적인 관점을 적용해 보았다. 에코페미니즘은 인간과 자연, 남성과 여성, 이성과 감성 등 모든 관계에 가해지는 차별에 반대하는 비판적 대안으로서, 식민지 현실의 인식과 여성적 가치의 적극적인 실천을 보여주는 한용운 시의 저항적 의미를 재해석하는 데 유용한 잣대가 되어 준다.

자연의 상징이 풍부하게 나타나는 한용운의 시는 모든 생명이 평등하게 존엄성을 지니며 상호 관련된다는 불교적 생명사상을 담고 있다. 그의 시에서 신묘하고 아름다운 자연은 님의 존재가 현현된 것으로 우주적 질서를 실천하는 것이다. 시인은 자연의 신비와 생명력을 발견하는 데서 머물지 않고 소우주인 자아의 능동적 참여를 강조한다. 이때 만물의 신성함과 존엄성을 자각하는 능력으로서 영성이 긴밀하게 작동한다. 또한 그의 시에 자주 나타나는 역설의 어법은 이성의 논리를 넘어서는 영성과 실천적 의지의 산물이라 할 수 있다. 자연에 내재하는 영성과 생명의 존엄성에 대한 자각은 모든 차별과 억압에 저항하는 절대적 근거로 작용한다.

한용운 시의 여성적 자아는 현실의 부당한 억압과 차별에 대해 직시하고 그것을 넘어서는 진리를 지향하는 강한 실천 의지를 드러낸다. 피지배자의 자율성과 존엄성이 근본적으로 위협받던 식민 현실에서 지배논리를 넘어서 진리를 지향하는 태도는 그 자체로 저항의 의미가 크다. 한용운의 시에는 지배와 복종의 관계를 드러내는 시들이 많은데, 강압적인 지배에 대한 강력한 저항을 표명하는 경우와 자발적 복종이라는 특이한 양상을 나타내는 경우가 대조를 이룬다. 자발적인 복종은 자유 의지에 의해 선택된 것이며 자아의 이상을 실현하는 실천적인 행위라고 할 수 있다. 한용운의 시는 억압과 착취가 극심했던 식민 통치의 양상과 자발적 복종을 대비시켜 지배논리의 허위에 적극적으로 저항한다.

여성적인 가치와 태도가 두드러진 한용운의 시는 근대의 남성적 지배질서에 대한 비판적 대안으로서 의미를 갖는다. 한용운 시의 여성성은 강인한 생명의식과 모성적인 포용력을 강조하고 있다는 점에서 그 적극적이고 능동적인 의미가 강조될 필요가 있다. 이타적이고 개방적인 사랑인 자비 역시 근대의 이기주의와 차별에 대항하는 정신적 가치로서 주목된다. 시인은 자비를 실천하는 생명력 있는 시를 지향하였다. 그의 시는 죽음에 가까운 현실에 희망을 불어넣고 변화를 일으키려 하였

다. 온갖 차별에 대한 저항의 의지와 약자에 대한 자비심이 충만한 한
용운의 시는 고난을 극복하고 해방된 미래를 꿈꾸는 적극적인 실천의
담론으로서 여전히 현재적 의미를 지닌다.

가족의 이산(離散)과 가족의 이상(理想)

1920~30년대 시에 나타난 가족과 여성

1. 가족 담론 속 여성의 문제

가족은 삶의 기본적인 단위로서 문학의 친근한 주제가 되어 왔다. 개인적 삶과 집단적 삶이 공존하는 지대인 가족은 내밀한 개인적 사유로부터 사회 역사적 문제까지를 포괄하는 문학적 소재의 보고이다. 특히 국권 침탈과 전쟁, 쿠데타 등으로 파행적인 굴곡을 그려온 우리 근대사 속에서 가족은 그 시대적 상흔을 첨예하게 반영하는 구체적 현실로서 존재해 왔다. 따라서 가족은 단순한 혈연적 집단이 아니라, "하나의 육체가 자신의 욕망을 풀어나가기 위해서 끊임없이 사회 관계들 속으로 뻗어나가는 곳이며, 또한 역으로 사회의 여러 가지 힘과 권력 그리고 이념과 상징들이 스며 들어오는 장소"[1]로 파악할 필요가 있다.

가족에 대한 여러 가지 사회적 함의와 이념 중에서 특히 주목해볼 것은 "모성에 대한 찬미, 애정과 합의를 가족관계의 기초로 강조하는 것, 은신처이며 천국 같은 가정이라는 가족의 개념"2)처럼 여성의 경험을 신비화하는 것들이다. 근대사의 질곡으로 인해 가부장제가 공고하게 유지되고 모성이 절대화되어 온 우리나라의 경우 가족 이데올로기의 위력은 더욱 강력하게 나타난다.

우리 현대사에서 1920~30년대는 식민지 상황으로 인해 오히려 가족의 결속력이 더욱 강조되고 가부장제가 굳건하게 유지되는 시기이다. 국가의 상실로 정체성이 뿌리째 흔들리는 상태였기 때문에 가족이 존재의 근거를 보장하는 최후의 보루로 작용한 것이다. 그리하여 기존의 가부장적인 가족제도가 민족의 자존과 전통을 유지하며 답습된다. 또한 이 시기에는 모성이 절대화되고 신성시되어 가부장제의 확고한 기반을 이루게 된다. 식민지라는 극한 상황에서 여성의 희생과 종속은 쉽사리 용인된다. 여성은 지배적인 식민제도와 가족제도 속에서 이중으로 식민지화된다.

이 글에서는 1920~30년대 시에 나타나는 가족과 여성의 형상을 살펴보려 한다. 가족적 삶의 양상이 빈번하게 나타나는 김소월·백석·이용악·이상의 시를 대상으로 각각의 경우에서 가족의 가치와 의미가 어떻게 드러나는지, 또한 그것이 당대 현실과 어떻게 관련되는지를 밝히도록 한다. 남성 시인들에게서 더욱 분명하게 나타나는 가족 이데올로기와 여성의 신비화를 확인할 수 있을 것이다. "남성 중심 사회에서의 모성 예찬은 여성을 타자적 존재로 인정하지 않고 환상의 대상으로 관념화하려는 가부장적 감상주의의 색다른 표현이어서 여성비하 이데올로기와 별반 다를 게 없어 보"3)인다는 주장처럼, 신비화된 모성은 가부

---

1) 신범순, 「시에서 '가족'의 기호와 상징」, 『포에티카』, 1997년 여름, 74면.
2) 배리 소온, 권오주 외역, 「페미니즘의 시각에서 본 가족」, 『페미니즘의 시각에서 본 가족』, 한울, 2003, 24면.
3) 장영우, 「한국 여성의 문학적 초상」, 『한국문학과 여성』, 아세아문화사, 2000, 56면.

장제의 건재를 입증하는 증거이기도 하다.

우리 시 연구에서 가족 담론과 관련된 논의는 주로 1980년대 이후의 시들에 집중되어 있다. 전통적인 가족 개념이 전면적으로 해체되는 문제적 현상이 반영된 시들이 주된 관심의 대상이 되었기 때문이다. 식민지시대의 시들은 가족의식의 차원으로 볼 때 전근대적인 상태에 가깝기 때문에 상대적으로 주목이 덜했다. 이 시기의 시들을 다룬 경우도 가족 이데올로기가 반영된 양상을 긍정 또는 부정이라는 고정된 관점으로 해석하는 경향이 강하다. 「한국 근현대문학에 나타난 가족 담론의 전개와 그 의미—현대시」[4]에서는 가족 담론이 나타나는 현대시를 전반적으로 다루면서 "보호와 안정을 제공하는 가족의 긍정적 측면과 개인을 억압하는 부정적 측면"이라는 양가적 의미를 살피고 있다. 여기에서 식민지시대의 시들은 주로 '자기 정체성의 원형으로서의 가족'이라는 긍정적 가치와 관련된다. 「한국 현대시에 나타난 가족」[5]에서도 이 시기의 시들이 강한 가족적 연대감을 드러내며 식민지하의 사이비 근대에 저항하며 민족사의 전개에 긍정적인 역할을 한 것으로 보고 있다. 이러한 논의들은 식민지 상황과 관련된 가족의 특성과 의미를 밝혀준 반면 가부장제 이데올로기에 의해 신비화되면서 구체적 현실에서 벗어난 여성의 문제는 간과하고 있다.

여기서는 그 동안 가족 담론과 관련해서 별로 주목되지 않았던 1920~30년대 시들을 대상으로 가족과 여성에 대한 의식과 태도를 살펴볼 것이다. 긍정 일변도로 해석되었던 모성의 절대성에 대해서도 새로운 접근이 필요하리라 본다. 모성은 페미니스트들 사이에서도 줄곧 찬반 논쟁을 일으켜 올 정도로 민감한 사안이다. 그것은 영예롭고 이상적인 존재로 비판의 대상에서 제외되기도 하고, 가부장제를 지탱하는 신화로

---

4) 김현자·엄경희, 「한국 근현대문학에 나타난 가족담론의 전개와 그 의미」, 『한국언어문학』 51집, 2003.12.

5) 이숭원, 「한국 현대시에 나타난 가족」, 『시안』, 2003년 겨울.

이용되면서 억압의 도구가 될 수 있다고 하여 극력 부정되기도 한다. 어떤 경우이거나 모성을 절대화하고 과장하는 측면이 있다. 최근에는 모성에 대한 이런 과장된 설명을 피하고 일상생활의 실제적 경험을 중시하며 문화적 산물로서 파악하려는 경향이 강하다.6) 모성을 절대화하는 논리는 여성적 경험을 탈역사화하여 구체적인 삶의 영역으로부터 배제한다. 모성에 대한 긍정이나 부정의 배타적 평가 이전에 그것이 자리하는 다양한 사회·역사적 맥락과 여성적 삶의 구체적 양상을 파악해야 할 것이다. 식민지시대 시에 나타나는 가족과 여성의 형상은 민족과 계급의 모순뿐 아니라 성 모순이 중첩되어 있어 예민한 문제의식을 내포한다. 그 동안 민족이나 계급 같은 거대 이념에 가려 신비화되었던 모성의 문제는 여성의 삶과 구체적 경험의 산물로 재인식되고 그 사회·역사적 맥락이 풍부하게 재구성되어야 할 것이다.

2. 가족의 상실과 복원의 꿈 - 김소월

김소월의 시는 1920년대 대다수의 시인들이 공유했던 가부장적인 사고와 가족과 고향 상실의 절망감, 충만한 가족의 상상적 재현 등의 시적 특질들을 대변해준다. 김소월의 몇몇 시들은 유교적인 의식이 강하게 작용하는 전통적인 가부장제에 대한 확고한 신뢰를 드러낸다. 그의 시에서 가족은 부모 자식간의 끈끈한 혈육애로 연결된 절대적인 공동체이다.

　　　나는어쩌면 생겨나와

---

6) 베리 소온, 권오주 외역, 앞의 책, 25~26면 참조.

이니야기 듯는가?
뭇지도마라라, 來日 날에
내가父母되여서 알아보랴?

—「父母」 부분7)

어버이님네들이 외오는말이
『쌀과아들을 기르기는
훗길을보쟈는 心誠이로라.』.
그러하다, 分明히 그네들도
두어버니틈에서 생겻서라.

—「훗길」 부분8)

　가족은 이처럼 부모와 자식의 혈연적 관계로 구성되는 것이며 대를 이어서 유지되는 강한 결속력을 갖는다. 이 시들에서는 가족의 필연성과 연속성에 대한 어떤 의심이나 불안도 엿볼 수 없다. 가족의 유지와 보존은 당시 삶에서 절대적인 존재의 이유에 해당한다. "바이죽지못할 것도 안이지마는 / 금년에열네살, 아들쌀이 잇섯서 / 순복에아부님은 못하노란다"(「어버이」)에서처럼 자식을 양육하고 대를 이어야 한다는 가족의 규범이 존재를 규정한다. 부부 역시 하늘이 맺어준 인연에 의한 필연적 관계로 인식되어 가족 제도의 확고한 기반을 이루고 있다.

　절대적인 인연과 혈연에 의해 결속된 가족에 대한 신념은 식민 치하의 궁핍하고 불안한 삶의 여건으로 인해 더욱 강화되는 측면이 있다. 그의 시에는 가족이나 고향을 잃은 화자의 강렬한 그리움이 자주 나타난다. 피치 못할 사정으로 가족과 고향을 떠나온 화자가 보이는 심적인 동요는 이런 원초적 공간의 상실로 인한 심각한 타격과 함께 본원으로의 회귀와 복원의 열망을 반영한다. "삭주구성(朔州龜城)은 산(山)넘어 /

---

7) 김소월, 『진달래꽃』, 매문사, 1925, 57면.
8) 위의 책, 115면.

먼 육천리(六千里) / 각금각금 꿈에는 / 가다오다 도라오는 길이겠지요"(「삭주구성(朔州龜城)」)에서처럼 그의 시에서 가족이나 고향의 상실은 실제적 상황이라기보다 심정적 거리감과 관련된다. 시 작품에 나타난 짙은 향수나 실향의식의 정서는 상실된 본래의 세계를 찾고자 하는, 그 통시적 동일성에 대한 서정적 갈망이라고 볼 수 있다.[9] 식민 치하의 현실은 순수한 본원으로서의 가족의 개념을 더욱 강화시키며 그것이 상실되고 훼손된 현재의 모든 거소를 부재와 결핍의 공간으로 인식하게 한다.

김소월 시에 자주 나타나는 추상화된 '집'의 형상은 가족과 고향의 상실을 내면화한 상징적 표상이다.

들짜에쩌러저 나가안즌메씨슭의
넓은바다의물짜뒤에,
나는지으리, 나의집을,
다시금 큰길을 앞페다 두고.
길로지나가는 그사람들은
제각금 쩌러저서 혼자가는길.
하이얀여울턱에 날은점을째.
나는 門싼에 섯서 기다리리
새벽새가 울며지새는그늘로
세상은희게, 쏘는 고요하게,
번쩍이며 오는아츰부터,
지나가는길손을 눈녁여보며,
그대인가고, 그대인가고.

— 「나의집」 전문[10]

김소월 시에서 집은 '자아를 보호하는 비자아'[11]로서의 자족적인 물

9) 김준오, 『시론』, 삼지원, 1995, 415면 참조.
10) 김소월, 앞의 책, 118~119면.
11) 가스통 바슐라르, 곽광수 역, 『공간의 시학』, 민음사, 1990, 115면.

질적 공간이 아니다. 그의 시에서 집은 누구와 함께 거처하냐에 따라 이상적 공간이 되기도 하고 불완전한 공간이 되기도 한다. 이 시와 흡사하게 물가의 집이란 이상적 공간이 나타나는 「엄마야 누나야」에서는 가족과 함께하는 완벽하고 원형적인 집의 형상을 그리고 있다. 「엄마야 누나야」에서 꿈꾸는 이상적인 자연은 원체험의 공간에 해당되는 모성적 거소이다. 「나의 집」에서 자연의 빛과 율동이 넘치는 물가의 집은 생명의 원천으로서 물이 갖는 모성적 의미를 감각적으로 재현하고 있다. 물론 이때의 집 또한 상상과 기원의 산물이라는 점에서 현실과의 절대적인 거리감을 확인할 수 있다. 김소월 시에서 이상적인 집은 충만하고 순수한 자연의 공간과 일치한다. 그러나 아무리 이상적인 집이어도 '님'이 부재하는 곳은 불완전할 수밖에 없다. 이 시에서 '길'과 '문'의 의미가 강화되는 것은 그 때문이다. '길'과 '문'은 님과 집이 연결되는 통로이다. 이 시에서 집은 '님'과 함께하는 완전한 공간이 아니라 '님'의 도래를 갈망하는 기원의 장소이다. 상실의 공간을 표상하는 '집'과 부재함으로써 열망의 대상이 되는 '님'은 그의 시에 강한 낭만성을 부여한다. 현실과 이상의 거리는 회복 불가능하게 멀어지고 '집'과 '님'의 복원은 상상 속에서만 가능하다.

> 나는 꿈꾸엿노라, 동무들과내가 가즈란히
> 벌싸의하로일을 다맛추고
> 夕陽에 마을로 도라오는꿈을,
> 즐거히, 꿈가운데.
>
> 그러나 집일흔 내몸이어,
> 바라건대는 우리에게 우리의보섭대일짱이 잇섯드면!
> 이처럼 쩌도르랴, 아츰에점을손에
> 새라새롭은歎息을 어드면서.
> ─「바라건대는 우리에게우리의보섭대일짱이 잇섯더면」 부분12)

　김소월 시 가운데 욕망과 현실의 대립에 관한 가장 구체적인 상상을 보여주는 예들은 자연 속에서의 즐거운 노동과 관련된다. 고향은 노동의 즐거움이 실현되는 상상의 공간이다.13) 김소월의 시로서는 드물게 활기찬 삶의 장면이 구체적으로 그려지고 있는 이 시 역시 동경과 상상의 산물이다. 하루의 노동을 마치고 귀가하는 소박한 꿈조차도 '집 잃은' 몸으로는 불가능한 것이다. 시인은 모든 가치와 존엄성이 훼손된 식민지 현실을 상실의 공간으로 정확하게 인식하고 있다. 그의 시는 가족과 고향이라는 전통적인 존재의 근거마저 붕괴된 현실을 탄식하며 상상적 복원을 꾀함으로써 동시대의 보편적 정서와 호응한다. 고향에 거처하면서도 고향 상실의 비애를 토로했던 시인은 억압된 현실로 인해 훼손된 본원을 향한 강렬한 낭만적 지향을 대변한다.

　본원에 대한 그리움은 여성에 대한 이상화를 촉구한다. 그의 시에서 '어머니'나 '누나'와 같은 여성의 이미지는 근원적인 자연이나 절대적인 희생의 의미를 내포한다. 「엄마야 누나야」에서 지향하는 이상적인 집은 모성적 자연의 이미지와 일치한다. 편안하고 충만한 자연의 집에 대한 동경은 모성에 대한 이상화와 다르지 않다. 「접동새」의 '누나' 역시 헌신과 희생을 불사하는 모성의 상징이다. 여성은 늘 거기에서 아낌없이 베푸는 자연과 같이 절대적이고 희생적인 존재로 인식된다. 그 역시 여성을 타자로서 받아들이고 구체적인 삶의 실체로 그리기보다는 이상화하고 관념화하는 남성 중심의 관점에서 자유롭지 못했다. 그에게 여성은 전통이 상실되고 근원이 붕괴되는 극한 상황에서 의지할 수 있는 최후의 거처였다. 모성과 자연의 절대화는 현실에 대한 직접적 대결보다는 낭만적 동경과 향수가 강했던 시인이 행할 수 있었던, 잃어버린 가족과 고향에 대한 상상적 복원의 산물이다.

---

12) 김소월, 앞의 책, 145면.
13) 이혜원, 「한용운·김소월 시의 비유구조와 욕망의 존재방식」, 『현대시의 욕망과 이미지』, 시와시학사, 1998, 158면.

3. 공동체에 대한 향수와 낭만적 사랑—백석

　백석은 김소월이 보여주었던 모성적 공간의 상상적 복원을 더욱 치열하게 몰고나간다. 식민지시대 남성 시인들 중에서 백석의 시처럼 여성이 많이 등장하고 중심을 차지하고 있는 경우는 드물다. 백석은 여성의 삶에 대한 섬세한 접근을 통해 당대의 훼손된 역사를 포착하고 그 이전의 본원적인 고향을 모성적 공간으로 구현하여 민족적 삶의 원형을 복원하려 한다. 초기 『사슴』 시편의 시들은 대부분 유년 화자의 기억과 상상을 통해 원초적이고 모성적인 고향과 친족 공동체를 재현하고 있다. 유년의 기억에 의해 그려진 고향의 공동체적 삶은 순수하고 토속적인 세계에 대한 향수를 내포한다. 백석의 시에서 가족은 끈끈한 혈연 관계에 의해 형성된 친근하고 화해로운 집단으로 형상화된다.

　　명절날나는 엄매아배따라 우리집개는 나를따라 진할머니 진할아버지가있는 큰집으로가면

　　얼굴에별자국이솜솜난 말수와같이눈도껌벅걸이는 하로에베한필을짠다는 벌하나건너집엔 복숭아나무가많은 新里고무 고무의딸李女 작은李女
　　열여섯에 四十이넘은홀아비의 후처가된 포족족하니 성이잘나는 살빛치매감탕같은 입술과 젓꼭지는더깜안 예수쟁이마을가까이사는 土山고무 고무의딸承女 아들承동이
　　六十里라고해서 파랗게뵈이는山을넘어있다는 해변에서 과부가된 코끝이빩안 언제나힌옷이정하든 말끝에설게 눈물을짤때가많은 큰곬고무 고무의딸洪女 아들洪동이작은洪동이
　　배나무접을잘하는 주정을하면 토방돌을뽑는 오리치를잘놓는 먼섬에 반디젓 닭으려가기를좋아하는삼춘 삼춘엄매 사춘누이 사춘동생들

　　이그득히들 할머니할아버지가있는 안간에들몽여서 방안에서는 새옷의내음

새가나고

　또 인절미 송구떡 콩가루차떡의내음새도나고 끼때의두부와 콩나물과 뽂운
잔디와고사리와 도야지비게는모두 선득선득하니 찬것들이다
―「여우난곬族」 부분¹⁴⁾

이 시에서는 전형적인 친족 공동체의 모습을 보여준다. 명절날 큰집을 향해 모여드는 친척들의 모습이 일일이 열거되어 풍성하고 끈끈한 연대감을 드러낸다. 혈연에 의해 엮이고 묶인 가족과 친족의 구성원들이 선연하게 재현되고 있다. 각각의 구성원들은 저마다 순탄치 못한 삶의 이력들을 지니고 있지만 '그득히들' 모여 있을 때는 충만하고 자족적인 상태가 된다. 이 시에서 친정집으로 모여든 고모들은 모두 남편 없이 자식들만을 데리고 등장한다. 순탄치 못한 결혼과 불행으로 남편을 잃고는 한 가족을 이끌고 살아가는 것이다. 어머니에 이끌려온 아이들이나 풍성한 음식의 묘사는 이 시의 전체적인 분위기를 모성적이고 원형적인 것으로 만든다. 가부장적인 질서나 위엄은 배제된 채 음식과 놀이로 풍성한 풍속이 재현되면서 모계 중심적인 가족의 화합과 보호의 의미가 강조된다. 이 시의 마지막 부분에서는 "시누이 동세들이 욱적하니 흥성거리는 부엌으론 샛문틈으로 장지문틈으로 무이징게국을 끓이는 맛있는 내음새가 올라오도록 잔다"고 하여 모성에 의해 철저하게 보호될 때의 안온함과 행복감이 인상 깊게 표현된다. 백석의 시에서 모성은 공동체의 삶을 굳건하게 유지하는 강력한 보호막으로 인식된다.

　가족과 공동체를 이끄는 모성의 위력은 종종 '신모'의 이미지로 나타난다. 백석의 시에 등장하는 '신모'의 이미지는 가족이나 마을의 흉사를 다스려주는 모성의 샤머니즘적 발현이라 할 수 있다. 「가즈랑집」의 할머니는 마을 아이들이 태어날 때나 병을 앓을 때 치성을 드려주는 대표적인 신모이다.¹⁵⁾ 예순이 넘고 아들도 없고 중같이 정하며 독한 담배를

---

14) 백석, 『사슴』, 선광인쇄주식회사, 1936, 6~9면.

태우는 것으로 묘사되는 가즈랑집 할머니는 나름대로 신산한 삶을 살아왔지만 마을의 아이들에게는 절대적인 역할을 하는 전형적인 신모적 모성을 보여준다. 시인은 부권이 상실된 식민지하의 민족 현실을 감당했던 신모적 모성의 헌신적인 보호를 원형적인 기억으로 복원한다. 또 다른 시 「오금덩이라는 곳」의 젊은 색시들은 비난수를 하며 액막이를 하고 「삼방(三防)」에서는 작두를 타며 굿을 하는 애기무당이 등장한다. 이런 신모의 이미지는 불운하고 암담했던 시대에 가족 공동체를 지켜낸 모성의 인내력과 강인함을 대변한다.

시인은 신모적 모성이 드러내는 원초적이고 토속적인 세계에 대한 관심을 통해 근대의 계몽적 이성에 대한 반작용을 보여준다. "샤머니즘은 도구적 이성의 폭력성을 전복시키기 위해 전반성적 세계로 퇴행하여 황홀경 속에 인간적인 것의 회복을 지향하는 감싸안기를 통해 사회역사적 맥락을 배경화하는 수단"16)이 될 수도 있는 것이다. 백석이 보여주는 원초적인 모성의 공간에 대한 낭만적 동경은 계몽적 이성이 작용하지 않는 민족적 원형에 대한 복원의 의지를 반영하는 것이다. 그는 여성의 수난사를 통해 식민 치하의 암울한 현실을 직시하면서도 여성이 지닌 원초적이고 모성적인 힘에서 민족적 자존과 생명력을 발견했다. 이러한 모성은 계몽적 이성에 의한 파행적 근대와 황폐화된 현실을 넘어서고 치유할 수 있는 가능성으로 인식된다. 원체험의 기억과 낭만적 상상에 의해 복원된 모성적 공동체는 훼손되지 않은 민족의 원형에

---

15) 신모적 모성은 그리스 로마 신화의 데미테르 원형이나 우리나라의 당금 아기, 바리데기, 청정각씨 등 여성 신화에서도 자주 발견되는 보편성을 지닌다. 이들 여성들은 출산과 양육 등의 여성의 과업을 묵묵히 수행해 내고 남성적 공간에서 끊임없이 쫓겨남을 당하고 결핍의 체험을 하지만 고통을 인내하고 감당해 내면서 신의 위치에 좌정할 정도의 능력의 확장과 성숙을 보여준다.
　김현자, 「적극적・창조적 모성과 삶 본능의 에너지」, 『한국여성시학』, 깊은샘, 1997, 39면.
16) 유임하, 「모성의 근대성과 그 소설적 전개」, 『한국문학과 여성』, 아세아문화사, 2000, 81면.

대한 동경과 일치한다.

　　백석은 결코 여성적 삶의 구체적 현실을 외면하지 않았지만 그보다
더욱 본능적으로 여성에 대한 낭만적 동경에 이끌린다.

　　　　가난한 내가
　　　　아름다운 나타샤를 사랑해서
　　　　오늘밤은 푹푹 눈이나린다

　　　　나타샤를 사랑은하고
　　　　눈은 푹푹 날리고
　　　　나는 혼자 쓸쓸히 앉어 燒酒를 마신다
　　　　燒酒를 마시며 생각한다
　　　　나타샤와 나는
　　　　눈이 푹푹 쌓이는밤 힌당나귀타고
　　　　산골로가쟈 출출이 우는 깊은산골로가 마가리에 살쟈

　　　　눈은 푹푹 나리고
　　　　나는 나타샤를 생각하고
　　　　나타샤가 아니올리 없다
　　　　언제벌서 내속에 고조곤히와 이야기한다
　　　　산골로 가는 것은 세상한데 지는것이아니다
　　　　세상같은건 더러워 버리는 것이다
　　　　　　　　　　　　　　　　　— 「나와 나타샤와 힌당나귀」 부분[17]

　　성인 화자가 등장하는 이 시에서는 적막한 현실과 낭만적 사랑에 대
한 환상이 겹쳐지고 있다. 화자는 혼자 쓸쓸히 앉아 소주를 마시고 있
는 처지이지만 상상에 몰입하여 사랑의 확신에 이른다. 유랑자인 그의
삶과 사랑은 '세상' 안에서 허용되지 않는다. "세상 같은 건 더러워 버

---

17) 백석, 「나와 나타샤와 힌당나귀」, 『여성』 3권 3호, 1938.3, 16~17면.

리는 것이다"라는 선언에서 현실과의 근본적인 불화를 살필 수 있다. 화해할 수 없는 현실에 부응하기보다는 고독하고 쓸쓸한 자존을 지켜 나가는 것이 그가 선택한 삶의 방식이다. "나는 이 세상에서 가난하고 외롭고 높고 쓸쓸하니 살아가도록 태어났다"(「흰 바람벽이 있어」)고 스스로의 운명을 규정한 그는 고독한 실존과 절실한 사랑을 삶의 본질로서 받아들인다. 그는 푹푹 내리 쌓이는 눈조차 더러운 세상을 가리고 순결한 사랑을 축복하는 징후로 여긴다. '나타샤'라는 이국적인 이름으로 인해 더욱 환상적으로 그려지고 이상화되는 여인 또한 그의 낭만적 성향을 반영한다.

백석은 식민지의 질곡 속에서 현실과의 직접적인 대결보다는 과거에 대한 향수나 낭만적 상상을 통해 화해와 사랑을 성취해내는 방식을 취한다. 그의 시에서는 민족적 원형을 담보한 모성의 이미지나 낭만적 사랑의 대상으로서 여성이 이상화되는 경향이 있다. 그로 인해 여성을 신비화하고 모성의 신화를 창출하기도 한다. 그에게는 식민지 현실의 파행적 근대와 계몽적 이성에 저항할 수 있는 낭만적인 상상과 탈근대적 전통이 더 절실한 가치였기 때문이다.

4. 가족의 붕괴와 여성의 수난사 — 이용악

이용악의 시에서 가족과 여성은 당대의 사회 역사적 상황과 긴밀하게 연결되며 가장 현실적으로 그려진다. 그의 시는 식민지의 현실을 극적으로 반영하는 유이민의 비극적 삶을 사실적으로 반영한다. 그의 시에는 강점과 수탈로 피폐해진 식민지 현실로 인해 삶의 터전을 버리고 유랑의 길을 떠나게 되는 뿌리 뽑힌 가족들의 처절한 사연이 들어 있다.

고향의 상실과 가족의 해체는 당대의 민족적 모순을 첨예하게 대변하
는 사회현상이다.

> 우리집도 안이고
> 일갓집도 안인 집
> 고향은 더욱 안인 곳에서
> 아버지의 寢床 업는 최후 最後의 밤은
> 풀버렛소리 가득차 잇섯다
>
> 露領을 단이면서짜지
> 애써 자래운 아들과 쌀에게
> 한마듸 남겨두는 말도 업섯고
> 아무을灣의 파선도
> 설룽한 니코리스크의 밤도 완전히 이즈섯다
> ─「풀버렛소리 가득차잇섯다」 부분[18]

시인 자신이 경험한 유이민의 삶은 그의 시에 구체성과 실감을 부여
한다. 이 시에서는 유이민으로 살다 타관에서 죽어간 아버지의 비극적
삶을 그리고 있다. "우리집도 아니고 / 일갓집도 아닌 집 / 고향은 더욱
아닌 곳"으로 반복 강조하는 것은 집과 고향을 잃고 떠도는 안타까운
삶의 현실이다. '우리집'이나 '일갓집', '고향' 등의 친근한 삶의 공간을
대치한 '노령(露領)', '아무을만(灣)', '니코리스크' 같은 이국적 지명들은
유이민들이 겪었을 고단하고 적막한 삶을 암시한다. 가족의 생계를 위
해 이국땅에서 떠돌다 침상도 없이 죽음을 맞는 가장의 운명은 식민지
현실에서 위태롭게 유지되던 가부장제의 상태와도 같다. 절대 빈곤 상
태의 피폐한 현실은 가부장제의 기반마저 흔들고 가족을 해체시킨다.
이용악의 시에는 부모를 잃은 아이들이나 몸 파는 여자들이 많이 등장

---

18) 이용악, 『分水嶺』, 삼문사, 1937, 19~20면.

하여 가족의 해체로 인한 극한적 삶의 정황을 보여준다.

> 북쪽은 고향
> 그 북쪽은 女人이 팔녀간 나라
> 머언 山脈에 바람이 얼어붓틀째
> 다시 풀릴째
> 시름 만흔 북쪽 하늘에
> 마음은 눈 감을줄 몰으다
>
> — 「北쪽」 전문[19]

> 胡人의 말모리 고함
> 놈나저 지나는 말모리 고함 —
> 쩌자린 채ㅅ죽 소리
> 젓가슴을 감어 치는가
> 너의 노래가 漁夫의 자장가처럼 애조롭다
> 너는 어느 凶作村이 보낸 어린 犧牲者냐
>
> — 「제비갓흔少女야—강건너酒幕에서」 부분[20]

가족의 붕괴는 여성들을 생존을 위해 몸을 파는 극한 상황으로 내몬다. 이 시들은 고향을 떠나 타국으로 팔려간 여인들의 비극적인 삶을 그리고 있다. 「북쪽」에서는 고향보다도 더 먼 북쪽의 황막한 땅으로 팔려간 여인의 비애를 볼 수 있다. 이용악의 시에서 '북쪽'은 고향을 잃은 자들이 향하게 되는 극한의 부정적 공간이다. 「제비 같은 소녀야」에서도 이국땅에 팔려가 고통을 겪는 어린 소녀의 비극이 그려진다. "너는 어느 흉작촌(凶作村)이 보낸 어린 희생자(犧牲者)냐"라는 구절은 소녀의 사연을 압축하는 동시에 당대의 궁핍한 현실과 여성들의 비극을 암시한다. 이용악의 시에서 여성의 수난사는 민족적 비극의 표상이라고도

---

19) 위의 책, 10~11면.
20) 위의 책, 52~53면.

할 수 있다. 강압에 의한 수탈과 유린을 감내해야 하는 민족 현실과 여성의 희생은 흡사한 면모를 보인다. 시인은 이러한 식민지 상황에 대해 사실적인 접근과 함께 강한 정서적 반응을 행한다. 이 시들에서도 여성들의 비극적 삶에 대한 연민과 비애가 서정적이고 극적인 묘사에 의해 표현되고 있다. 여성에 대한 억압과 폭력은 거칠고 급박한 시어로 나타나며 연약하고 적요한 여성의 정조와 대비를 이룬다. 관념으로 흐르지 않고 구체적인 이미지에서 출발하여 자신의 현실 인식을 담고 있는 이용악 시편의 기본 성향은 서사 충동을 내장한 채 고유한 서정적 울림을 획득하고 있다.[21] 그의 시에 보이는 서사 충동은 서정시 특유의 감상성에 구체적 실감을 부여하고 서정적 울림은 프로시 쪽의 관념적이고 도식적인 현실 이해를 넘어설 수 있게 했다. 가족이나 여성의 형상을 보여주는 시들 역시 구체적인 경험이나 사실적 정황에 기반을 두고 있으며 강한 정서적 환기력을 드러낸다.

유이민들의 비극과 수난의 여성사를 통해 그는 민족적 현실의 핵심을 간파한다. 당대 여성들의 수난상은 비극적 민족 현실의 상징이라고도 할 수 있다. 타국으로 팔려 유린당하고 고통받는 여성들은 핍박받는 민족 현실과 일치한다. 이런 여성들의 수난사에 대해 시인은 강한 연민과 비애를 드러낸다. 가족의 붕괴와 여성들의 고난은 최소한의 생존마저도 위협받던 절박한 현실을 반영한다. 극한 상황을 직접 경험하고 수없이 목격했던 시인에게 가족은 절대적인 가치로 인식된다. 특히 아버지가 부재하는 상황에서 어머니는 보호와 안주의 거처로 자리 잡는다. 현실 인식이 강했던 그의 시에서도 역시 어머니는 자애롭고 절대적인 보호자로 그려진다.

삽살개 짖는 소리
눈포래에 얼어붙는 섯달 그믐

---

21) 유종호, 「식민지 현실의 서정적 재현」, 『다시읽는 한국시인』, 문학동네, 2002, 193면.

밤이
얄궂은 손을 하도 곱게 흔들길래
술을 마시어 불타는 소원이 이 부두로 왔다
걸어온 길까에 찔레 한송이 없었대도
나의 아롱범은
자옥자옥을 뉘우칠줄 몰은다
어깨에 쌓여도 하얀 눈이 무겁지 않고나

　철없는 누이 고수머릴랑 어루맊이며
　우라지오의 이야길 캐고싶던 밤이면
　울어머닌
　서투른 마우재말도 들려주셨지
　졸음졸음 귀 밝히는 누이 잠들 때꺼정
　등불이 깜박 저절로 눈 감을 때꺼정

다시 내게로 헤여드는
어머니의 입김이 무지개처럼 어질다
나는 그모도를 살틀히 담았으니
어린 기억의 새야 귀성스럽다

―「우라지오 가까운 항구에서」 부분[22]

이 시는 시인에게 각인된 모성의 이미지를 선명하게 드러내고 있다. 낯선 항구를 떠도는 신산한 삶을 살아가고 있는 시인에게 어머니가 보호하는 어린 시절의 기억은 안온한 행복감으로 가득하다. 거칠고 황막한 현실과 대비되는 행복한 과거의 기억은 독립된 연과 형태의 변화로 확연하게 구분되고 있다. 아버지의 몫까지 감당하며 가족을 이끌었던 어머니의 존재는 절대적이고 신성시된다. "어머니의 입김이 무지개처럼 어질다"는 구절에서는 어른이 된 화자에게도 어머니의 기억이 여전히

---

22) 이용악, 『낡은집』, 삼문사, 1938, 56~57면.

가장 아름답고 귀중한 것으로 자리잡고 있음을 보여준다. 극도로 궁핍한 생활과 아버지의 죽음이라는 불행을 겪으면서도 가족을 지켜 준 어머니를 통해 그는 자애롭고 신성한 모성의 가치를 확신한다.

식민지 모순이 첨예하게 드러나던 유이민의 참상을 실제적으로 경험하면서 시인은 가족과 민족의 의미를 절감했으며 그것을 파괴하고 유린하는 현실에 대해 강한 반감과 비애의 정서를 드러낸다. 여성과 어머니는 고난에 찬 민족 현실과 동일시되며 그렇기 때문에 더욱 귀중하고 가치 있는 존재로 인식된다. 가족이 붕괴되는 비극적 현실은 역으로 가족의 가치를 절대적인 것으로 자리잡게 했던 것이다.

5. 가족의 억압과 위선에 대한 부정-이상

이상은 식민지시대까지 다른 어떤 시인도 행하지 못했던 가부장제에 대한 과감한 비판과 부정을 보여준다. 외세에 대한 저항이 급선무였던 식민지시대에 가부장제는 오히려 유지되어야 할 전통과 자존으로 인식된다. 가족은 개인의 존립을 보장할 수 있는 최소한의 조건이었기 때문이다. 부계혈통을 이어갈 남성의 생존이 위기에 직면했을 때 여성들은 오히려 가장권을 지켜내기 위해 온 힘을 쏟고 남성의 부재를 일시적 현상으로 간주하고자 하는 태도를 보여왔다.[23] 남성의 생존이 크게 위협받았던 식민지시대에도 마찬가지로 가족의 존립과 위계를 유지하려는 경향은 강화되었던 것이다. 백부에게 양자로 입적되었던 이상의 개인사[24]는 식민지시대에도 여전히 가부장제의 전통이 강력하게 작용하고

---

23) 조혜정, 「한국 가부장제에 대한 해석적 분석」, 『성, 가족, 그리고 문화』, 집문당, 1997, 42~43면 참조.

있었음을 보여준다. 일제에 의한 근대식 교육을 받은 이상은 근대적인 사고와 전통적인 습속의 심각한 충돌을 자신의 내부에서 경험하며 모든 억압적인 제도와 형식에 대한 강한 부정을 행하게 된다.

나의아버지가나의겨테서조을적에나는나의아버지가되고또나는나의아버지의아버지가되고그런데도나의아버지는나의아버지대로나의아버지인데어쩌자고나는작고나의아버지의아버지의아버지의……아버지가되니나는웨나의아버지를껑충뛰어넘어야하는지나는웨드디어나와나의아버지와나의아버지의아버지와나의아버지의아버지의아버지노릇을한꺼번에하면서살아야하는것이냐

—「烏瞰圖 — 詩第二號」 전문25)

그의 의식 속에 자리잡고 있던 가부장제의 중압감은 이 시에서 너무 많은 아버지의 이미지로 나타난다. 띄어쓰기의 거부로 숨가쁘게 이어지는 수많은 아버지들의 존재는 그를 짓눌렀던 가부장제의 연쇄적 구조와도 일치한다. 이 시에서는 근대적 자아인 '나'와 가부장적인 '아버지'가 첨예하게 대결한다. 자신의 의지와 상관없이 부여된 '아버지 노릇'에 대한 부담감으로 인해 그는 가부장제에 대한 회의와 부정을 행하게 된다.

가부장제의 혈연적 유대는 근대적인 개인적 주체의 개념과는 상이한 문벌의식을 강요한다. "분총에 계신 백골(白骨)까지 내게 혈청(血淸)의 원가상환(原價償還)을 강청(强請)하고 있다"(「문벌(門閥)」)는 진술에서는 혈연적 유대에 끈질기게 고착되어 있는 가부장제의 중압감을 표현하고 있다. 그의 시에는 가계의 전통을 잇고 가족의 중심이 되어야 한다는 책무로 인한 위축감이 자주 나타난다. "나는 우리집 문패(門牌) 앞에서 여간 성가신 게 아니다. 나는 밤 속에 들어서서 제웅처럼 자꾸만 멸(滅)해

---

24) 이상(본명 김해경)은 태어나자마자 장자 계승을 위해 친부모의 곁을 떠나 자식이 없는 백부의 집으로 옮겨졌다. 그의 조부는 아이의 이름을 '바다와 같은 넓은 곳을 다스리는 큰 벼슬을 하라'는 뜻으로 해경(海卿)이라 지었다.
　　김승희, 「이상 평전」, 『이상』(김승희 편, 문학세계사, 1996), 18~24면 참조.
25) 위의 책, 153면.

간다"(「가정(家庭)」)에서 집은 보호와 안주의 공간이라기보다는 책임과 의무로 가득한 '성가신' 장소이다. '문패(門牌)'를 표나게 내세운 것에서도 그가 가족을 가부장적인 제도로 파악하고 있음을 알 수 있다. 가부장제의 책무에 시달리는 자아는 '제웅'처럼 무력하고 거짓된 존재로 인식된다. 그에게 가부장제는 자아를 억압하는 조건을 대변하는 것이었으며 그것은 허위와 기만으로 가득한 식민지 현실까지 포함하는 것이다.

이상에게 가족은 가부장제의 폐해가 집중된 것이고 근대적 자아를 억압하는 부정적 대상이다. 그런데 이상에게는 가부장적 존재인 '아버지'뿐 아니라 '부부'라는 근대적 가족 관계도 철저한 부정의 대상이 된다. 식민지시대의 시인 중에서 이상처럼 부부 관계에 대한 관심을 직접적으로 드러낸 경우는 없다.

> 안해를즐겁게할條件들이闖入하지못하도록나는窓戶를닷고밤낮으로꿈자리가사나워서나는가위를눌린다어둠속에서무슨내음새의꼬리를逮捕하야端緒로내집내未踏의흔적을追求한다. 안해는外出에서도라오면房에들어서기전에洗手를한다. 닮아온여러벌表情을벗어버리는醜行이다. 나는드듸어한조각毒한비누를發見하고그것을내虛僞뒤에살작감춰버렷다. 그리고이번꿈자리를豫期한다.
> —「危篤—追求」전문26)

이상은 여성을 타자로 인식한 최초의 시인이다. 가족의식의 차원에서 볼 때 부부를 대등한 인격체로 보고 부부가 가족의 중심임을 자각한 단계에 이를 때 비로소 진정한 의미의 근대문학이란 명칭을 붙일 수 있다27)면 이상은 그에 합당한 예라 할 만하다. 그의 시에서 부부는 대등한 존재로서 팽팽한 긴장 관계를 형성하고 있다. 그의 시에서는 흥미롭게도 집안을 지키는 남성과 집 밖에서 활동하는 여성의 이미지가 반복적으로 나타난다. 집안의 남편은 아내에 비해 열등하고 무력한 존재로

---

26) 위의 책, 164면.
27) 이숭원, 앞의 글, 14면.

서 끊임없이 아내를 의심한다. 부부 사이는 허위와 기만으로 가득차 있다. 그의 시에 나타나는 부부는 서로 의심하면서 방관하는 악순환을 되풀이한다. 결코 화해할 수 없는 타자로서의 부부는 일찌감치 근대적 가족의 병리적 현상을 보여주고 있다. 건강하고 화목한 가족에 대한 그의 꿈은 가부장제의 중압과 기만적 부부 관계로 인해 절망과 좌절에 이를 수밖에 없었다.

> 나는24歲. 어머니는바로이낫새에나를낳은것이다. 聖세바스티앙과같이아름다운동생·로오자룩셈부르크의木像을닮은막내누이·어머니는우리들三人에게孕胎分娩의苦樂을말해주었다. 나는三人을代表하여—드디어—
> 어머니 우린 좀더형제가있었음싶었답니다
> —드디어어머니는동생버금으로孕胎하자六個月로서流産한顚末을告했다.
> 그녀석은 사내댔는데 올해는19 (어머니의한숨)
> 三人은서로들알지못하는兄弟의幻影을그려보았다. 이만큼이나컸지—하고形容하는어머니의팔목과주먹은瘦瘠하여있다. 두번씩이나咯血을한내가슮情을極하고있는家族을爲하여빨리아내를맞아야겠다고焦燥하는마음이었다. 나는24歲 나도어머니가나를낳으시드키무엇인가를낳아야겠다고생각하는것이었다.
>
> —「肉親의章」 전문28)

이 시는 이상의 시로서는 드물게 가족에 대한 희망을 드러내고 있다. 등장인물도 여럿이 나와 다른 시들의 자폐적인 느낌과는 상이하다. 24세인 화자는 가족과 결혼에 대해 진지하게 고민하고 있다. 형제들은 더 많은 형제들이 있었더라면 좋았겠다고 하고 어머니 역시 유산된 아이를 안타깝게 회상한다. 이들 모두 풍성하고 화목한 가족을 꿈꾸는 것이다. 그러나 이러한 꿈은 현실과 거리가 멀다. 이 시의 어머니는 생명력이 넘치는 건강한 모성과 거리가 멀다. 어머니의 수척한 팔목과 주먹으로 묘사되는 유산된 동생은 허구적인 존재에 불과하다. 두 번씩이나 각

---

28) 김승희 편, 앞의 책, 190면.

혈한 몸으로 결혼과 생산을 꿈꾸는 화자 역시 헛된 기대를 걸고 있는 것이다. "나도 어머니가 나를 낳으신 것처럼 무엇인가 낳아야겠다"는 생각은 허위와 불모의 절망적 현실을 벗어나고 싶은 욕망의 표현이다. 그러나 그 욕망은 어머니나 형제들의 공허한 말과 몸짓이 암시하는 것처럼 이루기 힘든 희망이다. 종족 보존의 가부장적인 책무와 무엇인가를 낳고 싶다는 창조의 본능은 병약하고 무기력한 처지로 인해 좌절될 수밖에 없었다. 이 시에 나타나는 어머니는 생산성과 창조력의 화신으로서의 모성의 이미지에서 벗어난 사실적인 어머니로서 당시의 시로서는 예외적인 경우에 해당한다.

허위와 불모의 이미지가 가득한 이상시의 가족은 당대 현실의 불모성과도 상통한다. 식민지의 모순이 함축된 수도 경성에서 근대적 자아의 예리한 의식을 지니고 있었던 이상은 가부장제의 억압에 저항하고 가족의 허위를 간파한다. 그에게 가부장제는 모든 억압적인 제도의 상징이며 위선적인 부부 관계와 불모의 가족은 절대적인 절망의 표현이다. 그의 시는 폐쇄적이고 기만적인 인간 관계에서 벗어날 수 없었던 닫힌 사회와 극도로 개인적인 근대적 주체의 고립감을 치열하게 증명한다. 가부장제 이데올로기의 중압과 무기력한 자아에 대해 냉철하게 직시했던 시인은 어머니를 통해서도 생산성이 고갈된 불모의 현실을 재현한다. 그의 시에도 풍부하고 생명력 넘치는 가족에 대한 동경이 없지 않았으나, 불가능한 이상보다는 불모의 현실을 드러내는 예리한 자의식이 우선했던 것이다.

6. 파행적 근대와 가족의 의미

　김소월·백석·이용악·이상의 시를 대상으로 가족과 여성의 삶이 어떻게 표현되는지, 또한 그것이 당대 현실과 어떻게 관련되는지를 고찰해 보았다. 특히 가족 이데올로기에 의해 신비화되어 온 모성을 여성의 삶과 구체적 경험의 산물로 재인식해야 한다고 보고 각 시인들이 모성에 대해 어떤 형상을 부여하는지를 눈여겨보았다.

　김소월의 시에서 가족은 전통적인 가부장제에 대한 확고한 믿음을 바탕으로 한 혈연적 공동체로 나타난다. 그의 시에서 식민 치하의 삶은 가족의 가치를 더욱 공고하게 하며 가족의 상실을 초래하는 현실은 부재와 결핍의 공간으로 나타난다. 그의 시에서 가족과 고향의 상실을 표상하는 '집'은 그 추상성으로 인해 상상 속에서만 복원된다. 여성은 자연과 같이 절대적이고 희생적인 존재로 이상화되며 낭만적 동경과 향수의 대상이 된다.

　백석 시에서 가족은 끈끈한 혈연 관계에 의한 친근하고 화해로운 공동체이다. 그는 친족 공동체와 본원적인 고향을 모성적 공간으로 구현하여 민족적 삶의 원형을 복원한다. 원체험의 기억과 낭만적 상상에 의해 복원된 모성적 공동체는 민족의 원형에 대한 동경과 상통한다. 이상적인 여성의 형상과 낭만적인 사랑에 대한 환상 역시 식민지 현실의 파행적 근대와 계몽적 이성에 대한 반동에 해당한다.

　이용악은 당대의 사회 역사적 상황과 긴밀하게 관련되는 가족과 여성의 형상을 그려낸다. 고향을 잃고 떠도는 유이민들의 처절한 가족사와 타국으로 팔려간 여인들의 비극적인 삶의 묘사는 당대의 민족적 현실을 첨예하게 반영한다. 그의 시에서 고통받고 유린당하는 여성들의 수난상은 비극적 민족 현실과 일치한다. 극한 상황으로 인해 가족의 가치는 강화되고 어머니는 절대적인 보호자로 인식된다.

　이상은 가부장제에 대한 과감한 비판과 부정을 행한다. 가부장제는 모든 억압적인 제도의 상징이며 가족은 가부장제의 폐해가 집중된 부정의 대상이다. 허위와 기만으로 가득 찬 부부와 불모의 가족에 대해서도 그는 절망과 좌절감을 드러낸다. 그의 근대적인 예리한 자의식은 폐쇄적이고 기만적인 식민지 현실과 가족의 허위를 치열하게 거부한다.

　식민지시대의 시인들에게 가족은 시대의 모순과 개인의 체험이 만나는 문제적 공간으로 드러난다. 식민지 현실에 대한 저항이 급선무였던 이 시대에 전통적인 가족 개념은 오히려 공고하게 유지된다. 가족의 해체나 여성의 성상품화가 빈번하게 발생하는 피폐한 현실 속에서 기존의 전통과 가치관을 수호하려는 보수적인 의식이 강화된 것이다. 가족의 붕괴와 이산이 빈번해지던 이 시기, 가족에 대한 이상과 현실의 괴리가 커지면서 낭만적 상상에 의해 본원적인 가족의 형상을 구현하려는 경향도 두드러진다. 아버지가 부재하는 상황에서 어머니의 역할이 증대되면서 신성하고 위대한 모성의 형상이 강조된다. 이상과 같은 예외적인 경우를 제외하고는 여전히 전통적인 가족 개념이 강하게 작용하는 시대였음을 확인할 수 있다. 모성에 대한 신비화와 낭만적 접근은 여성 주체의 경험을 사실적으로 엄밀하게 파악하는 것과는 거리가 있다. 절박한 식민지 현실로 인해 여성의 주체성에 대한 첨예한 질문은 다음 시대로 유보된다.

해원(解寃)과 부활의 주술

강은교 시와 샤머니즘

1. 바리데기와 영매 시인

    강은교 시와 샤머니즘의 관련성에 대해서는 적지 않게 언급되어 왔지만[1] 본격적인 논의는 그리 활발하게 이루어지지 않고 있다. 시인 스

---

[1] 신경림은 「강은교의 시세계」(『빈자일기』 해설, 민음사, 1977)에서 강은교의 시가 영매적·주술적 가락을 띠고 있어 옛 무가를 연상케 한다고 했으며, 김열규는 「죽음에 부치는 오늘의 공수」(『우리의 전통과 오늘의 문학』, 문예출판사, 1987)에서 「비리데기의 여행노래」가 생가 사 사이의 영매 구실을 하고 죽음에 관한 무의식의 내용을 새로운 언어로 재생함으로써 해방 후 문학사의 커다란 길잡이로 서 있다고 하였다. 박노균은 「존재 탐구의 시에서 역사적 삶의 시로」(『한국현대시연구』, 민음사, 1989)에서 강은교 시의 원천을 허무에 대한 통찰에서 찾으며 전통 정서를 무가나 판소리의 운율로 나타내려 했음을 지적하고 있다.
  박경혜는 「강은교 시와 자궁 이미지」(『한국 페미니즘의 시학』, 동화서적, 1996)에서 페미니즘적 관점으로 『허무집』에 나타나는 여성의식과 경험, 삶의 지향점 등의 입사식 구조를 파악하고 있다. 박종석은 「무속과 이승의 욕망」(『한국현대시의 탐색』, 역락,

스로 무가나 판소리와의 관련성을 언급한 바도 있고 제목과 모티프에서 직접적인 영향 관계가 드러나는 경우도 있지만, 수용의 측면 못지않게 활발한 변용이 이루어지고 있어 관련성을 따지기가 쉽지 않다. 샤머니즘과의 관련성이 가장 뚜렷하게 나타나는 초기 시의 경우도 죽음과 허무의 세계에 대한 존재론적인 천착과 독특한 감수성으로 인해 접근하기 어려운 독자적인 경지를 구축하고 있다. 그러나 생과 사를 넘나드는 상상력이나 우주적 소통의 방식, 리듬감 넘치는 언어의 근저에서 무가의 영향을 엿볼 수 있다. 생사의 탐구와 한의 정서, 시의 음악성 등 강은교 시의 핵심적 요소들과 샤머니즘이 절묘하게 교차하는 영역은 전통의 재창조라는 측면에서 상당히 흥미롭다.

　강은교의 초기 시에 해당하는 『허무집』과 『풀잎』의 시들은 1960년대까지의 현대시에서 뚜렷하게 분리되어 있던 서구의 영향과 전통의 영향이 한 몸에 통합되어 있다는 점에서 각별하다. 시인은 니체, 릴케, 딜런 토마스 등 서구 쪽 존재와 허무의 대가들뿐 아니라 판소리와 무가에서 영향 받은 독특한 시세계를 선보인다. 그것은 서구적인 허무의 존재론과 전통적인 한의 정서가 결합한 특이하고 심오한 사후(死後)의 상상력이다. 우리 시사에서 사후세계를 그토록 대담하게 감각적으로 재현한 시인은 찾기 힘들다.

　생과 사를 넘나드는 시인의 상상력은 무속에서 영매(靈媒)의 역할과 흡사하다. 동북아시아의 샤먼은 성무식(成巫式)에서 나무를 타고 하늘을 다녀오는 절차를 보이고서야 비로소 샤먼으로서의 자격을 얻는다고 한다. 이는 세계의 기둥, 또는 세계의 나무로 불리는 하늘과 땅을 하나로 이을 수 있는 직능을 시험하기 위함이다.[2] 샤먼의 중요한 기능이 생과

2001)에서 「바리데기의 여행노래」의 '바람', '물', '꿈'의 세계가 이승의 욕망에서 비롯된 삶의 고행과 저항을 그린 것임을 분석해낸다. 이은옥은 「강은교 시의 창작 정신 연구—무속의 원리와 수용을 바탕으로」(단국대 석사논문, 2003)에서 무속이 강은교 시의 주요 모티프와 창작 원리로 작용하고 있음을 밝혀낸다.

2) 김열규, 『신화·전설』, 한국일보사, 1975, 76면 참조.

사를 넘나드는 매개자이기 때문이다. 개발 독재에 눌려 억울한 사연과 죽음이 가득하던 1970년대 초에, 시인은 원혼을 만나고 쓰다듬는 듯한 귀기어린 죽음의 상상을 펼쳐 억압된 영혼을 위로하는 영매로서의 역할을 하였다.

「비리데기의 여행노래」는 무속과의 관련성이 가장 뚜렷하고 당대의 영매로서의 시인의 권능이 두드러지는 시이다. 이 시는 서두부터 "게 누가 날 찾는가 날 찾이리 없건마는 / 어느 누가 날 찾는가 / 베려라 베리 데기 던져라 던지데기 / 깊은 산중(山中) 퍼버려라 퍼버려라"라는 무가의 한 구절을 인용하는 것으로 시작하여 전통 무가 '비리데기'와의 강한 관련성을 암시한다. '비리데기굿'은 산중에 버림받은 오구대왕의 일곱째 딸 비리데기가 죽은 부모를 살려내기 위해 저승에서 약수를 구해와 부모를 살려낸다는 내용의 서사무가이다. 인용된 구절은 버림받았던 비리데기가 다시 부름을 받게 되어 원한과 육친의 정 사이에서 번민하는 장면이다. 이어지는 시는 그 다음 부모를 구하러 가는 과정과 흡사하다. 이 시는 서사무가의 형식을 빌어 전체 5곡으로 구성된 장중한 흐름을 보여준다. 전체 내용은 다음과 같다.

一曲・廢墟에서 : 폐허가 된 무덤 같은 세상에 비리데기가 누워있다. 저고리에서 옷고름이 떨어지는 불길한 꿈을 꾼다.
二曲・어제밤 : 세상에는 폭풍이 몰아치고 여자들이 무덤을 가리키며 운다. 비리데기가 여행을 결심한다.
三曲・사랑 : 세상은 베옷 구겨지는 소리로 어지럽고 비리데기는 시냇가에 끝까지 살과 뼈로 살아있다.
四曲・마을로 가다 : 싸움하다 폐허가 된 마을로 비리데기가 간다.
五曲・캄캄한 밤 : 세계의 구석구석 찬비가 내리고 시간마저 모두 젖게 한다. 비리데기는 빈 그릇을 만지며 울고 어머니는 흩어져가고 쥐들이 일어나 이 땅을 정복한다.

대강의 요약을 통해 보자면 이 시는 비리데기가 부모와 세상을 구하기 위해 긴 여행을 하고 돌아오나 세상은 찬비에 젖고 쥐들에게 정복된다는 결말을 보인다. 서사무가에서 비리데기가 저승세계를 여행하는 과정이 묘사적으로 상세히 그려지는 것에 비해 이 시에서는 기괴하고 환상적인 분위기가 압도적이며 뚜렷한 서사를 찾기는 힘들다. 부모를 살려내고 무신(巫神)이 되는 비리데기의 입사식이 주를 이루는 서사무가에 비해 시에서는 폐허가 된 세상의 참상이나 불길한 징후들이 주도적이다. 결정적인 차이는 비리데기가 부모를 구하고 무신이 되는 서사무가의 결말과 다르게 시에서는 구원이 아닌 몰락이 그려진다는 것이다. 시에서 비리데기는 인간세계의 원한과 참상을 두루 살핀 후 멸망의 예감에 이르게 된다. 싸움과 죽음과 눈물이 넘치는 세상의 모습을 그리며 재생의 가능성보다는 허무의 무게를 강조함으로써 시인은 날카롭고 비극적인 현실 인식을 드러낸다. 이승과 저승을 넘나드는 영매로서의 역할과 운명을 예고하는 예언자의 면모는 비리데기와 시인이 공유하는 비범한 능력이라 할 수 있다.

시인은 암울하고 참담한 현실을 통찰하고 압도적인 허무의식 속에 그것을 투영한 당대의 영매이다. 우리시에서 흔치 않은 샤머니즘적인 정신을 통해 시인은 이승과 저승, 육체와 영혼, 원한과 해원의 관계에 대한 독특한 이해를 보여준다. 여기서는 주로 초기 시를 중심으로 강은교 시와 샤머니즘의 관련성을 살펴보려 한다. 강은교 시에서 반복적으로 나타나는 뼈·살·피 등의 육체적 이미지에 드러나는 생명관과 양자에 공통된 여성의 이미지와 역할, 그리고 주술적이고 도취적인 리듬과 언어의 특성을 통해 그 관련성을 검토해본다.

2. 죽음과 재생의 제의

　　강은교의 초기 시에는 무덤·귀신·목숨·꽃 등 삶과 죽음의 상징적
이미지들이 가득할 뿐 아니라 '뼈'와 '살'과 '피' 등의 원형적인 육체의
이미지가 넘쳐흐른다. 불가해하면서도 강렬한 인상을 남기는 이런 원색
적인 시어들이 난무하면서 그녀의 시는 이승과 저승, 육체와 영혼이 뒤
섞여 있는 특이한 경계지점을 형상화하고 있다. 도처에서 목격되는 '뼈'
와 '살'과 '피'의 돌출된 이미지들은 당연히 샤머니즘적인 생명관을 연
상시킨다. 바리공주 무가에서는 '뼈살이(骨生)'와 '살살이(肉生)', '숨살이
(息生)'의 세 가지를 인간을 존재시키는 기본 요소로 보았다. 즉 뼈살이
는 뼈를 살리는 것이고, 살살이는 살을 살리는 것이고, 숨살이는 숨을
살리는 것이다. 죽은 인간을 재생시킬 때 뼈살이, 살살이, 숨살이를 함으
로써 살린다. 인간이 죽을 때 처음 숨이 끊어지고, 다음 살이 썩고, 뼈는
가장 오랫동안 남는다. 뼈에는 인간의 넋이 가장 오래까지 존재한다고
믿는다.3) 이는 인간을 영혼과 육체의 이원적 결합체로 여기는 생명관을
반영한다. 죽음이란 영혼이 육체에서 떠나는 상태이며 죽음 후에도 영
혼은 생존해 있다가 저승으로 가서 새로운 삶을 시작한다는 것이다. 이
와 같은 영혼의 관념은 무속뿐만 아니라 고대인의 사고로부터 오늘날의
민간사고, 그리고 현대종교에 이르기까지 인간의 심층 속 깊이 자리잡
고 있는 인간 존재에 대한 근원적인 질문이 된다.4) 인간의 육체는 영혼
을 담을 수 있는 물질로서 중요한 역할을 한다. 비리데기 무가에서도 죽
은 부친을 소생시키기 위해 육신을 잘 보존할 것을 당부하고 약수와 꽃
을 사용하여 육신을 재생시키는 제의를 행한다. 이승에서의 삶을 소중
히 여기는 우리 조상들은 관념적 형태의 영혼보다도 물질적 형태의 육

---

3) 최길성, 『한국 무속의 이해』, 예전사, 1994, 152면.
4) 김태곤, 『한국무속연구』, 집문당, 1985, 300면.

신을 중시하였으며 재생을 위해 육신을 살려내려 하는 현세적인 영육관(靈肉觀)을 드러낸다. 강은교의 시에 나타나는 무수한 '뼈'와 '살'과 '피'의 이미지들은 생명을 구성하는 육체를 강렬하게 환기시킨다.

살이 춤춘다.
춤추면서 살은
主人없는 山으로 간다.
가다가 밭이 있으면
잠깐 쉬어 밭이 된다.
(…중략…)
재가 된 살을, 煙氣가 된 이빨을, 꿈이 된 눈썹을,
눈썹과 이빨 사이의, 이빨과 살 사이의, 눈썹과 살과 이빨 모든 사이의,
번거롭지만 물흐르는 寢床을, 보여주마, 우리가 언제나 살아서 걸어가도록,
걸어서 끝의 끝에 이르도록.
(…중략…)
떠도는 재가 우리를
살찌게 하는도다
우리가 재로 쉬는도다.

—「煉禱」 부분

　강렬한 엑스터시 상태의 무도를 연상시키는 위의 시는 '살'과 '뼈'와 '숨'이 정화되고 재생되어 만물에 깃드는 과정을 현란하게 그려보이고 있다. '불'의 정화력은 연도(煉禱)의 핵심적 작용을 한다. 무당의 무도와도 같은 불의 춤을 통해 '살'은 되살아나고 "살아서 살은 소리친다. / 자기가 깨어있다고 / 춤추면서 부서지면서 / 피흐르면서" 움직인다. 깨어난 '살'은 밭이었고 나물이었고, 물이고, 꽃이었던 자신의 무수한 전생을 기억해낸다. 이는 영혼이 죽지 않고 살아 생명 활동을 계속한다는 샤머니즘적인 사고와 일치한다. 이어지는 '뼈살이'의 과정에서는 "늙은 시간(時間)과 젊은 시간(時間)의, / 삐걱이는 뼈 / 마디 사이에서. / 흐르는 물

과 물의 잿빛 / 향기(香氣)를 탐내며 / 살았"던 뼈가 부러져 드디어 '휴식
(休息)의 기쁨'으로 웃으며 '향기로운 잠'에 빠져드는 장면을 그린다. "살
아있는 자(者) 살아서 못보나니. / 눈뜬 者 눈떠서 못보나니"에서처럼 현
실과 이성의 눈으로는 볼 수 없는 사령(死靈)의 세계를 시인은 직관하고
공감한다. "떠도는 것이 우리를 / 이끄는도다. / 어두운 것이 우리를 / 눈
뜨게 하는도다. / 보이지 않는 것 가벼운 것 슬픈 것 영원히 사라지는 것
/ 하나의 풀이 우리를 / 마시는도다" 하여 떠도는 어두운 혼들이 우리에
게 깃들며 생과 사가 맞물려 순환하고 있음을 통찰한다. 삶과 죽음을
꿰뚫는 시인의 시선은 만물에 깃들어 유전하는 영혼의 존재를 투시한
다. 시인은 사위를 떠도는 어두운 혼령들을 위무하며 삶과 죽음이 언제
라도 몸바꾸며 변전함을 역설한다.

　　한국 무속의 현세적 영육관에 비하면 시인은 모든 자연과 생명에 깃
든 영혼의 순환과 재생을 믿는 애니미즘적인 사고를 강하게 드러낸다.
또한 개인적 염원이나 영달을 기원하는 기복신앙과 달리 공동체적인
구원과 희망의 제의를 행한다. "우리가 물이 되어 만난다면 / 가문 어느
집에선들 좋아하지 않으랴"(「우리가 물이 되어」)는 재생과 치유의 과정에
앞서, "그러나 지금 우리는 / 불로 만나려 한다. / 벌써 숯이 된 뼈 하나가
/ 세상에 불타는 것들을 쓰다듬고 있나니"와 같은 심판과 정화가 필요
함을 준엄하게 각성시킨다. 생과 사의 영매로서, 한 시대의 예리한 촉수
로서 시인은 세상에 가득한 원혼을 위무하고 정화한 후에 죽음을 넘어
서는 재생이 가능함을 직감했던 것이다.

3. 여성의 수난과 승화

샤머니즘은 그 성격상 여성과 친연성이 강하다. 전승 과정이나 향유층, 무가의 내용 등에서 모두 여성이 중심을 이룬다. 여성 수난의 상징이 고스란히 압축되어 있는 서사무가는 샤머니즘에 내재하는 여성의식을 잘 보여준다. 대표적인 서사무가인 '비리데기'에서는 출생과 관련된 여성 비하가, '당금애기'에서는 출산의 시련과 고통이 중심 모티프를 이룬다. 부계사회의 전통이 강한 한국사회에서 주변적 인물에 불과하며 혹독한 시집살이를 감수해야 했던 여성들은 원한의 감정을 쌓을 수밖에 없었는데, 무속은 이런 여성들 편에서 신앙으로서 또는 한을 푸는 메커니즘으로 존재하고 있다. 샤머니즘에서 행하는 해원의 방식은 직접적인 저항이나 부정이 아니라 춤과 노래를 통한 예술적 승화이다.[5] 가부장제의 희생자였던 비리데기가 천상에서 9년 간의 시집살이를 하며 일곱 아들을 낳고 돌아와 부모를 되살리고 무조신이 되는 일련의 과정은 가부장제에 대한 투쟁과 갈등보다는 평화와 공존의 방식에 가깝다고 할 수 있다. 우리 전통 서사무가에서는 생산과 양육을 여성의 특별한 능력으로 보았으며 극심한 시련 속에서도 이러한 권능을 최대한으로 실현한 인물들을 여신의 반열에 올려놓는다.

강은교의 시에도 비애와 한을 품고 있는 여성들이 가득하다. 버려지고, 쓰러지고, 죽어가는 수많은 여성들은 압도적인 절망과 허무의 이미지를 낳는다. 「비리데기의 여행노래」에서 폐허가 된 세상은, "잠자리가 불편하다고 / 곳곳에서 여자(女子)들은 / 무덤을 가리키며 울었다"나 "마을로 들어가면 / 싸움하는 여자(女子)들의 / 핏자국 맑은 뒷통수"에서처럼 여성들의 싸움 소리와 울음소리로 대변된다. 시인은 늘 '여자'라는 일반

명사로, 타자로서의 여성이 느끼는 소외감과 비애를 객관화·보편화한
다. "날이 저문다. / 날마다 우리나라에 / 아름다운 여자(女子)들은 떨어져
쌓인다"(「자전(自轉) I」)는 식의 암시적인 비어는 '아름다운 여자들'로 인
해 더욱 비극적이고 처연한 느낌을 자아낸다.

> 잠들면서
> 참으로
> 잠들지는 못하면서
> 쓰던 뼈는 다시
> 不朽의 살로 덮고
> 제 아이는
> 등 뒤에
> 이슬 묻혀 남겨놓지
> 그래도 흐린 날은
> 귀신이 되어 울지
> 잊지도 않고
> 잊을 수도 없이

—「黃昏曲調 二番」 전문

> 들어라. 물 끝에서 오래 된 女子 하나
> 구겨지며 언제나
> 해거름으로 떠돌고 있나니

—「風景祭—臨津江」 부분

　　강은교 시의 여자들은 '잠들지 못하고', '잊지 못해' '살'과 '뼈'로 떠
돈다. '황혼'은 낮과 밤, 삶과 죽음이 교차하는 경계의 시간이다. 이승에
서 못다 이룬 꿈과 근심으로 인해 여자들은 명계로 떠나지 못하고 부유
한다. 이승에 대한 깊은 한과 미련은 전통적인 여성적 정조에 가깝다.
　　그런데 서사무가나 강은교의 시는 정한의 토로에서 그치지 않고 역

동적인 반전과 승화의 작용을 그린다. 떠돌며 온 세상에 흩어지는 여자들의 '뼈'와 '살'과 '눈물'과 '땀'이 세상을 정화시킨다. "우리가 흘리는 눈물이 / 죽은 실개천을 다시 / 흐르게 하고 / 우리가 한밤중 / 흘리는 땀이 / 보이지 않는 저 / 바다의 소금들을 다시 / 소금이게 할 때"(「연도(煉禱)」)에서처럼 진한 눈물과 땀은 실개천을 살리고 바다를 변화시키며 온 세상을 정화한다. 여성의 몸은 바다를 품고 있다. "그렇다. 바다는 / 모든 여자(女子)의 자궁(子宮) 속에서 회전한다. / 밤새도록 맨발로 달려가는 / 그 소리의 무서움을 들었느냐"(「자전(自轉) II」)에서처럼 '여자의 자궁'은 무섭게 회전하는 세계이며 무한한 시간이다.

　강은교는 선험적 감각 속에서 여성의 몸이 구현하는 세상의 운명과 생멸의 비의를 놀랍도록 투명하게 직관한다. "한 겹씩 벗겨지는 생사(生死)의 / 저 캄캄한 수세기(數世紀)를 향하여" "아름다운 모래의 여자(女子)들"은 부서지면서 "가장 긴 그림자를 뒤에 남겼다."(「자전(自轉) I」) 여성의 몸은 생과 사의 무한 순환을 반복하는 우주적 장이다. '자궁'과 '무덤'의 유사성을 연상해보자. 자궁은 무덤처럼 어둡고 둥글며 생명을 품고 있다.

　　　열린 子宮을 닫고
　　　이제 드는 잠은 얼마나 깊은지
　　　가까운 大陸에는
　　　몇 번이나 다시 고친 긴 무덤
　　　(…중략…)
　　　마지막으로
　　　우리는 虛空에 도착한다.
　　　사과껍질 위에서
　　　큰 山이 무덤과 함께 昇天한다.

　　　　　　　　　　　　　　　　　　　　　—「旅行次」 부분

모든 생명은 자궁처럼 열리고 닫힌다. 대륙은 몇 번이나 열리고 닫힌 세상의 긴 무덤이며 자궁이다. 생사의 수세기를 지나 우리가 도달하는 것은 무한 '허공'이며 죽음으로 승화된 삶이다. 승천한 무덤은 우리의 생명이 최초로 자리잡았던 시원의 자리이기도 하다. 강은교는 여성의 몸이 지닌 도저한 생명의 비의를 선구적으로 간파한 시인이다. 여성의 몸이 울고 쓰러지고 떠돌며 도달하는 한없이 크고 넓은 생사의 근원적 지점을 발견한다. 이는 비리데기가 여성의 몸으로 인해 버림받고 그것으로 인해 신성을 획득하는 것과 유사한 형국이다. 양자 모두 여성의 몸에 대한 부정과 저항이 아닌 긍정과 승화의 양상을 보여준다.

4. 주술과 공감의 언어

강은교의 시는 사상이나 정서뿐만 아니라 형식적 측면에서도 무가를 적극 수용하고 있다. 앞에서 살펴보았듯이 「비리데기의 여행노래」는 서사무가 '비리데기'의 서사를 변용한 것이다. 서사무가는 신성하고 비범한 인물의 행위와 사건들을 갖춘 이야기를 노래하는 것으로, 전달 기능이 중심을 이루는 장르이다. 이야기 전달에 맞는 장단 구조는 복잡하지 않고 단순하여 이야기를 전달하는 데 구애받지 않아야 한다. 자유리듬에 의한 서사무가가 지닌 뛰어난 서사성은 신의 내력을 치밀하게 구송하여 강신무로서의 위엄을 과시하고 제의의 신성성을 유지하게 한다.[6] 강은교 시의 경우는 서사무가처럼 뚜렷한 서사와 묘사가 행해진다기보다 이미지와 분위기 중심의 서술이 중심을 이룬다. 그러나 다른 시들에 비하면 유장한

---

6) 김경희, 「서사음악의 구조적 특징과 연행방식」, 『한국음악연구』 32집, 2002, 222면 참조.

호흡과 리듬감이 두드러져 '노래'를 의식한 시임을 알 수 있다.

> 일어나자 일어나자
> 저 하늘은
> 네 무덤도 감추고
> 꽃밭에서는
> 사람 걷는 소리 들린다.
> 오늘 아침 바람은
> 어느 쪽에서 부는지
> 한 모랭이 두 모랭이
> 삼세 모랭이 지나가면

—「비리데기의 여행노래」 부분

잦은 반복, 율동적 언어, 단호한 호격, 대화체가 주를 이루는 강은교의 시는 강한 주술성을 띤다. 이 시의 도취적 리듬은 의미 이전에 소리로서 전율을 일으킨다. 순우리말의 매끄러운 음조는 강한 흡인력을 지닌다. 강은교 시에서는 "일어나자 일어나자" 식의 강한 청유형이나 명령형이 자주 쓰여 청자의 적극적인 호응을 유도한다. 그녀의 시는 독백을 넘어서는 혼의 소리로 강한 공명을 일으킨다. 그녀는 삶과 죽음의 경계를 넘나드는 주술적 언어로 존재의 비의를 열어놓는다. "타오르라, 불이여 / 타오르지 못하면 그대는 / 불이 아니지"(「연도」), "햇빛이여 / 마을을 닫기 전의 / 햇빛 하나여"(「창(窓)의 이쪽」), "죽은 나무여. 형제(兄弟)들이여"(「풍경제(風景祭)」) 등 무당의 공수를 방불케 하는 시인의 주술적 언어는 만물과 소통하는 애니미즘적인 사유를 드러낸다. 시인의 강렬한 호명에 의해 만물은 저마다 본성을 일으킨다.

이성을 넘어서는 감각이나 관념은 종종 감탄사를 동반하며 자연스럽게 환상을 그려낸다. "아, / 사방 일천리(一天里)의 하늘을 / 나보다 큰 인류(人類)가 걸어가고 있다"(「십일월(十一月)」)라고 할 때 시인의 선험적 인

식 속에는 거대한 인류의 모습이 펼쳐지는 듯하다. "아아, 아직 처녀(處
女)인 / 부끄러운 바다에 닿는다면"(「우리가 물이 되어」) 같은 구절에서도
물아일체가 된 시인의 도취적 환몽을 엿볼 수 있다. 이성보다는 감성적
언어로, 절제보다는 감각의 직접적 반응으로 시인은 만물의 본성과 생
명의 핵심에 도달한다.

　강은교 시는 노래에 가까운 음악적 리듬과 반복과 도취의 언어를 취
함으로써 교감과 소통을 이룬다. 서사무가가 연행예술로서 전달에 유리
한 사설의 리듬을 선택하고 있는 것처럼 그녀의 시는 동시대의 집단적
무의식을 혼의 소리로 드러낸다. 강은교 시는 서사무가처럼 이야기의
전달에 용이한 규칙적 리듬을 취하지는 않는다. 그녀의 시는 내면의 무
한한 율동과 환상적 이미지들을 증폭시키는 도취적 리듬으로 의미를
초월하는 엑스터시의 상태로 청자들을 이끈다. 시인은 무정형으로 떠도
는 집단적 꿈과 원망(願望)의 소리를 리듬감 넘치는 노래로 재현해낸다.

　　　떠나고 싶은 者
　　　떠나게 하고
　　　잠들고 싶은 者
　　　잠들게 하고
　　　그리고도 남는 時間은
　　　沈默할 것.

　　　또는 꽃에 대하여
　　　또는 하늘에 대하여
　　　또는 무덤에 대하여

　　　서둘지 말 것
　　　沈默할 것.

—「사랑法」 부분

이와 같이 반복적인 어구에 의해 자연스럽게 형성되는 리듬감이나 단호하고 인상적인 잠언형의 구절들은 강은교의 시가 대중성을 확보하는 중요한 요인이 된다. 의미 이전에 감정을 사로잡는 신비롭고 매혹적인 시어들과 독특한 반복의 기법이 거부감 없이 도취와 호응을 가져 온다. 시인은 보편 정서에 부합하는 원형적 심상과 속도감 있는 리듬을 통해 공감을 형성한다.

강은교 시의 주술적이고 도취적인 언어는 현대시가 오랫동안 잊고 있었던 혼의 노래를 재현한다. 고시가에서 집단적 노래는 신이를 일으키는 주술에 가깝다. 무가의 유장한 호흡에는 자연과 영혼의 신성이 깃들어 있다. 시인은 모든 인간의 영혼 속에 잠재되어 있는 원형적인 꿈을 감각적인 언어와 리듬으로 불러일으킨다.

5. 생의 긍정과 울림의 미학

강은교는 현대 여성 시인으로 드물게 샤머니즘을 접맥시킨 독특한 시세계를 보인다. 초기 시에서 서구의 존재론적 형이상학이나 독재정권의 그늘을 반영하듯 어둡고 난해한 경향이 두드러졌다면 이후 시에서는 한결 밝고 분명한 경향을 드러낸다. '비리데기'는 강은교 시에서 일관되게 작용하는 정신의 핵심이다. 시인은 '비리데기'를 "가장 일찍 버려진 자이며 가장 깊이 잊혀진 자"로 규정하고 그녀의 한과 꿈을 이끌어내려 한다.

'비리데기'는 버림받고 고통받는 모든 여성의 대명사로서 시인이 일관되게 견지해 온 여성의 삶에 대한 관심의 중심에 있다. '비리데기'는 "아침이면 머리에 / 바다를 이고 오는 그 여자 // 생굴이요 생굴! / 햇빛처럼 외치는 그 여자"(「그 여자·1」) 속에도 있고, "바닷속으로 들어가기 시작한"(「월명(月明)이 던진 곡조」) 슬픈 여자 속에도 있다. 고난과 질곡 속에서 꿋꿋하게 일어서는 여자들이나 고통 속에 스러지는 여자들 속에 그녀는 있다. 비리데기 굿을 보며 신산하고 고달픈 여성으로서의 삶을 위무했던 예전의 여성들처럼 강은교의 시는 '여자'라는 존재를 각성시키고 위로한다. 여성의 몸이 우주와 맞먹는 신비와 생명의 근원임을 환기시킨다. 비리데기를 찾아 "너무 멀리 왔는가" 하고 묻는 끝에 시인은 "아니다, 아니다, 우리는 한발짝도 나가지 못했다. / 그리움이 저 길 밖에 서 있는 한"(「너무 멀리」)이라고 대답한다. 여성들의 한과 꿈이 지속되는 한 비리데기의 노래도 그치지 않을 것이다.

공감을 지향하는 강은교의 시는 줄곧 노래이고자 하는 희망을 지속해왔다. 초기 시의 도취적이고 속도감 있는 리듬은 점차 안정감을 획득하면서 더욱 편안해진다. "들오소서 들오소서 / 흰 뼈들 펄럭펄럭 들오소서 / 정강이뼈 무릎뼈 데걱데걱 / 안개에 걸린 아래턱뼈들 / 먹구름에 앉은 두개골들 / 아아 여기가 바로 해동국이라네"(「아리랑 첫째노래―혼맞이」)처럼 서사무가의 리듬을 전보다 더 적극적으로 수용하는 시도 있다. 대중적 호응을 유도하기 위해 보다 단순한 형식과 리듬이 사용된다. 그녀의 시는 독백에 그치지 않고 청자들에게 다가가려 한다. 단조로울 정도로 반복적인 리듬도 마다하지 않는다. 최근에 시인은 시낭송을 통한 '치료'의 효과를 실험하고 있다. 죽은 자의 부활을 기원했던 무의(巫醫)처럼 시인은 생명이 소진되어 가는 현대의 삶과 시를 노래와 소리의 힘으로 치유하려 하는 것이다.

강은교 시에서 가장 강력하게 작용하는 샤머니즘의 전통은 무엇보다도 생명에 대한 긍정과 희구의 정신이다. 초기 시에서 생과 사의 비의에 대한 존재론적인 탐색에 몰두했던 시인은 이후에는 생에 대한 강한 열정과 희망을 보여준다. 특히 작고 연약한 생명에 대한 관심과 애착은 각별하다. 시인은 "'왜 나는 조그마한 일에만 분개하는가'로 시작되는 /

어느 시인의 말은 / 수정되어야 하네"라며 과도한 이념에 대한 부채와
결별한다. "하찮은 것들의 피비린내여 / 하찮은 것들의 위대함이여 평화
여"(「그대의 들」)라며 작은 생명의 세계로 귀의하여 그것들의 가치를 돌
아보는 데 치중한다. 개별 생명의 존엄성과 존속을 중시하는 샤머니즘
의 정신에 더욱 근접하고 있는 것이다. 그것은 사회적 모순과 갈등 관
계를 직시하기에는 지나치게 보편적이거나 개인적인 세계일 수 있다.
그러나 작고 힘없는 것들의 눈물겨운 생명의 가치를 일깨우는 그녀의
시는 만물과 소통하는 울림의 미학을 형성한다.

곡신(谷神)의 시대, 여성의 시 쓰기

1. '여성'과 '생태'의 가능성

이 글에서는 '여성'과 '생태'가 접합하는 지점에서 '우리 시대의 시정신'이라는 방대한 주제의 실마리를 풀어보려 한다. 이 두 가지 문제는 최근 10년 사이에 가장 뚜렷한 비평적 거점으로 떠오른 것들이기도 하다. 두 가지 모두 첨예한 이념의 대립으로 점철되어 온 우리 문학사에서 주변적인 것으로서 도외시되어 오다 1990년대 이후의 급격한 탈이념, 탈중심의 물결을 타고 새롭게 부상한 문제이다. 우리 문단에서 여성 시인들의 지위나 역할은 이제 더 이상 보조적인 차원에 머물지 않는다. 1990년대 이후 양적으로나 질적으로 진전된 여성 시인들의 시는 그 무궁한 가능성으로 인해 더욱 기대할 만하다. 생태 문제는 이념 대립과 성장의 논리에서 헤어났을 때 곧바로 부닥친 절실한 삶의 문제이다.

‘여성’과 ‘생태’의 관련성은 "영원히 여성적인 것이 우리를 구원한다"는 파우스트의 깨달음을 연상시킨다. 오늘날 생존의 위기를 초래하고 있는 환경오염은 여성성에 대한 자각과 실천이 전제되지 않고서는 해결하기 어렵다. 지금까지 생태 문제에 대한 가장 본질주의적 접근을 보여온 심층생태학에서 여러모로 에코페미니즘과의 접합점을 발견하려고 노력하는 것도 그 때문이다. 심층생태학이나 에코페미니즘에서는 모두 지구를 자연 삼라만상뿐만 아니라 인간의 ‘처소’ 혹은 ‘가정(home)’으로 삼는다. ‘처소’ 또는 ‘가정’으로서의 생태계에 대한 개념이 구체적으로 나타난 것이 ‘생물지역주의(bioregionalism)’이다. 생물지역주의는 인간에게 자연을 맞추던 이전의 생존 방식과는 달리 자연에 인간을 맞추어 환경의 피해를 최소화하는 방식이다. 또한 심층생태론과 에코페미니즘은 자연이 인간과 마찬가지로 본질적인 가치를 지닌 생명체라는 인식을 공유한다. 자연이 능동적인 주체라는 인식에서 ‘관계적 자아(relational self)’의 개념이 나온다. 이때의 관계는 권리·법·원칙의 문제가 아니라, 돌봄·사랑·우정·믿음·상호협력의 가치와 같은 도덕적 통찰이다.[1] 이처럼 인간/자연, 중심/주변 등의 이분법에서 벗어나 자연이 독자적인 생명체라는 사실을 중시하고 자연과 인간이 화합하며 살아가는 방식을 모색한다는 점에서 심층생태론과 에코페미니즘은 상당히 유사하다.

그러나 에코페미니즘에서는 심층생태론에서 현대의 생태계 위기를 초래한 원인을 성구별을 초월한 보편주의적 ‘인간’ 조건에서 찾는 것에 반대한다. 남성과 여성 사이의 역사적, 정치적 차이를 인정하지 않는 인간중심주의는 기존의 가부장적 함의에서 벗어날 수 없다고 한다. 자연—여성의 착취와 억압의 당사자인 남성들이 자신들의 성 정체성이 갖는 한계를 절감하고 그 의식과 태도를 변화시키지 않는 한 그들의 이론은 또 하나의 이론에 그치고 만다는 것이다. 이러한 남성 이론가들은

---

1) 신두호, 「남성과 에코페미니즘」, 『영미문학 페미니즘』 제9권 1호, 2001, 51~53면 참조

한창 주가를 올리고 있는 페미니즘에 무임승차하려는 것으로 비유될 정도로 호된 질책을 당하기도 한다.2) 여성적인 것이 이처럼 당당하고 자랑스러운 조건이었던 적이 있는가 싶다.

성차별을 둘러싼 심층생태학과 에코페미니즘 사이의 대립은 자연에 대한 메타포를 둘러싸고도 민감하게 나타난다. 서양에서 자연의 성적 메타포로서 가장 널리 받아들여지는 것은 대지의 여신인 '가이아'이다. 부드럽고 여성적이며 만물을 길러내는 가이아의 품성이 지구와 유사하다는 것이다. 그러나 일부 에코페미니스트들은 가이아의 이미지가, 가부장제가 여전히 맹위를 떨치고 있는 현재의 상황에서는, 여성의 희생적 성역할을 지속시키는 데 일조할 수 있다며 반대한다. 그들 중에는 탈성적이고 성 중립적인 용어로 '사이보그'를 내세우는 경우도 있다.

자연의 메타포를 둘러싼 일련의 논쟁을 보노라면 서구 문화의 인간 중심적이고 이원론적인 특성을 다시 한번 확인하게 된다. 인간적 속성이 현저한 그들의 신에 비하면 동양의 신들은 자연의 이미지에 더 가깝다. 그들이 자연에 인간적 이미지를 부여해 왔던 것에 비해 동양에서는 자연의 상태 그 자체를 숭배의 대상으로 삼아 왔다.

저들의 '가이아'와 해당되는 자연의 메타포로 도덕경에 나오는 '곡신(谷神)'의 이미지를 들 수 있다. "곡신불사(谷神不死), 시위현빈(是謂玄牝), 현빈지문(玄牝之門), 시위천지근(是謂天地根), 면면약존(綿綿若存), 용지부동(用之不動) 골짜기의 신은 죽지 않나니 이를 일러 암컷이라 한다. 암컷의 문이 천지 만물의 근원이다. 모든 것을 끊임없이 생산하여도 지치는 일이 없다"에서 '곡신'은 만물의 근원이며 창조주인 자연의 이미지를 함축하고 있다. 곡신의 이미지는 만물을 품어 생육하는 자연의 형상 그대로를 본뜬 것이다. 그것은 동시에 여성의 성적 이미지를 포괄하는 것이기도 하다. 곡신은 자연―여성의 유사성을 함축하고 있으면서도 자연

---

2) 위의 글, 59~63면 참조.

자체의 속성에 기반하고 있다는 점에서 자연에 대한 아주 적절한 메타포라고 할 수 있다.

이밖에도 자연과의 조화와 상생을 강조해 온 동양의 문화 속에는 생태학의 논리적 거점이 될 만한 사유가 풍부하게 들어 있다. 인간/자연, 남성/여성, 서양/동양의 우열 관계가 해체되고 있는 오늘날에도 여전히 각종 이론을 선점하고 있는 서구의 영향력에서 벗어나 동양의 유구한 문화적 전통을 재해석하는 작업이 활성화되어야 할 것이다.

지금 우리는 자연과 여성의 존재와 가치가 인간과 남성 중심의 세계관이 초래한 위험에 대한 대안으로서 부각되고 있는 곡신의 시대를 맞고 있다. 여성들은 그 동안 자연―여성에게 가해졌던 억압과 착취의 역사를 딛고 새로운 관계를 설정해 갈 수 있는 주체적 입장을 선취하고 있다. 또한 여성 특유의 직관과 본능, 경험은 자연에 대한 체화된 인식을 가능케 한다. 따라서 여성들은 이론과 이성 중심의 접근법에서 벗어나기 힘든 남성들과는 달리 전혀 새로운 차원으로 자연을 통찰할 수 있다. 이와 관련해서 1990년대 이후 우리 시에서 가장 큰 화두였던 '몸'의 시학이 여성시의 새로운 활로로서 모색되었던 사실을 떠올릴 수 있다. 이성과 정신 우위의 세계에서 위축되어 있었던 '몸'의 언어와 사유가 새롭게 일궈낸 토양은 지대하다. 이 신개척지에서 여성 시인들의 활약은 눈부시다. 그들은 자신의 몸을 통해 자연을 체화할 수 있는 본능적 감각을 내포하고 있다. 앞으로도 여성 시인들은 자신의 몸을 통해 자연과 소통하는 방식을 꾸준히 개발해 갈 것이다. 1990년대 이후 대세를 이루어 온 시와 일상성의 결합에 있어서도 여성 시인들은 유리한 위치를 점하고 있다. 그들에게 일상이란 삶의 부차적 국면이 아니라 본질적 국면에 해당하기 때문이다. 그들은 자신의 현존재와 밀착되어 있는 일상성에 대한 집요한 탐색을 통해 삶에 대한 본질적인 통찰에 도달한다. 이는 또한 에코페미니즘에서 말하는 '생물지역주의'와도 밀접하게 관련된다. 생물지역주의에 의하면 가정은 생태계의 기본적이고 핵심적인 단위가 된다. 가장 가까이 있는 주변의 자연을 사랑하고 이해하는 데서 생태계의 유지와 보존을 실천할 수 있다.

지금 여성 시인들 앞에는 곡신의 시대를 능동적으로 이끌어갈 수 있는 실천적, 미학적 요건이 충만하게 놓여있다. 그들은 수적으로도 결코 열세에 있지 않다. 문제는 그들이 이 시대가 요구하는 새로운 패러다임을 얼마나 생산적으로 창출해낼 수 있는가이다. 여기서는 몇몇 여성 시인들의 최근 시를 통해 생태시학과 여성시의 다양한 향방을 제시해보고자 한다. 다소 의도적으로 '자연'과의 관련을 느슨하게 잡아서 여성시의 폭넓은 가능성을 점검해볼 것이다.

2. 미약한 삶의 큰 힘—이진명

일상성과 경험은 여성 시인들이 자리 잡고 있는 생태적 조건과 그들의 의식을 확인하기에 적합한 요건이다. 이는 거의 모든 여성 시인들에게 친숙한 요건이지만 의미 있는 성찰과 개성적 표현의 차원으로까지 끌고 가기는 쉽지 않다. 항상 가까운 주변에 대한 관찰에서 출발하여 그리 간단치 않은 삶에 대한 질문을 이끌어내는 이진명의 시로부터 출발해 보기로 한다.

가스레인지 위에 두툼하게 넘친 찌개국물이 일주일째 마르고 있다
내 눈은 아무 말 안 하고 있다
내 입도, 내 손도 아무 말 안 하고 있다
별일이 아니기에, 별일이 아니기도 해야 하기에
코도 아무 말 안 하고 있다

그동안 할 만큼 하더니 남처럼 스치고 있다

가스레인지 위에 눌어붙은 찌개국물을 자기 일처럼 깨끗이 닦아줄 사람은
언제나 단 한 사람
어젯날에도 그랬고 내일날에도 역시 그럴
너라는 나, 한 사람
우리 지구에는 수십 억 인구가 산다는데
단 한 사람인 그는
그 나는
별일까
진흙일까

—「단 한 사람」 전문

이 시에서는 가스레인지에 눌러 붙은 찌개국물을 바라보면서 느끼는 미묘한 갈등을 실감나게 표현하고 있다. 현대여성이라면 누구나 경험했을 가사노동에 대한 불만과 반감이 압축되어 있다. 찌개국물 자국과 대치하여 팽팽한 긴장 상태에 있는 화자의 의식은 '마르고 있다', '아무 말 안하고 있다', '스치고 있다' 등 진행형 문장의 반복으로 서술된다. 그녀는 말보다 먼저, 생각보다 먼저 자동적으로 움직이던 눈이나 입, 손, 코와 같은 신체를 붙들어 두기 위해 안간힘을 쓰고 있다.

그런데 그녀가 이토록 사소한 일상의 한 국면과 날카롭게 신경전을 벌이고 있는 이유는 무엇일까? 그것은 끊임없이 반복되는 이 지루한 노동이 아무와도 대체할 수 없이 그녀에게 부과된 의무라는 사실에 대한 반발에서 비롯되고 있다. '가정주부'라는 신종 노동에 대한 대다수 여성들의 반응은 이와 크게 다르지 않을 것이다. 자본주의 가부장제하에서 여성의 가사노동은 창조력이 제거된 수동적인 행위에 머물고 만다. 농경시대의 여성들이 밭을 가꾸고 나무를 하면서 노동의 중추를 담당했던 것과 비교해보면 현대의 가사노동이 얼마나 비생산적인 과정에 머

물고 있는지를 알 수 있다. 가사노동의 어려움은 생산과 수확의 직접적인 기쁨을 느끼기 힘들다는 노동 조건과 무관하지 않다.

이는 또 한편으로는 모든 노동의 가치를 환원주의적으로 평가하는 자본주의의 특성과 관련된다. 자본주의에 효율성의 논리를 제공해 온 환원주의에 의하면 생태계의 과정을 안정시키지만 상업적 이윤을 낳지는 않는 특성은 무시되고 결국 파괴된다.3) 가령 나무는 펄프 생산량에 의해 가치가 인정될 뿐 그것이 갖는 생물학적, 정서적 가치는 무시되어 버린다. 이러한 환원주의의 논리에 의하면 자연과 여성의 육체는, 그것이 재생력의 바탕을 이룬다는 사실과는 무관하게, 직접적인 상업적 이윤과는 거리가 멀기 때문에 무가치한 것으로 치부된다. 자본주의 가부장제 아래에서 여성의 가사노동은 직접적인 이윤을 창출하지 못하기 때문에 그 가치를 인정받기가 힘든 것이다. 창조와 생산의 기쁨에서 멀어진 가사노동에서 여성들은 심각한 소외감을 느낄 수밖에 없다.

파괴가 창조로, 착취가 생산으로 대치되는 자본주의의 무자비한 환원주의는 심각한 소외를 겪고 있는 자연과 여성이 본래의 생산적 기능을 행할 수 있도록 바뀌어야만 한다. 앞의 시에서 여성 화자가 '단 한 사람'으로서의 자신을 재확인하는 과정은 노동으로부터의 소외를 극복하고 자아를 확립하는 방식을 보여준다. 수십 억 인구 중 누구도 대체할 수 없는 자신만의 영역을 통해 그녀는 자신의 존재를 확인하고 있는 것이다. 이는 '생물지역주의'에서 중시하는 '가정'을 통한 관계의 각성과도 상통한다.

이진명의 시는 소극적이고 미약한 삶의 방식이 역으로 과도한 탐욕으로 위험에 처한 현실에 대한 비판적 대안이 될 수 있음을 보여준다. "거리거리마다 / 온갖 생고깃집 주물럭집 수산횟집이 난장을 치는 사이로 / 가만히 가만히 끼어서라도 / 죽집을 냈으면 한다"(「죽집을 냈으면 한다」)

---

3) 마리아 미스·반다나 시바, 손덕수·이난아 역, 『에코페미니즘』, 창작과비평사, 2000, 40면.

에서 '죽'은 탐식으로 대표되는 과도한 욕망과 대비된다. '연하고 조용한 바탕'이 있어야 원하는 그림을 그릴 수 있듯이 지금 우리에게는 조금 여유 있고 빈 공간이 필요하다. 탐욕과 경쟁의 가속도에 휘말려 파멸에 이르지 않기 위해서는 청빈의 미덕을 되살려야 한다.

이진명의 시에서 느껴지는 조용하고 여유 있는 공간에는 늘 더 작고 미약한 존재들이 퍼지며 따뜻하게 스며든다. 그리고 거기에는 잔잔하면서도 독특한 감각들이 살아 있다. 가령 독거초등학생의 방을 "쌀알이 차특이는 소리／빛-파르르파르르 파르르파르르 파르르, 다섯 번이나 떨리다 들어오는 소녀의 방 형광등불"(「독거초등학생」)로 묘사하기 위해서는 아주 조용히 가라앉은 쓸쓸한 마음이 아니면 안 된다. 그녀의 작고 낮은 목소리는 거친 고함에 가려 잘 들리지 않는다. 그러나 고함 소리에 지쳐 돌아보면 언제나 그랬듯이 조분조분 나지막하게 속삭이며 따뜻하고 부드럽게 다가온다. 죽집을 내서 행인들의 쓰린 속을 달래줄 생각에 들뜨거나 취를 뜯으며 머나먼 시절 건강한 노동의 기억에 황홀해하는 그녀의 시는 모성의 자양분을 넉넉하게 함축하고 있다.

3. 생명의 길에 대한 예리한 투시 - 조은

조은의 시는 많은 여성 시인들이 보여주는 감성적 언어와는 달리 정연한 이성적 언어를 구사한다. 그녀의 언어는 과도하게 비약하거나 분출되는 경우 없이 단아하게 절제되어 있다. 또한 대상에 육박하여 쉽사리 동일시하거나 화합하지도 않는다. 마치 유리창을 사이에 두고 바라보는 듯한 엄정한 거리감이 대상에 대한 철저한 관찰과 묘사를 가능케 한다. 그녀의 시는 삶에 대한 건조한 묘사 속에서 묵직한 통찰을 이끌어낸다.

병원 신생아실
수많은 새 생명이 있다
자거나 깨어 있거나 우유를 먹거나 울고 있는
생명들은 요람 속에
미숙한 생명들은 인큐베이터 속에

깊은 밤, 유리벽 저편에
그녀도 있다
아픈 몸은 호미처럼 굽었다
그림자는 몸을 물고 굳게 눈을 감았다

그녀의 몸이 허공을 치며 흔들거린다
몇몇 생각들은 쉽게 몸을 놓지 않고
깊은 상처에 소금처럼 쓸리는 오래된 질문들

의미를 찾지 못한
생생한 고통의 날들 되밀려온다
그녀 앞 신생아들의 몸도
필생의 물음표로
꼬부라져 있다

—「新生」 전문

　　시인 특유의 담담한 어조로 병원 신생아실의 풍경을 그리고 있는 시
이다. 그녀의 시에서 단조로운 진술은 역으로 아이러니한 삶의 구도를
굳건하게 지탱한다. 이 시에서 그리고 있는 신생아실은 새 생명의 요람
과 미숙한 생명을 보호하는 인큐베이터가 공존하고 있다. 힘차게 뻗어
나가는 생명과 죽음과의 힘겨운 싸움을 벌이고 있는 미약한 생명이 함
께 있는 장면에서 시인은 삶과 죽음의 경계를 포착한다. 주로 관찰자의
입장에 서는 시인은 삶과 죽음을 늘 맞물려서 길항하는 역동적인 현상

으로 파악한다.

「한 번쯤은 죽음을」이라는 시에서는 방 안에 날아든 새들이 벌이는 사투를 보며 "지옥의 순간에서 단번에 삶으로 솟구칠 / 비상의 순간을 보고 싶을 뿐이다"라고 기대한다. '지옥의 순간'에 새들이 보이는 필생의 몸짓은 삶과 죽음이 얼마나 가까이 맞붙어서 치열하게 작용하는지를 보여준다. "살려는 욕망으로만 날갯짓을 한다면 / 새들은 절대로 / 출구를 찾지 못하리라 / 한 번쯤은 죽음도 생각한다면……"에서와 같이 의지와 운명이 역작용하는 것 역시 삶의 아이러니라 할 만하다.

신생아실의 여자는 이러한 삶의 아이러니 앞에서 언제나 의문부호를 떠올릴 수밖에 없는 인간의 처지를 대변하는 듯하다. 이 시에서는 인큐베이터 속의 생명과 유리벽 저편의 '그녀', 그리고 그녀를 바라보고 있는 화자의 시선이 중첩되면서, '생생한 고통의 날들' 앞에서 '필생의 물음표'로 꼬부라진 채 살아가는 보편적인 삶의 양상을 드러낸다. 조은의 시 역시 삶에 대한 단정적인 판단을 유보하고 '필생의 물음표'를 간직한 채 진지하게 그 의미를 추구해 간다.

> 잠시 앉았다 온 곳에서
> 씨앗들이 묻어 왔다
>
> 씨앗들이 내 몸으로 흐르는
> 물길을 알았는지 떨어지지 않는다
> 씨앗들이 물이 순환되는 곳에서 풍기는
> 흙내를 맡으며 발아되는지
> 잉태의 기억도 생산의 기억도 없는
> 내 몸이 낯설다
>
> ─「따뜻한 흙」 부분

자연으로서의 자신의 몸을 발견해 가는 시인의 자세는 매우 조심스럽다. 언제나 물음표를 꺼내들고 스스로 묻고 또 물으며 존재의 비밀을 발견해 가려 한다. 몸에 붙어 떨어지지 않는 씨앗을 보며 자신의 몸속에 잠재해 있는 생명의 길을 직감하는 시인의 시선에는 여성 특유의 '몸'에 대한 통찰이 깃들어 있다. 무수한 연대 동안 생명을 잉태해 온 여성의 몸은 생래적으로 삶과 죽음이 이어지는 몸의 길을 간파할 수 있다. 여성에게 몸은 삶과 죽음을 잇는 길이다. "아픈 어머니의 몸 밖으로 / 무엇인가가 빠져나와 있다 / 길이다 / 길의 촉수다 // 구근(球根) 같은 어머니의 몸을 통해 / 향긋한 꽃의 세계로 가려는가 / 길이 파도친다"(「길」)에서 어머니의 몸은 '구근'에서 '꽃'으로 향하는 영원한 생명의 길을 상징한다.

조은의 시는 삶과 죽음의 아이러니를 예리하게 간파한다. 단단한 이성의 작용 외에 직관적 통찰력으로 존재의 비의를 깊숙하게 들여다본다. 그녀의 시선은 한자리에 고정돼 있지만 놀라운 집중력으로 대상의 본질에 침투한다. 그녀의 시에 드러나는 상처와 고통으로서의 삶에 대한 공감과 연민은 절제된 것이기에 더욱 절실하게 다가온다.

4. 여성적 본능과 감각의 신화적 차원—김선우

김선우는 경험과 직관과 상상력을 활달하게 구사하며 여성성과 생명의 강한 연관성을 적극적으로 드러낸다. 그녀의 시는 특히 여성성과 모성의 상관성을 인상적으로 묘파한다. 특유의 관능미는 건강하고 자연스러운 생명의 본성으로서 여성성과 모성의 연결고리를 이룬다. 그녀는 숭고하고 절대적인 것으로 자리잡고 있던 모성에 인간적인 색채를 부여함으로써 여성성과 모성이 별개의 것이 아님을 증명한다. 또한 여성

성으로 함께 묶일 수 있는 모계의 강력한 전통에 대한 확인은 반복과
순환의 원형적 질서를 현시한다.

월경 때가 가까워오면
내 몸에서 바다 냄새가 나네

깊은 우물 속에서 계수나무가 흘러나오고
사랑을 나눈 달팽이 한쌍이 흘러나오고
재 될 날개 굽이치며 불새가 흘러나오고
내 속에서 흘러나온 것들의 발등엔
늘 조금씩 바다 비린내가 묻어 있네

무릎베개를 괴어주던 엄마의 몸냄새가
유독 물큰한 갯내음이던 밤마다
왜 그토록 조갈증을 내며 뒷산 아카시아
희디흰 꽃타래들이 흔들리곤 했는지
푸른 등을 반짝이던 사막의 물고기떼가
폭풍처럼 밤하늘로 헤엄쳐 오곤 했는지

알 것 같네 어머니는 물로 빚어진 사람
가뭄이 심한 해가 오면 흰 무명에 붉은,
월경 자국 선명한 개짐으로 깃발을 만들어
기우제를 올렸다는 옛이야기를 알 것 같네
저의 몸에서 퍼올린 즙으로 비를 만든
어머니의 어머니의 어머니들의 이야기

월경 때가 가까워오면
바다 냄새로 달이 가득해지네

—「물로 빚어진 사람」 전문

김선우처럼 여성들 사이의 끈끈한 유대감을 확연하게 드러낸 경우는 드물 듯하다. 그녀의 시에서 여성들은 '몸'이라는 매우 원초적인 차원에서 연대한다. 더 자세히는 '물'과 같은 생성력을 공유한다는 점에서 그러하다. 그녀의 시에서 '월경'이나 '오줌'은 더 이상 기피어가 아니라 여성의 건강한 생명력을 상징하는 자연스러운 용어로 등장한다. 또한 그것은 나아가 여성과 자연의 유대로 이어지는 것이기도 하다. 「오동나무의 웃음소리」에서는 여자들이 함께 방뇨하는 장면에 이어 "문 밖까지 땅 끝까지 강물소리 자분자분 번져가고 푸른 잎새 축축 휘늘어지도록 열매 주렁주렁 매단 오동나무가 따님들을 굽어보시는 것이었다"라는 진술을 통해 여성과 자연의 긴밀한 소통을 그리고 있다.

시인의 본능과 감각은 광대한 신화적 차원으로 열려 있다. 여성의 몸이나 자연에 내재한 관능과 생명의 위력을 체득하고 있다. 이는 개짐으로 깃발을 만들어 기우제를 올렸던 원형적 사유와 흡사하다. 그녀의 의식 속에서 인간의 삶이란 결국 끝없이 순환하는 원환의 구조를 갖는다. 이런 순환론적 사유에서는 "어머니들의 어머니들의 어머니"로 이어지는 모계의 전통이 중시된다. 그것이야말로 영원히 반복되는 생명의 작용을 관장해 온 동력이기 때문이다.

이 젊은 시인의 독특한 순환론적 관점은 자본주의 가부장제를 지켜 온 진보의 미망에 대한 부정이 될 수도 있다. 「거꾸로 가는 생」에서 시인은 삶이 "예기치 않게 거꾸로 흐르는 스위치백 철로" 같은 것일 수도 있다는 생각을 드러낸다. 스위치백 철로는 근대와 진보의 상징인 직선 선로에 반해 시인이 제시하는 순환적 삶의 표상이다. 같은 시에서 묘사하듯 여든 살 먹은 할머니가 아기처럼 되어 가는 것도 원점으로 돌아가는 생의 본성을 반영하는 것이다. 시인의 직관 속에서 삶은 '69'처럼 맞물려 돌고 도는 순환적 구조이다.

김선우는 우리 시에서는 드물게 건강한 관능의 아름다움과 힘을 보여주는 시인이다. 또한 여성의 몸과 자연의 유사성을 신화적 차원에서 풀어보이고 있다. 시인은 희귀하게도 자연과 인간의 영혼이 통하는 애니미즘적 사유를 간직하고 있다. 그녀가 본능적으로 포착하는 인간과 자연의 일치감은 우리가 오랫동안 망각하고 있던 본향의 기억을 일깨운다. 그 기억을 회복할 때 자연은 단순히 우리의 생물적 삶뿐 아니라 문화적, 영적 삶을 풍요롭게 재생산할 수 있는 기반이 될 것이다.

5. '관계적 자아'의 발견과 자연의 체화―조용미

조용미의 시는 자연과 여성의 몸이 갖는 친연성을 근원적 동질감으로 드러낸다. 그녀는 병고의 체험을 통해 몸에 대한 극도로 예민한 자각에 이른다. 그녀의 시에서 몸은 상처와 고통으로서의 삶에 대한 거부할 수 없는 증거이다. 그러나 그녀의 시가 보여주는 진경은 몸에 대한 날카로운 투시를 넘어 그것을 자연의 몸과 연결시키는 직관에 의해 열린다.

꽃 핀 오동나무를 바라보면
심장이 오그라드는 듯하다
하늘 가득 솟아 있는 연보랏빛 작은 종들이 내는
그 소릴 오래 전부터 들어왔다
오동 꽃들이 내는 소리에 닿을 때마다
몸이 먼저 알고 저려온다

무슨 일이 있었나 내 몸이
가얏고로 누운 적이 있었던 걸까
등에 안족을 받치고 열두 줄 현을 홑이불 삼아 덮고

풍류방 어느 선비의 무릎 위에 놓여
자주 진양조로 흐느꼈던 것일까

늦가을 하늘 높은 어디쯤에서 내 상처인 열매를
새들에게 나누어준 적도 있었나
마당 한켠 오동잎 그늘 아래서
한세상 외로이 꽃이 지고 피는 걸 바라보며
살다간 은자이기도 했을까

다만 가슴이 뻐개어질 듯
퍼져 나가려는 슬픔을 동그랗게 오므리며
꽃 핀 오동나무 아래 지나간다

무슨 일이 있었나 나와 오동나무 사이에
다만 가슴이 뻐개어질 듯
해마다
대낮에도 환하게 꽃등을 켠
오동나무 아래 지난다

—「꽃 핀 오동나무 아래」 전문

그녀의 몸은 자연과 고밀도로 삼투하는 기이한 능력을 보여준다. 특히 자연의 꽃피는 몸에 대한 본능적인 감응은 각별하다. 발화의 장면에 응집되어 있는 생멸의 비의를 시인은 몸으로 발견한다. 그녀의 몸은 자연과의 소통에서 '관계적 자아'를 깨닫는다. '관계적 자아'는 인간과 자연, 주체와 타자 사이의 상생과 조화를 도모하는 데 있어 가장 중심을 이루는 개념이다. 이 시인의 경우는 자신의 몸과 자연과의 지극한 교감을 통하여 주체와 타자의 경계가 사라지는 자아의 확산을 경험하고 있다. 시인이 발견한 관계적 자아는 단지 공시적인 확산을 이룰 뿐 아니라 시간의 경계마저 넘어 누대의 인연을 포괄하는 특징을 보인다. 자신의 몸이 한때 오동나무였다가 그 오동나무로 만든 '가얏고'이기도 했고 오동나무 그늘에서 살다간 은자이기도 했다는 인연을 감지할 때 주체와 타자, 인간과 자연의 분별은 무화된다. '나'와 '오동나무' 사이의 오랜 인연을 간파할 때 찾아온 가슴이 뻐개어질 듯한 전율은 '관계적 자아'의 통찰로 실현되는 자연의 체화를 입증하는 선연한 감각이다.

'관계적 자아'의 지극한 경지를 초시간적인 차원으로 펼쳐가면서 예술의 영원성과 결합하는 것은 이 시인 특유의 영역이라 할 수 있다. 그녀의 시에 등장하는 예술의 달인들은 모두 시간과의 싸움을 통해 자연과의 차이가 무화되는 궁극의 경지에 이른다. 「정약대의 대금」에서 대금의 명인 정약대는 10년을 한결같이 인왕산을 오르며 도드리를 한 번 불 때마다 나막신에 모래를 한 알씩 넣고 신에 모래가 가득 차야 산에서 내려온다. 그런데 어느 날 나막신에 쌓인 모래 속에서 풀잎이 솟아오른다. 그의 대금소리가 바람이 지나가는 듯 비가 스치는 듯한 자연의 경지에 오른 것이다. 김시습 역시 '제 비늘을 떼어내 날개를 달려했던 물고기'로 비유되어 자연의 신이에 가까운 초월적인 예술의 차원을 열었던 것으로 그려진다.

시인은 자신의 병고에서 자연의 상처와 신음을 발견하며 '관계적 자아'의 통찰과 숭고한 예술적 이상을 높은 차원에서 결합시킨다. 그러나 그녀의 시에서 더욱 주목할 만한 것은 그 궁극의 지점이 예술의 영원성을 발견하는 데서 그치지 않는다는 것이다. 「마량 간다」에 나오는 나무 가꾸기의 달인 곽탁타는 예술의 영원성보다 더 강력하게 그녀를 이끄는 또 다른 경지를 보여준다. "곽탁타는 어떤 영혼을 가졌기에 옮겨 심은 나무마다 살아나고 무성히 자라나 가득 열매를 맺었을까 탁타가 가꾼 것은 나무일 뿐 아니라 그의 등에 난 혹 또는 세상의 이치"라는 데서 가혹한 운명을 극복하고 생명의 섭리를 실천하는 것이 시인이 지향하는 궁극의 지점임을 알 수 있다. 자아의 고통과 자연의 고통을 일치시키는 동병상련의 본능을 드러낸 것에서 그녀의 시는 생태학의 어떤 논리보다도 자연에 대한 깊숙한 통찰을 보여준다. 고통의 확인을 넘어 생명의 섭리를 실천하려는 의지를 내장함으로써 그녀의 시가 생태와 삶의 시학에서 진경을 열어갈 것으로 기대한다.

6. 상생의 지혜

　여성성과 생태의 가치가 새롭게 부각되고 있는 이 시대에 여성 시인들에게 열려 있는 개간지는 넓고 비옥하다. 몇몇 여성 시인들의 시를 통해 우리 생태시학의 몇 가지 가능성을 점검해보았다. 생태시학의 요청은 지구 차원의 존립이 문제시되는 오늘날 거의 당위와 계몽의 입론이 되고 있다. 그렇다면 문제의식의 깊이와 미학적 방법론이 관건이 된다고 할 수 있다. 어느 측면에서든 여성 시인들은 입지는 보다 유리하다.

　생태시학의 기본적 출발점은 '관계'에 대한 새로운 정립에 있다. 차별적 이성에 근거한 이분법에서 벗어나 동등하고 상생하는 삶의 원리를 파악하려는 것이다. 인간 / 자연, 남성 / 여성의 이분법에서 자연과 마찬가지로 수동적인 타자의 위치에 놓여 있던 여성은 이 관계의 모순을 깨닫고 전환시키는 데 적극적으로 기여할 수 있다.

　여성들과 각별히 친밀한 일상의 공간도 '생물지역주의'를 실천할 수 있는 생태시학의 유리한 고지로 작용할 수 있다. 일상과 동떨어진 곳에 이상적 유토피아를 상정하는 관념적 사유와 달리 생태시학은 일상의 최소 단위인 '가정'을 관계적 존재를 실천할 수 있는 출발점으로 삼는다. 여성 시인들의 좁은 테두리로 간주되었던 '가정'이 생태시학의 활로가 될 수 있다.

　무엇보다도 여성 시인들은 특유의 몸의 시학을 통해 체화된 자연을 표출할 수 있다. 자연과의 직접적인 소통은 자연과 인간의 관계 회복을 실현하는 중요한 요건이다. 몸의 시학은 또한 여성 시인들이 개척해 갈 미학적 방법론의 핵심적 사안이 될 수 있다. 감각적이고, 주관적이고, 감정적이고, 직관적이고, 관계지향적인 여성의 특성은 더 이상 열등한 면모로 머물지 않고 새로운 미학적 방법론을 창출할 수 있는 귀중한 자질로서 작동할 것이다.

여성들의 지혜는 동양의 지혜와 함께 근대적 이성의 결함을 극복할 수 있는 대안으로서의 의미가 크다. 그것들은 힘겹게 새로 발굴해야 하는 광맥이 아니라 이미 드러나 있지만 그 동안 무시되어 온 보고이다. 여성과 동양과 자연의 지혜는 상생의 원리를 모색하는 이 시대가 참조해야 할 최고의 전통이다.

2부

자연과 근원

김소월과 장소의 시학

1. 인문학적 지리학의 이해

최근 들어 그 논의가 더욱 활발해지고 있는 인문학적 지리학은 사상과 경험의 시간화가 주도적이었던 근대의 사회 이론에 대한 비판과 대안으로서의 의미가 크다.[1] 서구의 이성 중심적인 사유와 역사의 변증법적 발전 과정에 대한 회의가 점증하면서 공간성에 대한 감수성이 새롭게 요청되고 있는 것이다. 인문학적 지리학은 기존의 과학적 지리학에서 대상으로 하는 지식보다 그에 선행하는 직접적인 경험의 세계를 중

---

1) "즉 근대 사회이론은 칸트가 말한 연속(nacheinander)이나 맑스가 우연적인 제약을 받는 '역사 발전(making of history)'이라고 매우 미화하여 정의한 맥락 속에서 세상을 이해한다는 것이다. 이러한 인식론적 태도가 지속됨에 따라 비판적 성찰과 해석의 성격을 규정함에 있어 '역사적 상상력'이 그 특권적인 위치를 계속 차지해왔다." 에드워드 소자, 이무용 외역, 『공간과 비판사회이론』, 시각과언어, 1997, 21~22면.

시한다. 인간 존재와 세계가 관계하는 방식에 대한 탐구라는 점에서 인문학적 지리학은 현상학적 지리학이라 할 수 있다. 주체와 대상의 관계를 지향성으로 파악하는 현상학의 방식처럼 그것은 인간과 생활세계의 직접적 연관성을 주목한다. 이는 서구 근대의 이성이 도외시했던 주변성과 구체성에 대한 재인식의 필요에서 기인하는 것이다. 인문학적 지리학은 지리적 환경과 관련되는 인간의 다양한 의식작용을 이해하고 지리적 세계에 대한 주관적 경험의 의미를 파악하려 한다. 그 동안의 객관적·양적·기하학적인 '사실 중심적' 공간 개념을 주관적·질적·위상수학적인 '인간 중심적인' 공간 개념으로 옮겨감으로써 지리적 세계를 주관적 의미연관에서 이해하고자 하기 때문이다.2) 이는 지리적 세계와 관련된 인간의 주관과 감성, 경험과 행동, 그리고 인간과 자연의 직접적인 관계를 연구함으로써 오랫동안 근대적 이성에 의해 도외시되었던 인간 삶의 주변성과 직접성을 새롭게 고찰하려는 시도라 할 수 있다.

인문학적 지리학의 등장으로 인해 주관적이고 실존적인 생활공간의 이해가 심화되어 왔다. 공간과 인간의 구체적 관련성을 중시하는 인문학적 지리학에서는 지리적 실제를 강조하기 위해 '장소'라는 개념을 즐겨 사용한다. 장소는 인간의 의도나 태도나 목적이 집중되어 초점으로 작용하는 특별한 공간이다. "이처럼 모든 것의 초점이 되는 장소의 특성 때문에, 장소는 주위 공간의 일부이면서도 그 공간과는 별개이다. 그러므로 장소는 세계 경험에 질서를 부여하는 기본적인 요소가 된다."3) 장소를 통하여 인간은 세계 속에 자리 잡고 근원적인 안정감을 획득할 수 있다. '집'은 인간에게 안정감과 정체성을 제공하는 대표적인 장소이다. 우리가 체험을 통해 더 잘 알 수 있게 되는 공간은 장소가 된다. 장소란 "보통 오랜 시간에 걸쳐, 평범한 사람들의 일상생활을 통해 형성되어야만 한다. 그들의 애정으로 장소에 스케일과 의미가 부여되어야

---

2) 정진원, 「인간주의 지리학의 이념과 방법」, 『지리학논총』 11, 1984, 79면.
3) 에드워드 렐프, 김덕현 외역, 『장소와 장소상실』, 논형, 2005, 104면.

한다."[4] 장소의 개별성과 구체성을 중시하는 인문학적 지리학은 문학 작품에 나타나는 풍부한 경험 자료들에서 장소와 관련된 인본주의적 통찰력을 자주 발견한다. 그리하여 1970년대 후반부터는 방법론을 비롯한 연구 업적이 누적됨으로써 지리학적 현상으로서 문학 작품을 연구하는 문학지리학이 출현하기도 했다.[5] 문학지리학에서는 문학 작품 속에 구체적으로 표명되는 지리적 공간에 대한 인간의 경험과 의식을 통해 장소와 지각의 관련성을 검토한다. 문학지리학에서는 인간집단의 삶이 영위되는 지표에 대한 구체적인 이해를 가능하게 한다는 점에서 지리현상으로서의 문학 작품의 의의를 중시한다. 문학 작품은 특정한 장소에 대한 이미지를 형성하는 데 결정적인 요소가 된다. 따라서 문학지리학에서는 문학 작품 속에 구체적으로 표명되는 지리적 공간에 대한 인간의 경험과 의식을 통해 장소와 지각의 관련성을 검토한다. 문학에서는 역으로 문학지리학을 이론적 배경으로 하여 문학 작품에 대한 새롭고 심층적인 이해를 도모할 수 있다. 이러한 연구는 그 동안 우리 문학 연구에서 중심을 이루어 왔던 주제론적·양식론적 탐색과 변별되는 풍속사적 탐구를 활성화시킬 수 있는 계기가 된다. 문학에서 지리적 배경은 환경에 대한 인간적 체험의 가치와 욕망에 대한 지식을 제공할 수 있다.

우리의 문학 연구에서 인문학적 지리학에 대한 관심은 최근에 고조되기 시작한 문화 연구나 탈식민주의 이론과 밀접한 관련을 지니고 있다. 상/하의 위계나 중심성/주변성의 해체를 도모하려는 일련의 시도와 맞물려 지역문학에 대한 관심이 서서히 고조되고 있는 것도 주목할 만한 현상이다. 가속화되는 도시화로 인해 장소 상실이 심각해지는 현실 속에서 생태문학·도시문학·지역문학 등과 연계되는 인문학적 지

---

4) 위의 책, 173면에서 재인용.
5) 이은숙, 「지리학과 문학의 만남」, 『문학지리·한국인의 심상공간·중』, 논형, 2005, 25면.

리학의 가치는 더욱 증대되고 있다. 문학 연구와 관련된 인문학적 지리학의 참조는 소설 쪽에서 보다 활발하게 이루어지고 있으며 장소애가 내포하는 탈식민성의 허상을 지적한 경우가 많고,[6] 작문 교육의 일환으로 서사 쓰기 과정에서 장소의 구체성을 도입하는 방법을 제안한 것도 있다.[7] 시에 대해서는 지역문학 연구의 일환으로 문학지리학을 적용한 박태일의 연구가 선구적이며, 장석주가 '우리 시의 지리학'에서 시인들의 고향과 장소애를 구명하고 있는 작업이 대표적이다.[8] 인문학적 지리학의 자료가 되었던 문학이 역으로 그것을 이론적 배경으로 하여 새롭고 심층적인 작품 이해를 도모하고 있는 것이다.

여기에서는 김소월 시에 나타나는 '장소'의 정체성에 주목하여 시인의 장소 경험이 발현되는 양상과 의미를 살펴보고자 한다. 장소에 대한 연구는 당연히 공간에 대한 연구와 친연성을 갖는다. 장소에 대한 관심이 시작되기 이전 김소월 시의 공간의식을 해명한 주목할 만한 선행 연구는 다음과 같다. 김현자는 의식현상학적 방법을 원용하여 김소월 시의 공간적 상상력의 질서를 재구성하였다.[9] 김소월 시의 고립적인 공간이 소멸과 불귀의식을 반영하는 것으로 파악하였다. 시인의 상상력을 역동적으로 구조화하는 분석자의 능동적인 역할이 돋보이지만 지나치게 자의적인 인용으로 개별 작품의 유기적인 구성과 의미가 해체되는 문제를 내포한다. 김은자도 공간의식을 중심으로 김소월 시에 나타나는 의식의 지향성을 밝혔다.[10] 유랑의식을 기본항으로 삼고 이와 관련된 무덤 안의 집이라는 허무의식이 무덤의 자리로서의 산에 이르고 여기

---

6) 박정수, 「허윤석 소설의 토포필리아—그 반근대적 장소애의 포스트 식민성에 대해」, 『한국문학이론과 비평』 20, 2003.9; 김종구, 「「메밀꽃 필 무렵」의 시공간과 장소애」, 『한국문학이론과 비평』 20, 2003.9.

7) 한귀은, 「지형도 그리기로서의 서사 쓰기의 방법과 실제」, 『어문학』 87, 2005.3.

8) 박태일, 「김영수 시와 문학지리학」, 『한국문학논총』 15집, 1994.12, 461~487면; 장석주, 「우리시의 지리학」, 『현대시학』, 2005.7~2006.3.

9) 김현자, 「김소월 한용운 시에 나타난 상상력의 변형구조」, 이화여대 박사논문, 1982.

10) 김은자, 「한국현대시의 공간의식에 관한 연구」, 서울대 박사논문, 1986.

에 식물적 재생의 장소라는 의미가 부가되면서 집 또는 섬이라는 모성
적 지향에 도달하게 된다고 본다. 이 글 역시 시인의 의식을 재구성하
는 분석자의 주관적 개입이 두드러진다. 윤석산은 김소월 시의 공간을
크게 방황과 동경의 공간으로 분류하고 각각에 해당하는 공간 인자들
을 고루 추출하여 설명하였다.11) 공간의 성격 규명보다는 김소월 시 전
반의 구도를 밝히는 데 치중하고 있다. 김소월 시의 '장소애'를 언급한
최초의 연구로 최만종의 논문이 있는데, 여기서는 현상학적 분석에 치
중하여 앞의 공간에 대한 연구들과 크게 변별되지 않는다.12)

　김소월 시를 '공간'이 아닌 '장소'라는 측면에서 구명하고자 여기에
서는, 기존의 공간에 대한 연구에서 분석자가 재구성한 의식의 보편적
인 구조를 부각시키는 것에 비해, 시인의 장소 인식이 갖는 구체성과
개별성에 주목한다. 시의식과 상상력의 구조를 편성하는 데 주력하는
공간에 대한 연구와 달리 구체적이고 실존적인 장소에 대한 시인의 감
정과 태도, 그리고 당대 현실과의 관련을 밝힐 것이다. 먼저 장소에 대
한 시인의 각별한 애착과 감정의 이미지를 살피고 장소 상실로 인한 심
각한 유랑의식이 드러나는 양상을 추적할 것이다. 마지막으로는 시인이
추구한 '진정한 장소'와 그것에 대한 지향성을 구현하는 '지리적 능력'
을 구명하고자 한다.

2. 장소애와 감정의 이미지

　'장소애(topophilia)'는 문학에서 가장 친숙하게 받아들이는 인문학적 지

---

11) 윤석산, 「소월시 연구」, 한양대 박사논문, 1990.
12) 최만종, 「김소월 시에 있어서 '장소애'의 현상학적 연구」, 서강대 박사논문, 2001.

리학의 개념이다. 이-푸투안(Yi-Fu Tuan)이 처음 사용하기 시작한 이 용어는 인간을 둘러싼 자연적 환경, 즉 '공간'에 의미와 가치를 부여하여 '장소'로 만드는 활동에서 연유한다. 장소로 만든다는 것은 아무 의미 없이 놓여 있던 자연적 공간을 의미 있게 체계화하고 가치를 부여하는 활동이다. 이-푸투안은 현상학적 관점에서 인간이 환경을 이해하는 방식과 구조를 거론한다. 물리적 환경에 반응하는 인간의 행동 방식 일반이 장소애를 형성한다. 장소는 공간과 달리 자아의 능동적 작용에 의해 의미 있는 경험이 발생하게 한다. 이-푸투안에 의하면 생물학적 개체로서 인간은 개체 보호 본능에서 비롯되는 자기 중심성에 의해 공간을 전/후, 좌/우, 위/아래, 수직/수평으로 분할하고 여기에 미래/과거, 안/밖, 생명 활동에 유리한(친숙한, 안전한) 공간/불리한(낯선, 위협적인) 공간, 성(聖)/속(俗) 등의 이원적 가치를 부여한다.13) 그는 장소애의 자연적·본질적 요소를 강조하며 자연적 조건과 원형적 상징 체계가 자연 환경에 대한 개인의 가치를 결정짓는 요인이라고 본다. 자아동일성을 형성하는 장소와 그에 대한 본원적인 애착에 천착하여 그는 집이나 고향과 같은 원형적 공간에 대해 안정감을 느끼는 보편적인 감정을 해명한다. 인간은 공간에 가치를 부여하는 장소애를 통해 자아 동일성을 형성한다는 것이다.

어떤 시인이나 예술가들에게 장소애는 의식의 가장 예민한 부분을 형성하며 독창적인 개성으로 발현되기도 한다. 그들은 장소애를 자신만의 고유한 정서로 육화시킨다. 김소월의 경우는 그의 시에 나타나는 장소의 보편성 때문에 장소애의 측면에서 크게 주목받지는 못하였다. 그간의 연구에서 김소월 시의 장소는 정서의 배경이나 의식의 반영 등의 주변적인 요건으로 인식되어 왔다. 그러나 김소월 시에서 장소를 전경화시켜 볼 때 그의 시에 나타나는 강한 서정성과 민족적 정서를 보다

---

13) Yi-Fu Tuan, *Topophilia : a study of enviromental perception, attitude, and values*, New Jersy : Prentice-Hall Inc, Englewood Cliffs, 1974, pp.16~17.

근원적으로 해명할 수 있을 것으로 본다.

김소월 시에서 장소는 가장 내밀한 심층의 정서와 직접적으로 호응하면서 그것의 절대성과 지속성을 드러낸다. 그의 시에서 감정의 개입 없이 즉물적으로 묘사되는 자연은 찾아보기 힘들다. 그의 시에 나타나는 자연은 정감의 이미지가 투영된 각별한 경험의 장소이다.

> 우리집뒷山에는 풀이푸르고
> 숩사이의시냇물, 모래바닥은
> 파알한풀그림자, 써서흘너요.
>
> 그립은우리님은 어듸재신고
> 날마다 퓌여나는 우리님생각.
> 날마다 뒷山에 홀로안자서
> 날마다 풀을짜서 물에던져요.

—「풀짜기」 부분14)

이 시의 첫 연에서 그려지는 '우리집 뒷산'은 평범하기 그지없는 풍경에 해당한다. 그러나 이곳은 2연부터 나타나는 화자의 심리와 호응하면서 유의미한 장소로서 선명하게 부각된다. 뒷산의 푸른 풀은 '날마다 피어나는 우리님 생각'과 절묘하게 부합되면서 자연현상과 마찬가지로 반복되고 지속되는 님에 대한 그리움을 반영한다. '파아란 풀그림자' 역시 시냇물을 따라 흘러가는 '님 생각'을 투영한다. 자연과의 호응 속에서 님을 향한 그리움은 지속성과 영원성을 확립한다.

이처럼 김소월의 시에서 자연은 화자의 정서적 반응과 일치하며 감정의 이미지를 구현하는 장소가 된다. 님에 대한 화자의 간절한 그리움은 장소를 형성하는 가장 기본적인 '관계'의 긴밀함을 보여준다. 장소애는 고립된 상태에서 자동적으로 주어지는 것이 아니라 주체가 타자와 맺는

---

14) 김소월, 『진달내꼿』, 매문사, 1925, 4면. 이후 시 인용은 이 책에 의거함.

유대 속에서 발생한다. 집이나 고향이 장소애의 중심을 이루는 것은 그 곳에 거주하는 사람들과의 관계와 애착에 기인한다. 그런 애착은 주로 인간 관계의 친밀감에서 비롯되는 것이다. "즉 장소 자체는 인간의 유대를 벗어나서는 거의 아무것도 줄 수 없다."15) 장소에서 중요한 것은 그 곳의 외관이나 경관이 아니라 그곳에 사는 사람들이라는 것이다.

김소월의 시에서 '님'의 존재는 장소를 형성하는 '관계'의 중요성을 보여준다. 그의 시에서 님은 장소애의 구심점에 해당한다. 님이 있는 곳이야말로 '진정한 장소'이며 돌아가야 할 최후의 거소가 된다. 김소월 시의 핵심적 주제인 님에 대한 사랑과 그리움은 진정한 장소에 대한 열망과 장소 상실의 절망감과 정확히 일치한다. 그의 시에서 집을 잃고 외로이 떠도는 처지로 표현되는 많은 화자들은 님과 이별한 상태와 상응한다. 「나의 집」에서 화자가 그리고 있는 이상적인 집은, "들가에 떨어져 나가앉은 메기슭의 / 넓은 바다의 물가 뒤에, / 나는 지으리, 나의 집을, / 다시금 큰길을 앞에다 두고"에서처럼 '산'과 '바다'와 '큰 길'이 있다. 산과 바다를 고루 갖춘 이상적인 집에 덧붙은 '큰 길'은 그것이 님의 존재로 인해 완성될 수 있음을 강조한다. 큰 길은 부재하는 님을 기다리는 장소이다. 화자가 꿈꾸는 완전한 집은 님과 함께 하는 공존의 장소이다. 님이 부재하는 한 집은 존재의 결여를 입증하는 불완전한 공간일 수밖에 없다. 김소월의 장소애는 이와 같이 타자와의 관계에 대한 열망으로 인해 더욱 각별해진다.

김소월의 장소애가 보다 구체적으로 나타나는 것은 향토 지명이 등장하는 시들에서이다. 그는 지명과 화자의 심리를 절묘하게 부합시켜 그것에 독특한 정서를 부여한다. "나보기가 역겨워 / 가실 때에는 / 말없이 고이 보내드리우리다 // 영변(寧邊)에 약산(藥山) / 진달래꽃 / 아름따다 가실길에 뿌리우리다"(「진달내꽃」)에서 "영변(寧邊)에 약산(藥山) / 진달래꽃"

---

15) 이-푸투안, 구동회·심승희 역, 『공간과 장소』, 대윤, 2005, 225면.

이라는 짧은 시구는 민족문학의 보편성이 지역문화의 특수성을 배제함
으로써가 아니라 바로 그것으로부터 도출된다는 사실을 웅변적으로 보
여주는 산 증거이다.16) 님에 대한 원망과 미련을 위장하려하는 미묘한
갈등은 남녀 간의 사랑에서 겪을 수 있는 보편적인 감정이지만, 이 시에
서는 "영변(寧邊)에 약산(藥山) / 진달래꽃"이라는 구체적인 지명과 물물을
통해 체험의 실체로서 그것을 재현하고 있다. 더불어 이는 서도 잡가인
영변가의 향토 문화적 맥락에 접속됨으로써 역사적으로 유전되어 온 보
편적 감성과 호응을 이룬다.

물로사흘 배사흘
먼三千里
더더구나 거러넘는 먼三千里
朔州龜城은 山을넘은六千里요

물마자 함빡히저즌 제비도
가다가 비에걸녀 오노랍니다
저녁에는 놉픈山
밤에 놉픈山

朔州龜城은 山넘어
먼六千里
각금각금 꿈에는 四五千里
가다오다 도라오는길이겟지요

서로 쩌난몸이길내 몸이그리워
님을 둔곳이길내 곳이그리워
못보앗소 새들도 집이그리워

---

16) 이혜원, 「한용운·김소월 시의 비유구조와 욕망의 존재방식」, 『현대시의 욕망과 이
  미지』, 시와시학사, 1998, 53~54면.

南北으로 오며가며 안이합듸까

들꼿에 나라가는 나는구름은
밤쯤은 어듸 바로 가잇슬텐고
朔州龜城은 山넘어
먼六千里

—「朔州龜城」 전문

　　김소월의 시에서 향토 지명은 감정의 이미지를 각인시키는 작용을 한다. 이 시에서 줄곧 강조되는 것은 '삭주구성'까지의 먼 거리이다. '삼천리' 혹은 '육천리'라는 거리는 실재하는 것이 아니라 도달할 수 없는 절대적 거리감을 나타내는 것이다. 님이 있는 삭주구성에 갈 수 없다는 절망감은 그곳의 험준한 지형에 대한 구체적인 묘사로 인해 더욱 강화된다. 삭주구성까지의 거리감은 님에 대한 그리움에 비례하면서 감정의 이미지를 형상화한다. "님을 둔 곳이길래 곳이 그리워 / 못보았소 새들도 집이 그리워"에서 드러나듯 님이 있는 곳이야말로 진정한 집이라고 할 수 있다. 그곳에 도달하고 싶은 욕망은 새들의 귀소본능과도 같이 자연스러운 것이다. 이 시에서 삭주구성은 도달할 수 없지만 끊임없이 그리움을 유발하는 욕망의 장소라는 보편적 심상에 도달하고 있다. 이는 삭주구성이 시인의 고향과 그리 멀지 않은 곳이었으며 그가 생업을 영위하며 살았던 지역이라는 실제의 사실과 교차되면서 역설적으로 감정의 이미지를 더욱 부각시킨다. 실재하는 장소가 불귀(不歸)의 거리로 전이되면서 현실과 이상 사이의 심각한 단절과 괴리가 드러나는 것이다.

不歸, 不歸, 다시不歸,
三水甲山에 다시不歸.
사나희속이라 니즈련만,

十五年정분을 못닛겟네

—「山」 부분

접동
접동
아우래비접동

津頭江가람까에 살든누나는
津頭江앞마을에
와서웁니다

—「접동새」 부분

天安에삼거리 실버들도
촉촉히저젓서 느러젓다데.
비가와도 한닷새 왓스면죠치.
구름도 山마루에 걸녀서 운다. .

—「往十里」 부분

　향토 지명이 등장하는 많은 시에서 고유지명은 시인이 부가하는 감정의 이미지와 결합하면서 보편정서에 호응하며 보통명사화하는 경향을 보인다. 험준하기로 유명한 '삼수갑산'은 삭주구성과 마찬가지로 도달할 수 없는 님과의 거리를 상징하는 장소가 된다. 접동새 전설의 배경인 '진두강'은 피맺힌 절규와 한을 내포한 장소를 대변한다. '천안 삼거리' 역시 기약할 수 없는 기로에 있는 사랑과 삶을 상징한다. 구체적인 향토 지명에 보편적인 감정의 이미지를 덧붙임으로써 시인은 민족정서가 깃든 장소애를 창조해낸다. 지명의 특성과 그곳에 전해져 내려오는 전설에 구체적인 사연과 풍부한 정감을 부가함으로써 시인은 그곳을 독특하게 장소화한다. 이는 장소에 대한 그의 예리한 자의식과 교감을 반영하는 것이다.

3. 장소상실과 실향의식

그런데 김소월의 시에서 장소애는 장소와의 행복한 일치감과 충족감만으로 나타나지는 않는다. 오히려 더 많은 시에서 그것은 장소의 상실로 인한 결핍과 소외의 상태를 동반한다. 그의 시에서는 님이 존재하는 진정한 집이나 본래의 고향을 잃고 떠도는 자의 비애가 주조를 형성한다. "진정한 장소감이란 무엇보다도 내부에 있다는 느낌이며, 개인으로서 그리고 공동체의 일원으로서 나의 장소에 속해 있다는 느낌"[17]이지만, 식민지의 시인으로서 급격하게 변모하는 국토의 곳곳을 경험한 그로서는 '내부의 느낌'에 머물러 있기가 힘들었다. 1918년에서 1927년까지 그는 오산·서울·동경·서울·정주·구성 등을 전전한다. 주권 상실이라는 전체면의 부분 현실로 나타나는 이와 같은 이동현상은, 오늘은 이곳에 있지만 내일은 저곳으로 가야 하는 떠돌이 근성을 기르게 되고, 사회와의 유기적 관계를 잃음으로써 소외감, 열등감 등에 잠겨들게 한다.[18] 동경 유학으로 제국주의와 자본주의의 첨예한 실상을 엿본 그는 근대화와 더불어 식민화가 진행되면서 도시／농촌, 근대／전통이 양분화되고 조직적인 수탈에 직면해 있는 조국의 참담한 실상을 더욱 선명하게 자각하게 된다. 동경 유학을 중도에 포기하고 경성에서 몇 달 더 머물고는 낙향하여 줄곧 그곳에서 살았지만, 이미 식민화를 목격한 그에게 고향은 마냥 '내부의 느낌'으로 지속되지는 않는다.

---

17) 에드워드 렐프, 김덕현 외역, 앞의 책, 150면. 그는 장소감의 발달 가능성이 공간적 이동능력이 증가하고 장소의 상징적 성격이 약화되면서 훼손되어 왔다고 본다. 주로 서구에서의 근대화과정과 관련하여 도시화와 산업화를 장소상실의 원인으로 파악하는데, 근대화와 더불어 식민체험을 겪은 우리의 경우 장소상실의 원인은 훨씬 더 복잡해질 수밖에 없다.

18) 최하림, 「식민지시대 시인의 초상」, 『한국현대시문학대계 6－김소월』, 지식산업사, 1986, 266면.

나는 꿈꾸엇노라, 동무들과내가 가즈란히
벌싸의하로일을 다맛추고
夕陽에 마을로 도라오는꿈을,
즐거히, 꿈가운데.

그러나 집일흔 내몸이어,
바라건대는 우리에게 우리의보섭대일쌍이 잇섯드면!
이처럼 써도드랴, 아츰에점을손에
새라새롭은歎息을 어드면서.
　　　　　—「바라건대는 우리에게우리의보섭대일쌍이 잇섯더면」 부분

　자연 속에서의 자발적인 노동은 전통적인 사회에서 행복감의 원천이
되었던 삶의 방식이다. 그러나 식민지시대에 그것은 '꿈'에 불과함을 이
시는 여러 번 반복해서 확인하고 있다. '마을로 돌아오는 꿈'과 '집 잃
은 내 몸'의 대비는 시인의 꿈과 현실의 거리를 여실히 증명한다. '우리
의 보섭대일 땅'이 없다는 탄식은 식민 현실에 대한 인식을 우회적이지
만 명확하게 반영한다. 그는 건강한 노동의 욕망이 실현될 수 없는 문
제적 현실의 원인이 식민지 수탈이라는 외압에 있음을 간파하고 있다.
　「나무리벌 노래」에서는 식민지 토지 수탈의 실상이 보다 선명하게
그려진다. 이 시는 1924년 시인의 고향 인근인 황해도 재령군 나무리벌
에서 두 차례나 발생한 동척 소작민들의 소작쟁의에서 착안한 것이다.

新載寧에도 나무리벌
물도 많고
땅 좋은 곳
滿洲 奉天은 못살 곳

왜 왔느냐
왜 왔느냐

자곡자곡이 피땀이라
고향 산천이 어디메냐

黃海道
新載寧
나무리벌
두 몸이 김매며 살았지요

올벼 논에 다은 물은
출렁출렁
벼 자랐나
新載寧에도
나무리벌

─「나무리벌 노래」 전문

신재령의 나무리벌은 시에서 보여주듯 "물도 많고 땅 좋은 곳"으로 토질이 비옥하고 수리시설도 잘 갖춘 우리나라의 대표적인 곡창지대였다. '나무리벌'이라는 지명도 이곳 생활이 너무 풍족하여 '먹고 입고 쓰고도 남는다'는 의미에서 붙여진 것이라고 한다. 일제는 이곳에 동척 농장을 설치하고 쌀 생산량의 70%를 반출하였으며 수탈 정책을 더욱 강화해나갔다. 농민들의 반발이 거세지자 일본인들을 대량으로 이곳에 거주시켰고 땅을 뺏긴 우리 농민들은 만주나 봉천 등지로 유랑을 떠나야 했다. 1924년 동척의 이민정책에 반대하며 토지분배를 요구하는 우리 농민들의 격렬한 소작쟁의에 대응하여 일제는 무리한 이민을 제한하겠다는 성명서를 발표한다. 그러나 약속과 달리 일제는 1927년 재령군 북률면에 '소일본'을 건설하고 만다.[19] 이 시는 일제에 삶의 터전을 빼앗기고 유랑의 길을 떠나는 농민들의 억울한 사연을 그들의 처절한

---

19) 심선옥, 「소월, 정직한 절망의 힘과 언어」, 『실천문학』, 1999년 겨울, 111면 참조.

육성에 담고 있다. 전반부에서 묘사된 참담한 현실은 수탈 이전의 건강하고 행복한 노동의 장면을 그린 후반부의 풍경과 대조를 이루면서 장소 상실의 비극적 정황을 재현한다.

집과 땅을 빼앗긴 식민 체험은 극단적 장소 상실에 해당하며 인간으로서 최소한의 존엄성마저 박탈된 극한의 상실감을 가져 온다. 김소월의 시에는 집과 땅이라는 기본적인 삶의 요건이 상실된 피폐한 현실에 대한 예리한 자각이 깃들어 있다. 그가 체험한 장소 상실은 서구의 경우처럼 도시화와 산업화 등의 근대화 과정에서 기존의 삶의 터전이 변화하면서 생겨난 친밀감의 약화나 소외감의 발생과는 성격이 다르다. 그것은 외부로부터 가해진 폭력에 의한 것이며 삶의 기반이 와해되는 근본적인 결핍의 체험이다. 그는 집과 땅의 상실이 보편화된 식민지의 현실을 절대적인 실향의 상태로 파악했으며 거듭되는 절망과 방황의 정서로 그것을 드러내었다.

김소월의 시에서 '길'은 장소 상실로 인한 유랑의식과 고립감을 함축하는 대표적인 공간이다. 길은 안식처로서의 집과 고향을 잃은 자아가 외부와 만나는 경계에 해당한다. 그것은 마땅히 있어야 할 '나의 장소'에 속해 있다는 '내부적 느낌'에서 멀어진 자아가 보여주는 불안한 행로를 드러낸다. 그의 시에서 길은 아무런 목적지 없이, 지속적인 방황의 궤적을 보인다.

어제도하로밤
나그네집에
가마귀 가왁가왁 울며새엇소

오늘은
쏘멧十里
어듸로 갈짜.

山으로 올나갈까
들로 갈까
오라는곳이업서 나는 못가오

말마소 내집도
定州郭山
車가고 배가는곳이라오

여보소 공중에
저기러기
공중엔 길잇섯서 잘가는가?

여보소 공중에
저기러기
열十字복판에 내가 섯소

갈내갈내 갈닌길
길이라도
내게 바이갈길은 하나업소

—「길」 전문

   길은 정주하지 못하고 떠도는 유랑자들의 불안한 거소인 '나그네 집'이라 할 수 있다. '나그네 집'은 고정되어 있는 내부의 공간이 아니라 항상 유동적인 외부의 공간으로서 안정감과 행복감을 주는 '진정한 장소'와는 거리가 먼 불완전한 공간이다. 이 시에서는 '가왁가왁'하는 까마귀의 소리로 '길'의 불안감을 강조하고 있다. 불안하게 부유하는 화자의 처지는 "오늘은 / 또 몇 십리(十里) / 어디로 갈까", "산(山)으로 올라갈까 / 들로 갈까" 등 지향점 없는 번민과 갈등으로 여실하게 드러난다. "오라는 곳이 없어 나는 못가오"라는 고백을 통해 화자의 고립감은 더욱 강화된다. 최종의 거소가 되어 주어야 할 고향조차 그에게는 진정한 장소가 되지 못한다. "차 가고 배 가는 정주 곽산, 그가 나서 자란 곳에도 집과 일터가 모두 없어졌기 때문일 것이다. 식민지는 일할 곳도 없고 쉴 곳도 없는 감옥이다."[20] 식민지하에서는 어떤 예외도 있을 수 없는 철저한 장소 상실의 실상을 그는 냉정하게 파악하고 있다. 그의 시에서 인간사의 정처 없음은 자연의 정처 있음과 대조를 이루며 더욱 확연해진다. 이 시에서 기러기들이 찾아가는 공중의 길이나 「가는 길」에서 흐르는 물의 길은 마땅히 가야 할 곳을 향해 가는 자연의 길을 보여 준다. 그러나 집과 고향을 빼앗긴 인간의 삶은 '갈래갈래' 찢겨 돌아갈 길 없는 폐허에 직면해 있다. 김소월의 투철한 현실 인식이 드러내는 실향의식과 정처 없는 방황은 극단적 장소 상실을 경험해야 했던 식민지 시인의 비극적 장소애를 역설적으로 증명한다.

4. 지리적 능력과 진정한 장소

김소월은 장소와의 교감이나 장소 상실에 대한 예리한 자각으로 볼 때 지리적 능력이 뛰어난 시인이었다고 할 수 있다. 지리적 능력이란 특정 장소에 존재하는 개인이며, 동시에 광범위한 환경적·사회적 힘으로 이루어진 네트워크의 한 부분으로 존재하는 우리가 삶의 직접성을 깨닫는 능력을 말한다. 이런 관점에서 장소는 집이나 지역 이상의 것이며, 우리가 외부세계를 내다보는 거점이기도 하다.[21] 이때의 '직접성'은 관찰자가 특별한 매개 없이 직관에 의해 세계를 감수하는 능력이라 할

---

20) 김인환, 『상상력과 원근법』, 문학과지성사, 1993, 49면.
21) 에드워드 렐프, 김덕현 외역, 앞의 책, 7면.

수 있다. 지리적 능력이 뛰어난 관찰자는 특정 장소의 체험을 통해 그
것을 포함한 자신의 시대와 장소의 보편적 의미를 간파할 수 있다. 지
리적 능력에서 중요한 것은 자신의 시대와 장소를 전체적으로 통찰할
수 있는 직관과 열린 마음이다. 장소에 대한 참된 태도란 장소 정체성
의 전체적 복합성을 직접적이며 순수하게 경험하는 것으로 이해할 수
있다. 이러한 태도는 장소가 인간 의도의 산물이고, 인간 활동을 위한
의미로 가득한 환경이라는 사실을 충분히 인식하고, 장소에 대한 심오
하고 무의식적인 정체성을 지니는 데서 나오는 것이다. 무의식적인 경
험에서 얻어지는 참된 장소감은 장소에 대한 깊은 정신적 유대에 기인
한다. 진정한 장소감이란 개인과 공동체의 일원으로서 '나의 장소'에 속
해 있다는 느낌이다.22) 그러므로 정체감의 원천을 이루는 이 진정한 장
소감의 상실은 치명적인 정체성의 위기를 초래할 수 있다. 국토의 곳곳
에서 벌어지는 수탈과 실향의 참상을 목도하며 절망과 탄식을 금할 길
없었던 시인은 '님'과 이별하고 '집'으로 돌아갈 길 없는 암담한 상황으
로 자신의 시대를 규정한다. 그의 시가 당대의 보편정서와 탁월하게 부
합하는 것은 전체성에 대한 통찰에 기인한다. 직관과 감성에 호소하는
그의 시적 능력은 장소 상실이 극심했던 식민지의 부정적 현실을 투시
하는 지리적 능력과 상통하는 것이었다. 가장 근원적인 터전인 집과 고
향의 상실을 상징적으로 재현함으로써 그는 기본권이 박탈되었던 식민
통치의 과도한 폭력성을 환기시킨다. '근대'와 '문명'의 위용 아래 '전
통'과 '자연'이 일거에 식민화되는 과정을 목도하며 그는 전통과 자연
을 회복하는 길이 식민 상태에서 벗어나는 한 방법임을 각성하였다. 그
의 시에서 그려지는 '진정한 장소'는 건강한 노동이 이루어지고 있는
원초적인 대지와 평화롭고 자족적인 자연이다.

22) 위의 책, 148~150면 참조.

世界의곳튼 어듸? 慈愛의하눌은 넓게도덥혓는데,
우리두사람은 일하며, 사라잇섯서,
하눌과太陽을 바라보아라, 날마다날마다도,
새라새롭은歡喜를 지어내며, 늘 갓튼쌍우헤서.

—「밧고랑우헤서」 부분

이 시에서는 나와 님과 세계가 행복하게 융화되어 있는 '진정한 장소'를 그려 보이고 있다. '늘 같은 땅 위에서' 이루어지는 평화롭고 안정된 노동은 '새로운 환희'를 제공하는 삶의 동력이다. 이곳은 내가 노동의 주체로서 능동적으로 참여하는 '나의 장소'라 할 만하다. 이곳에서의 노동은 '생명(生命)의 향상(向上)'을 이루는 진정한 삶의 방식이다. 시인은 이처럼 소박하고 순수하기 그지없는 세계를 꿈꾸었다.

엄마야 누나야 江邊살쟈,
뜰에는 반짝이는 金모래빗,
뒷門박게는 갈닙의노래
엄마야 누나야 江邊살쟈.

—「엄마야 누나야」 전문

「엄마야 누나야」 역시 김소월 시에서 보기 드문 진정한 장소를 보여준다. 그의 진정한 장소에서 단순성과 소박함은 기본적인 요건인 듯하다. 지극히 단순하면서도 강력한 호소력을 발휘하는 이 시의 비결은 그것이 매우 보편적인 장소감과 맞닿아 있기 때문이다. 강변과 반짝이는 햇빛과 갈잎의 노래 등 조화롭고 자족적인 자연의 풍광은 거소의 욕망에서 기본적인 요건에 해당한다. 조화를 이룬 자연과 친밀한 가족 관계는 보편적인 행복감의 원천이다. 조금 더 심층적으로 접근해보자면 이 시는 '엄마'·'누나'·'자연' 등 모성적인 존재로 회귀하고자 하는 본원적인 욕망을 반영한다. 자연의 빛과 노래를 간직한 모성적인 율동의 공간은 잠재의식 속에 내재하는 태초의 장소에 대한 기억을 환기시킨다.
이 시는 오래 전의 기억과 만날 때 충족감으로 다가오는 장소의 신비화
경향과 관련이 있다.

　인문학적 지리학에서는 이러한 장소감을 퇴행적 충동으로 부정하기
보다는 인간 의식의 가치를 내포하는 의미 있는 유산으로 인정한다. 에
쿠멘(인간적 거처)의 윤리적 원리를 규명하고 있는 오귀스트 베르크는, 각
장소는 그 장소가 지니는 신비한 힘이 존중되는 가운데 관리되어야 하
며, 장소가 지니는 신비한 힘은 장소의 물리적 성질에 있는 것이 아니
며 비오토프(구체적인 지역과 생물군으로 성립된 생태계) 자체에 있는 것도 아
니고 인간 존재가 물리적 장소와 비오토프와 맺고 있는 에쿠멘적 관계
속에 있다고 본다.23) 장소의 신비한 힘을 인정하는 것은 인간의 주체성
을 존중하고 인간의 의식과 비인간의 관계를 윤리적으로 이끌어가게
한다. 즉 인간은 타자와 자연과의 관계 속에서 자신을 발견하게 되고
공존을 도모하게 되는 것이다. 타자와 맺는 윤리적 관계에 대한 자각
속에는 자신과 함께 타자에 대한 존중이 바탕을 이룬다. 진정한 장소는
나와 타자와 자연이 이루는 균형과 조화 속에서 실현될 수 있기 때문이
다. 따라서 진정한 장소의 추구는 식민 통치와 같은 폭력적 관계에 대
한 암묵적 부정이 될 수 있으며 오늘날과 같은 광범위한 자연 파괴에
대해서도 비판적 대안을 이룰 수 있다.

　　山에는 꽃픠네
　　꽃치픠네
　　갈 봄 녀름업시
　　꽃치픠네

　　山에

---

23) 오귀스탱 베르크, 김주경 역, 『대지에서 인간으로 산다는 것』, 미다스북스, 2001, 215면.

山에
피는꼿츤
저만치 혼자서 피여잇네

山에서우는 적은새요
꼿치죠와
山에서
사노라네

山에는 꼿지네
꼿치지네
갈 봄 녀름업시
꼿치지네

—「山有花」 전문

　「산유화」는 김소월의 시 중에서 가장 완전한 자연의 상태로 진정한 장소를 형상화하고 있다. 이 시 역시 단순한 구조와 반복적 리듬이 신비하고 자족적인 자연의 율동을 재현하고 있다. 이 시에서 산과 꽃과 새는 제각기 존재하며 또 절묘하게 조화를 이루며 공존한다. 이는 개별적 구성원들이 공동체적 관계를 형성하며 존재하는 자연의 본질적인 양태와 일치한다. 계절의 순환성을 암시하며 열고 닫히는 이 시의 전개는 자연의 시·공간을 함축적으로 재구성하고 있다. 산과 꽃은 불변성과 가변성을 동시에 내포하고 있는 자연의 속성을 대변한다. 산이라는 거대한 자연과 그곳에서 나고 죽는 꽃이라는 생명체는 전체와 부분이 유기적인 조화를 이루는 자연의 구도와 흡사하다. 이 시에서 산과 동등한 비중을 가지며 그곳에 생기와 구체적인 질감을 부여하는 꽃은 전체의 포괄성으로 인해 소실되지 않는 부분의 독존성을 증명한다. '작은 새' 역시 꽃과 짝을 이루며 자연을 구성하는 개체로서 내밀하고 조화로

운 공동체를 형성하고 있다. 산이라는 불변의 자연과 공존하는 이 작은
개체들은 진정한 장소를 이루는 공동체의 상호주체적인 삶의 양상을
보여준다.24) 자연 속에서 피고 지는 꽃과 나고 죽는 작은 새는 바로 그
생성과 소멸의 순환 작용을 통해 미래 주체의 장소로서 작용할 수 있게
된다. 「산유화」의 마지막 부분은 "갈 봄 여름 없이 / 꽃이 지네"로 끝나
는데, 이는 소멸에 이어지는 생성의 순환적 질서를 암시한다. 소멸은 미
래 주체의 장소가 되는 관계의 순환성에서 전제가 되는 요건이며 전체
와 부분, 무한과 유한의 유기적인 관련성을 보증하는 현상이다.

> 잔듸,
> 잔듸,
> 금잔듸,
> 深深山川에 붓는불은
> 가신님 무덤까엣 금잔듸.
> 봄이 왔네, 봄빗치 왔네.
> 버드나무씃테도실가지에.
> 봄빗치 왔네, 봄날이 왔네,
> 深深山川에도 금잔듸에.

—「金잔듸」 전문

이 시는 소멸이 생성의 동력이 되는 생명의 비의를 역동적으로 그려
낸다. 김소월 시에서 리듬은 생명의 환희가 드러날 때 유난히 동적이고
고조되는데 이 시의 경우도 예외는 아니다. '가신 님 무덤가의 금잔디'
가 '심심산천에 붙는 불'로 타오르는 순간 죽음이 삶으로 역전되는 성
스러운 장소가 실현된다. 이러한 새로운 탄생은 죽음을 통해 무화되고

---

24) "개인주체는 언젠가는 죽을 것이지만 공동체의 상호주체적인 삶은 그가 죽은 후에
도 계속된다. 그렇기 때문에 개인주체는 앞으로 오게 될 주체의 장소가 된다. 그는 자
신의 일과 자손들과 추억, 그리고 흙으로 돌아가는 자신의 육체에 의해서 미래 주체의
장소가 되는 것이다." 위의 책, 238면.

자신을 비워 물질이 되는 존재의 역전을 통해 가능해진다. 죽음을 통해 인간은 물질로 돌아가며 자연의 일부로서 미래 주체의 장소로 작용할 수 있게 된다. 자연의 일부로서 반복되는 생성의 운동에 참여함으로써 인간은 절대주의나 허무주의에서 벗어나 공동체로서의 윤리를 자각하고 실천하게 된다.

김소월의 지리적 능력은 그가 장소 상실의 실상을 통렬하게 파악하고 있었으며 진정한 장소를 이루기 위한 공동체적 관계를 직관하였다는 데서 증명된다. 그의 의식 속에는 누구보다도 순수하고 강렬한 진정한 장소에 대한 열망이 잠재되어 있었다. 그는 또한 '조선에 대한 희망'을 간직하기 힘든 절망적인 현실을 냉정하게 직시한 예리한 현실 인식의 소유자였다. 그의 시 대부분은 장소 상실의 비애가 압도적으로 나타나지만 몇 편의 예외적인 시들에서는 진정한 장소에 대한 근원적 애착을 확인할 수 있다. 그런 시들에서는 죽음을 초극하는 삶의 역동성과 환희가 그려진다. 이는 장소 상실의 절망감을 넘어서는 지극한 장소애의 발현이며 진정한 장소에 대한 간절한 염원의 투영이다.

5. 장소 회복의 욕망

인문지리학의 기본 입장과 핵심 개념들에 착안하여 김소월의 시에 나타나는 '장소'의 양상과 의미에 대하여 살펴보았다. 그 동안 공간의식의 측면에서만 거론되어 왔던 그의 시에 장소의 개념을 도입함으로써 장소에 대한 그의 각별한 애착과 선명한 현실 인식, 진정한 장소에 대한 강한 욕망을 확인할 수 있었다.

인문지리학에서 장소는 공간보다 훨씬 자아의 능동적 작용을 반영하는 것으로 규정된다. 김소월 시에서 장소는 정서의 배경으로만 고정되어 있지 않고 내밀한 심층의 정서와 직접적으로 호응하면서 감정의 이미지를 구현한다. 김소월 시에서 주된 정조를 이루는 님에 대한 화자의 간절한 그리움은 장소를 형성하는 가장 기본적인 '관계'의 긴밀함을 보여준다. 그의 시에서 님은 장소애의 구심점에 해당하며 진정한 장소에 해당하는 최후의 거소를 의미한다. 그의 장소애는 구체적인 지명에 보편적인 감정의 이미지를 부가하는 방식으로도 각별하다. 그는 지명의 특성과 그곳의 전설에 구체적인 정황과 풍부한 정감을 부여함으로써 그곳을 독특하게 장소화한다.

김소월의 시에서 장소애는 장소와의 행복한 일치감으로 나타나기보다는 장소의 상실로 인한 결핍감으로 드러나는 경우가 많다. 근대화와 더불어 진행된 식민화로 인해 전통사회가 급격하게 파괴되는 현실을 그는 선명하게 자각한 것으로 드러난다. 그는 건강한 노동의 욕망이 실현될 수 없는 식민지의 현실을 극단적인 장소 상실로 파악했다. 그의 시에 자주 나타나는 길은 장소 상실로 인한 유랑의식과 고립감을 반영한다. 그는 식민치하의 현실을 절대적인 실향과 폐허의 상태로 파악했고 정처 없는 방황으로 일관된 비극적 장소애로 그것을 보여주었다.

장소와의 교감이나 장소 상실에 대한 예리한 자각으로 볼 때 김소월은 지리적 능력이 뛰어난 시인이었던 것으로 보인다. 지리적 능력은 자신의 시대와 장소를 전체적으로 통찰하고 전체와 부분의 유기적 관계를 파악하는 능력이다. 그는 근대와 문명이 전통과 자연을 파괴하는 식민지 현실에서 전통과 자연을 회복하는 길이 그에 역행할 수 있는 방편임을 자각한다. 그는 소박하고 순수하기 그지없는 원초적인 집과 자족적인 자연을 진정한 장소로 추구함으로써 식민 통치의 폭력성에 대해 암묵적인 부정을 행한다. 진정한 장소는 전체와 부분, 무한과 유한이 유기적인 조화를 이루는 곳으로 평화롭게 공존할 수 있는 공동체의 윤리가 실현되는 곳이다. 그는 생성과 소멸을 반복하는 자연에서 진정한 장소의 이상을 발견했으며 죽음을 초극하는 삶의 가능성을 엿보았다.

　김소월이 보여주는 지리적 능력과 장소애는 그가 가장 비극적인 장소 상실에 해당되는 식민 현실을 예리하게 자각하고 진정한 장소에 대한 강렬한 열망을 지니고 있었음을 증명한다. 그는 집과 고향·자연 등 삶의 바탕을 이루는 장소들이 망실되는 심각한 장소 상실의 실상을 간파하고 전통과 터전의 회복을 절실하게 추구하였다. 향토지명에 대한 남다른 애착으로 그것에 감정의 이미지를 부여하고 진정한 장소를 이루는 삶의 원리를 추구하는 등 그는 탁월한 지리적 능력을 발휘한다. 수탈과 파괴에 대항하여 유기적 관계와 조화를 지향했던 그의 지리적 능력은 식민 침탈의 폐해가 극심했던 당대는 물론 자연의 훼손으로 진정한 장소가 축소되고 있는 오늘날에도 유효한 반성적 지침을 이룬다.

백석 시의 동심지향성

1. 시와 동심

어린아이와 같은 마음과 시선을 간직한 시인들은 좋은 시를 쓸 수 있는 긴요한 조건을 갖춘 셈이다. 그들에게 세상은 늘 새롭고 호기심이 가득한 미지의 상태이기 때문이다. 남들이 갖지 못한 독특한 시선으로 사물을 바라보고 묘사할 수 있는 능력은 좋은 시인에게 부여된 특별한 자질이라 할 수 있다. 그들의 투명한 시선과 열린 사유에 의해 세상은 끝없이 재창조된다.

백석의 시가 오랜 세월 동안 풍화되지 않고 거듭 새롭게 해석되는 것은, 당대적 맥락을 넘어서 보편적인 정서에 호소하는 바가 크기 때문인 것 같다. 특히 어린아이같이 꾸밈없고 진솔한 시선과 감각은 그의 시가 내포한 생명력의 원천이라 할 만하다. 실제 그의 많은 시들은 어린 화

자의 관점과 어조를 보인다. 순수하고 원초적인 동심의 세계에서 자신
이 추구해야할 문화의 진정한 출발점을 발견했기 때문이리라. 모더니즘
문학의 세례를 충분히 받았던 시인이 의도적으로 선택한 이러한 출발
은 당시 시단의 일반적인 경향과 상관없이 그의 시가 취하게 될 독자적
인 방향을 암시한다. 이러한 자신만의 세계를 지켜냈기에 그는 '외롭고
높고 쓸쓸한 시의 길'을 완성할 수 있었다. 시인에게 동심의 세계는 습
작기에 잠시 머무는 미숙한 표현의 상태가 아니라 시심의 근원을 이룬
다. 그것은 타락하고 편협한 현실에 맞서는 본원적인 가치를 표상한다.
극단적인 가치의 전복이 이루어졌던 혼란기에 그가 행한 저항은, 투명
하고 진솔한 동심이 그려내는 원초적 세계를 재현하는 것이었다. 그리
하여 가치가 전도된 현실이 원래의 자리에서 얼마나 멀어져 있는가를
깨닫게 한다. 이는 다른 이유로 여전히 근원에서 멀어져 있는 오늘날의
삶에도 그의 시가 계속해서 제기하는 문제이다.

　도심지향성은 백석 시를 관류하는 본성이지만, 여기서는 그것이 직접
적으로 표출되는 시들만을 대상으로 그 특성과 의미를 살펴보려 한다.
그의 시에서 동심이 표면에 나타나는 시들은 『사슴』 소재의 초기시와
해방 후 동화들이다. 『사슴』 소재 시들을 대상으로 유년화자나 토속적
인 세계를 해명한 연구는 상당수 있지만 해방 후 시들과의 연속성에 주
목한 경우는 찾기 힘들다. 그런데 근래 백석의 해방 이후 작품들이 공개
되면서 그의 문학을 전체적으로 고찰할 수 있는 요건이 마련되었다. 물
론 해방 이후의 작품들은 이전과는 다른 창작 배경과 의도를 갖고 제작
한 것이어서 이질적인 요소가 적지 않다. 그러나 한편으로는 이전 작품
들과의 관련성도 밀접하여 시인의 전모를 파악하는 데 있어 간과해서는
안 될 시사점을 보여준다.

　백석의 해방 이후 작품으로는 외국문학 번역집과 동화시집, 아동시
편들, 아동문학평론과 정론, 그리고 13편의 서정시가 있다. 이 중에서
작품성이 강하고 이전 문학과의 연관성이 두드러진 동화시집은 각별한

관심의 대상이 된다. 『집게네 네 형제』는 1957년 발간된 동화시집으로 해방 전 시들과 흡사하게 동화와 전설의 요소를 지니고 있다. 해방 전의 시에서 부분적으로 나타나던 동심의 세계가 『집게네 네 형제』에서는 더욱 본격적으로 그려져 있다. 『집게네 네 형제』는 다분히 의도적으로 기획된 시집이지만 백석 시의 동심지향적인 특성과 불가분한 관련을 갖는 것으로 보인다.

백석 시에 나타나는 유년 화자나 동화적 요소와 관련된 논의들은, 해방 전의 시와 관련해서는 이준관[1]·이경수[2]·최상[3] 등의 논문이 있고, 동화시집과 관련해서는 신기훈[4]·허영석[5]·이지은[6] 등의 논문이 있다. 이밖에 남기택[7]의 논문에서는 백석의 소설을 중심으로 동화적 상상력을 고찰하고 있다. 이상의 논문들은 백석 문학의 동화적인 특성을 분명하게 포착하고 있으나 어느 한 장르에 집중된 것이어서 전반적인 양상과 의미를 구명하는 데까지 이르지는 못하고 있다.

백석의 해방전 시와 동화시는 특히 친연성이 뚜렷하기 때문에 연속성상에서 고찰하는 것이 시세계의 전체적인 의미를 파악하는 데 긴요하리라 판단된다. 이 글에서는 해방 전의 시들과 동화시집 『집게네 네 형제』를 동등한 비중으로 고찰하고 그 연관성 속에서 백석 시의 특징과 의미를 밝히려 한다.

---

1) 이준관, 「한국 현대시의 동심의식 연구―신석정·장만영·백석의 시를 중심으로」, 고려대 교육대학원, 1989.
2) 이경수, 「백석시연구―화자 유형을 중심으로」, 고려대 석사논문, 1993.
3) 최상, 「한국 현대시에 투영된 유년기 체험의 시적 특질에 관한 연구―윤동주·정지용·백석을 중심으로」, 원광대 석사논문, 1995.
4) 신기훈, 「백석의 동화시 연구」, 『문학과언어』 20, 1998.5.
5) 허영석, 「백석 우화시 연구」, 동아대 석사논문, 1998.
6) 이지은, 「백석 동화시 집게네 네 형제 연구」, 서울여대 석사논문, 2001.
7) 남기택, 「백석과 아쿠타가와」, 『어문연구』 37, 2001.12.

2. 유년의 기억과 원초적 체험―해방 전 시의 경우

1) 유년의 화자와 과거의 복원

백석의 시에서 가장 뚜렷한 개성을 드러내는 시들은 유년의 화자가 등장하는 일련의 시들이다. 백석의 시에 나타나는 화자의 유형은 유년의 화자, 익명의 화자, 내성적 화자 등으로 나눌 수 있다.[8] 이 중에서 유년의 화자는 가장 의도적으로 창조된 화자로서, 시인의 의식과 태도를 극적으로 드러내 보인다. 백석의 시에서 유년의 화자는 상황을 주도적으로 이끌고 판단하고 느끼는 중심인물이다. '나'라고 명명되는 유년의 화자는 시인 자신의 어린 시절의 자아에 가까워서 체험의 실감을 생생하게 드러낸다. 어린 시절에 몰입된 '나'의 기억을 통해 과거는 '역사적 현재'[9]로서 복원된다.

> 내일같이명절날인밤은 부엌에 쩨듯하니 불이밝고 솥뚜껑이놀으며 구수한내음새 곰국이 무르끓고 방안에서는 일가집할머니가와서 마을의소문을펴며 조개송편에 달송편에 쥔두기송편에 떡을빚는곁에서 나는밤소 팟소 설탕든콩가루소를먹으며 설탕든콩가루소가가장맛있다고 생각한다
>
> ―「古夜」 부분[10]

명절을 앞두고 흥성거리는 분위기는 누구에게나 어린 시절의 기억 중에 각별히 인상 깊은 것이다. 백석의 시에서 명절날의 풍경에 대한 묘사가 빈번히 등장하는 것도 그 때문일 것이다. 이 시의 화자는 과거

---

8) 이경수, 앞의 논문, 9~10면.
9) 볼프강 카이저, 김윤섭 역, 『언어예술작품론』, 예림기획, 1999, 206~207면.
10) 백석, 『사슴』, 선광인쇄주식회사, 1936, 19면. 이후 『사슴』에 수록된 시의 인용은 이 책에 의거함.

를 회상하는 차원을 넘어서 과거를 현재화하고 있다. 이 시에서는 '내일이 명절날인 밤'이라는 과거의 한 순간이 눈앞의 현실처럼 펼쳐지고 있다. 명절 전날 풍경의 사실적 묘사는 다양한 감각적 표현에 의해 한층 실감을 자아낸다. 주목할 것은 화자의 역할이 단지 사실의 관찰에 그치는 것이 아니라 적극적으로 느끼고 행동하는 데까지 이르고 있다는 것이다. 이렇게 상황을 주도하는 화자의 존재로 인해 시인의 유년 체험은 현재적 시간으로 인식된다.

「나와 지렝이」같이 동시에 가까운 시는 백석이 얼마나 유년 화자의 시점에 충실했는가를 더욱 선명하게 보여준다. "내 지렝이는/커서 구렁이가 되었습니다/천년 동안만 밤마다 흙에 물을 주면 그 흙이 지렝이가 되었습니다/장마지면 비와 같이 하늘에서 나려왔습니다"11)라는 식의 서술은 유년 시절의 비현실적인 상상을 실감 있게 보여준다. 유년 화자의 시점을 취할 때 백석은 외부 시선의 개입이 배제된 완벽한 몰입을 통해 과거의 한 순간을 가감 없이 되살린다.

유년 화자의 역할 가운데 실감을 부여하는 또 다른 요소는 사실에 부합하는 어린아이다운 어조이다. 유년 화자의 어조가 전면에 드러나는 시들은 공통적으로 반복과 열거의 방식을 고수하는 것으로 나타난다. 어지럽고 숨가쁘게 이어지는 진술은 어린아이들이 첨삭 없이 보고 느낀 사실을 보고하는 어법과 흡사하다.

명절날나는 엄매아배따라 우리집개는 나를따라 진할머니 진할아버지가있는 큰집으로가면

얼굴에별자국이솜솜난 말수와같이눈도껌벅걸이는 하로에베한필을짠다는 벌하나건너집엔 복숭아나무가많은 新里고무 고무의딸李女 작은李女

---

11) 이동순 편, 『백석시전집』, 창작과비평사, 1987, 15면. 『사슴』에 수록되어 있지 않은 해방 전 시의 경우는 이 책을 인용함.

열여섯에 四十이넘은홀아비의 후처가된 포족족하니 성이잘나는 살빛이매감
탕같은 입술과젓꼭지는더깜안 예수쟁이마을가까이사는 土山고무 고무의딸承
女 아들承동이
  六十里라고해서 파랗게뵈이는山을넘어있다는 해변에서 과부가된 코끝이빩
안 언제나힌옷이정하든 말끝에설게 눈물이짤때가많은 큰곬고무 고무의딸洪女
아들洪동이작은洪동이
  배나무접을잘하는 주정을하면 토방돌을뽑는 오리치를잘놓는 먼섬에 반디젓
닭으려가기를좋아하는삼춘 삼춘엄매 사춘누이 사춘동생들

  이그득히들 할머니할아버지가있는 안간에들몽여서 방안에서는 새옷의내음
새가나고
  또 인절미 송구떡 콩가루차떡의내음새도나고 끼때의두부와 콩나물과 뽂운
잔디와고사리와 도야지비게는모두 선득선득하니 찬것들이다

  저녁술을놓은아이들은 외양간섶 밭마당에달린 배나무동산에서 쥐잡이를하
고 숨굴막질을하고 꼬리잡이를하고 가마타고시집가는노름 말타고장가가는노
름을하고 이렇게 밤이어둡도록 북적하니논다
  밤이깊어가는집안엔 엄매는엄매들끼리 아르간에서들웃고 이야기하고 아이
들은 아이들끼리 웋간한방을잡고 조아질하고 쌈방이굴리고 바리깨돌림하고
호박떼기하고 제비손이구손이하고 이렇게화디의사기방등에 심지를 몇번이나
독구고 홍게닭이몇번이나울어서 조름이오면 아릇목싸움 자리싸움을하며 히드
득거리다 잠이든다 그래서는 문창에 텅납새의그림자가치는아츰 시누이동세들
이 욱적하니 홍성거리는 부엌으론 샛문틈으로 장지문틈으로 무이징게국을끄
리는 맛있는내음새가 올라오도록잔다
—「여우난곬族」 전문

 이 시는 장형이지만 단지 네 개의 문장으로 구성되어 있다. 특히 첫
번째 문장은 세 개 연에 걸쳐 있으며 무려 293자에 이르는 긴 문장이다.
이 문장의 뼈대를 추려보면 "명절날 내가 큰집으로 가면 친척들이 모인
방안에서는 새옷과 떡냄새가 나고 온갖 음식이 있다"이다. 이런 기본

문형이 열거법과 많은 관형절에 의해 장형화된 것이다. 이 시의 유년 화자는 명절날과 관련된 모든 기억들을 빠짐없이 열거하고 있다. 기억의 소상한 기술은 과거의 시간을 생생하게 복원시킨다. 가령 첫 번째 연에서는 "명절날 내가 큰집으로 가면"이라는 단순한 사실을 "나는 엄매아배 따라 우리집 개는 나를 따라"하여 '엄매아배'를 따라나선 화자와 함께 '우리집 개'까지 줄지어 큰집을 향하는 풍경을 그림처럼 보여준다. 이런 식의 서술은 2연에서 더욱 극대화된다. 큰집에 모여 있는 친척들을 자세히 열거한 이 연에서는 개개 인물의 특징뿐 아니라 삶의 역정까지도 선명하게 드러내 보인다. 또한 한 인물의 묘사 끝에는 그 가족 구성원들을 모두 나열하여 끈끈한 혈연적 유대를 강조하고 있다. 이는 '여우난골족'이라는 제목과도 부합된다. '엄매아배'를 따라간 '나'를 비롯하여 모든 친척들이 할머니 할아버지가 있는 안간에 모여 있는 풍경은 강한 혈연적 유대와 결속감을 환기시킨다. 명절날 대가족이 모여 있는 떠들썩하고 풍성한 느낌에 더욱 실감을 부여하는 것은 각종 먹거리와 놀이의 상세한 나열이다. 백석 시에서 먹거리의 묘사가 각별함은 정평이 나 있지만, 다양하고 토속적인 음식의 복원뿐 아니라 그에 대한 화자의 감각적 반응은 원초적이고 건강한 삶의 실감을 효과적으로 전달한다. 먹거리의 묘사에 이어지는 각종 놀이와 풍속의 재현은 원형적인 삶의 행복감을 사실적으로 드러낸다.

이 시는 전체적으로 여우난골족의 가족 구성과 먹거리, 놀이를 재현한 것으로 토속적인 가족 공동체의 화해로운 삶을 보여주고 있다. 이 시에서는 유년 화자의 어조와 시선을 택함으로써 풍요롭고 자족적인 분위기를 한층 강조할 수 있었다. 철저히 유년 화자의 시선을 견지하며 묘사와 서술에 주력할 뿐 아무런 의미 부여를 하지 않음으로 해서 그 체험의 핍진함은 더욱 분명하게 직접적으로 전달된다. 유년 화자의 시선을 통해 자연스럽게 강조되는 먹거리와 놀이의 세계는 행복한 원체험의 중심을 이루며 보편적 공감을 일으킨다.

백석의 많은 시들이 이같이 유년 화자를 택하고 있으나 그렇다고 어린이를 대상으로 쓰여진 것은 아니다. 그보다는 성인 독자들을 유년 시절의 보편적이고 원형적인 삶 속으로 빠져들게 하여 잊고 있었던 과거의 시간을 되살게 한다. 어린아이의 두서없는 말투처럼 쉬지 않고 이어지는 시구는 친족공동체의 구구 절절한 사연을 엮어내는 서사적 기능을 수행할뿐더러 이들이 한데 어울려 생활하는 모습을 구체적으로 생생하게 드러낸다.12) 유년 화자의 어눌한 열거와 반복의 어법은 과거를 풍부하게, 생동감 있게 복원해 내는 기능을 한다.

2) 원형의 세계와 공동체 의식

백석의 시에서 유년의 화자를 통해 복원되는 세계는 어린 시절의 인상적인 체험을 반영하는 원형의 공간이다. 따라서 어렸을 적 기억에서 절대적인 비중을 차지하는 가족이나 친족, 혹은 마을 공동체의 삶이 중심을 이루게 된다. 유년 화자의 기억은 명절날이나 제삿날, 혹은 굿 같은 특별한 장면에 더욱 집중된다. 무상한 일상 가운데 각별하게 경험하는 풍속들을 화자는 사실적으로 재구하고 있다. 오랜 전통으로 이어온 이러한 풍속의 재현으로 사라져가던 원형의 삶은 눈앞의 현실처럼 새롭게 다가온다. 백석의 시에 자주 등장하는 재래의 풍속이나 무속의 묘사는 특히 원초적인 삶의 풍경을 선명하게 표출한다.

어스름저녁 국수당돌각담의 수무나무가지에 녀귀의탱을걸고 나물매 갖후어 놓고 비난수를하는 젊은새악시들
—— 잘먹고가라 서리서리물러가라 네소원풀었으니 다시침노말아라

---

12) 이혜원, 「백석 시의 신화적 의미」, 『현대시의 욕망과 이미지』, 시와시학사, 1998, 251면.

벌개늪역에서 바리깨를뚜드리는 쇠ㅅ소리가나면
누가눈을앓어서 부증이나서 찰거마리를 불으는것이다
마을에서는 피성한눈슭에 절인팔다리에 거마리를 붗인다

여우가 우는밤이면
잠없는 노친네들은일어나 팟을깔이며 방요를한다
여우가 주둥이를향하고 우는집에서는 다음날 으레히 흉사가있다는것은 얼
마나 무서운말인가

—「오금덩이라는곧」 전문

이 시에서 묘사되는 마을, '오금덩이라는 곳'은 주술이나 벽사의 전
통이 고스란히 살아 있는 원형적인 공간이다. 젊은 색시들이나 노인들
을 비롯한 이 마을의 모든 구성원들은 전근대적인 방식으로 살아간다.
젊은 색시들은 귀신을 쫓기 위해 굿을 하고 부증이 난 사람은 찰거머리
를 붙인다. 이 마을에서 비이성적인 속설이나 처방이 지배적이라는 사
실은 마지막 연에서 단적으로 드러난다. 여우가 주둥이를 향하고 우는
집에서는 흉사가 있다는 속설이나 그것을 믿고 예방하는 습속이 행해
질 만큼 이곳은 재래의 삶이 유지되고 있는 곳이다. 시인은 가치판단을
유보한 채 이런 삶의 현장을 충실히 재현할 뿐이다. 다만 유년 화자의
시점을 빌어 "얼마나 무서운 말인가"라고 감정을 표현함으로써 심정적
인 동조를 엿볼 수 있게 한다.
　백석은 전설이나 무속의 전통과 관련된 유년 화자의 강한 정서적 반
응을 통해서 속신이 강력하게 지배하는 원형의 삶을 실감나게 제시한다.

간밤엔 섬돌아래 승냥이가왔었다는이야기
어느메山곬에선간 곰이 아이를본다는이야기

나는 돌나물김치에 백설기를먹으며
녯말의구신집에있는듯이

가즈랑집할머니
내가날때 죽은누이도날때
무명필에 이름을써서 백지달어서 구신간시렁의 당즈깨에넣어 대감님께 수
영을들였다는 가즈랑집할머니
언제나병을앓을때면
신장님달련이라고하는 가즈랑집할머니
구신의딸이라고생각하면 슲버졌다
—「가즈랑집」 부분

날기명석을저간다는 닭보는할미를차굴린다는 땅아래 고래같은기와집에는언
제나 니차떡에 청밀에 은금보화가그득하다는 외발가진조마구 뒷山어늬메도
조마구네나라가있어서 오줌누러깨는재밤 머리맡의문살에대인유리창으로 조마
구군병의 새깜안대가리 새깜안눈알이들여다보는때 나는이불속에자즐어붙어
숨도쉬지못하다
—「古夜」 부분

나는 이 마을에 태어나기가 잘못이다
마을은 맨천 구신이 돼서
나는 무서워 오력을 펼 수 없다
자 방안에는 성주님
나는 성주님이 무서워 토방으로 나오면 토방에는 디운구신
나는 무서워 부엌으로 들어가면 부엌에는 부뜨막에 조앙님
(…중략…)
아아 말 마라 내 발뒤축에는 오나가나 묻어 다니는 달갈구신
마을은 온데간데 구신이 돼서 나는 아무데도 갈 수 없다
—「마을은 맨천 구신이 돼서」 부분

「가즈랑집」은 화자의 마을에 살던 가즈랑집 할머니와 관련된 기억을
그린 시이다. "가즈랑집은 고개 밑의 / 산넘어 마을서 도야지를 잃는 밤
즘생을 쫓는 깽제미 소리가 무서웁게 들려오는 집"에서처럼 이 집은 깊

은 두메에 자리잡고 있는 당집이다. "간밤엔 섬돌 아래 승냥이가 왔었다는 이야기 / 어느메 산골에선간 곰이 아이를 본다는 이야기"가 떠돌 정도로 원시적인 이 마을에서 가즈랑집 할머니가 대표하는 무속의 위력은 적지 않다. 이 시는 재래의 삶에서 무속이 생로병사의 중대사와 얼마나 밀접하게 관련되어 있는지를 유년 화자의 경험적 진술을 통해 보여주고 있다.

「고야(古夜)」의 배경 역시 깊은 산골이다. 산비탈 외딴집에 사는 '나'는 '아배'가 타관 가서 오지 않아 '엄매'와 단 둘이 "누가 죽이는 듯이 무서운 밤"을 지내고 있다. 화자의 무서움은 산골짜기에 산다는 "소를 잡아먹는 노나리꾼들"이나 "조마구네" 이야기를 떠올리며 더욱 증폭된다. 조마구 이야기에 무서워 떠는 어린 화자의 모습은 가상과 사실을 혼동하는 유년의 심리를 통해 전설과 밀착되어 있는 원형의 세계를 보여주고 있다.

「마을은 맨천 구신이 돼서」의 토속의 세계에서 뿌리깊은 애니미즘적인 사고와 그에 대한 정서적 반응을 유년 화자의 심리를 통해 흥미롭게 그려내고 있다. 이 시에서도 반복에 충실한 유년화자의 어조를 빌어 마을에 존재하는 많은 토속적인 신들—성주님, 디운(地運)귀신, 조앙(竈王)님, 데석(祭釋)님, 굴대(굴때)장군, 털능(鐵輪)귀신, 수문장, 연자당 귀신, 달 갈귀신—을 거론한다. 사물의 곳곳에 혼령이 존재한다는 이러한 애니미즘적인 사고는 잠재되어 있던 원형의 세계를 상기시킨다.

백석의 시에서 유년의 화자는 무속의 전통이나 전설에 매우 민감한 반응을 보인다. 무속신앙이 강하게 지배하는 원시적인 마을에서 유년의 화자는 무섭고 신비한 존재들을 선명하게 감식한다. 유년 화자의 순진무구한 감수성은 만물이 소통하며 살아가는 원형적 삶의 모습을 실감나게 복원한다. 어린아이의 지각 속에서는 나와 너, 사람과 자연, 생물과 무생물 사이의 차별성이 명백하지 않고 혼연일체를 이루는 경향이 있다. 유년 화자의 시선을 통해 시인은 인류 공동체를 넘어 만물이 공동체를 이루고 있는 근원적인 원형의 세계를 창조하고 있다. 이러한 원형의 세계에서 사람과 사람, 사람과 사물 또는 혼령은 동등하게 한 데 어울려 교감한다. 근대문명을 충분히 경험했던 시인이 이렇게 전근대적인 풍속의 재현에 열중한 것은 다분히 의도적이었던 것으로 보인다. 동등한 관계와 교감의 강조는 차이와 차별을 근본 원리로 하는 근대와 제국주의의 지배에 대한 부정의 방법일 수 있다. 백석의 시를 단순히 퇴행의 심리나 복고주의의 산물로 단정짓기 어려운 것은 그 때문이다. 시인의 목소리가 직접적으로 드러나는 많은 시에서 그는 현실적인 결핍감과 고뇌를 강하게 드러낸다. 유년 화자를 앞세운 시들은 이에 대한 반작용처럼 행복하고 충만한 원형의 공간을 재현한다. 백석의 창조적 에너지는 유년 화자가 등장하는 시에서 가장 적극적으로 발산되며 그가 간절하게 소망한 평화롭고 자족적인 세계를 재구해낸다. 백석의 시에서 유년의 화자는 세계와의 심각한 대립이나 갈등이 없이 즉각적인 감정이나 순간의 인상에 지배된다. 이 유년의 화자에게는 세계의 전부라고도 할 수 있는 원시적인 공동체의 삶은 차별 없이 모두가 어울려 살아가는 것이기 때문에 자족적이다. 이러한 세계에서 유년 화자는 즐거움이나 무서움 같은 원초적인 감정을 풍부하게 드러낸다. 이때 유년의 화자가 느끼는 무서움은 세계와의 대립이나 갈등에서 오는 거부감이 아니라 원활한 교감과 소통의 차원에서 비롯된 것이라는 사실을 주목할 필요가 있다. 애니미즘적인 원형의 공간에서 유년의 화자가 보여주는 감각적이고 즉물적인 반응은 만물이 공동체를 이루어 밀접하게 교감하는 충만하고 원초적인 세계를 증명하는 것이다. 유년 화자의 순수하고 감각적인 시선은 이성과 차별의 논리에 가려 망각되었던 행복하고 자족적인 세계에 대한 강렬한 향수를 불러일으킨다. 시인은 이성의 차원에서 배격되었던 속신과 전근대적인 삶을 동심의 순수한 감성을 통해 과감하게 복원함으로써 현재의 상실감에 대응했던 것이다.

3. 동화의 세계와 보편성의 구현—동화시의 경우

1) 사상성과 심미성의 조화

백석은 1948년 10월 『학풍』에 시 「남신의주 유동 박시봉방」을 발표하는 것을 끝으로 일체의 작품 활동을 중단하게 된다. 그의 활동이 다시 시작되는 것은 1957년 4월 동화시집 『집게네 네 형제』를 발표하면서부터이다. 그 사이 백석은 1947년 씨모노프의 『낮과 밤』, 1949년 이사곱스키의 시집과 솔로호프의 『고요한 돈강』, 그리고 1954년 다시 이사곱스키의 시집을 번역출간 하는 등 번역 작업에 주력하였다. 전후 사회주의 리얼리즘에 대한 교조주의적 이해와 창작실천에 따른 기록주의, 도식주의, 무갈등론의 만연으로 심각한 오류를 초래[13]했던 이북에서 창작 활동이 크게 위축되었던 그는, 1956년 제 2차 작가대회를 통해 도식주의 경향에 대한 반성과 비판이 시작되면서 적극적으로 새로운 방향을 모색하게 된다. 동화시집 『집게네 네 형제』는 이러한 노력의 산물이다. 백석은 북한 아동문학계의 주류와 달리 계급의식의 고양보다는 사물의 질서를 인식시키고 그 과정에서 휴머니즘을 고취시키는 작품을 창작하려 했다. 이러한 시도가 아동문학계 내부에서 논의를 일으켜 1957년 4월의 공개적인 토론회를 갖게 된다. 이 자리에서 백석은, 유년문학에서 사상성이란 계급의식적인 것만을 의미하지 않으며 높은 휴머니즘, 선과 악에 대한 정확한 의식, 아름다운 것에 대한 지향·낙천성·예절 등 이 모든 것을 포함한다고 주장하였다.[14] 백석이 주장한 사상성은 도식적이고 의식적인 차원을 넘어서는 포괄적인 가치관이었던 것이다.

---

13) 김도훈, 「전후문학의 도식주의 논쟁」, 『한국 전후문학의 형성과 전개』, 태학사, 1993, 81면.
14) 김재용 편, 『백석전집』, 실천문학사, 1997, 498~499면 참조.

『집게네 네 형제』는 아동문학, 나아가 문학 전반에 걸친 백석의 지론
이 창작으로 실천된 대표적인 산물이다. 이 책에서 그가 새롭게 시도한
'동화시'라는 장르는 글자 그대로 동화와 시의 중간 형태로 서정성과
서사성의 결합이 특징적이다. 서정과 서사를 아우르는 동화시의 구조는
백석의 해방 전 시들의 특성과도 상통하는 것이다. 백석은 동화시를 통
해 사상성과 예술성의 조화라는 자신의 문학적 이상을 실천하려 했으
며, 여러 평문을 통해 이를 역설하고 있다.

> 여기서 말하는 동화는 문학으로서의 동화인바, 즉 시정(詩情)과 철학적 일반
> 화를 동반한 동화이다. 시정으로 충일되지 못한 동화는 감동을 주지 못하며,
> 철학의 일반화가 결여된 동화는 심각한 인상을 남기지 못한다. 이러한 동화는
> 벌써 문학이 아니다. 동화에 있어서 시정이라 함은, 인간과 세계에 대한 감동
> 적 태도이며 철학의 일반화라 함은 곧 심각한 사상의 집약을 말하는 것이다.[15]

백석은 동화를 문학의 한 부분으로 생각했으며, 문학으로서의 요건으
로 '시정'과 '철학적 일반화'를 들었다. 시정은 문학의 감정적·정서적
요인으로, 철학적 일반화는 사상과 주제의식으로서 필요충분조건을 이
룬다는 것이다. 이러한 기본 전제하에 그는 시정을 고취시킬 수 있는 동
화 창작의 기본적 요소로 '언어'를 각별히 강조한다. 그리고 "소박하고
투명하고 명확하고 간소한 언어야말로 아동 독자들의 창조적 환상을 풍
부히 할 수 있으며, 그들에게 작품의 세계를 선명하게 인식시킬 수 있으
며, 사회의 도덕―윤리적 법칙을 옳게 가르칠 수 있는 것이다"[16]라고 하
여 시적 언어의 모범을 제시한다.

백석은 동화시에서 해방 전 시에서와 마찬가지로 소박하고 형상력이
강한 토착어를 사용했다. 그러나 해방 전의 시에서 보여주었던 유년 화

---

15) 백석, 「동화문학의 발전을 위하여」, 위의 책, 381~382면.
16) 위의 글, 400면.

자의 어조와 시점, 그리고 거칠고 긴 호흡 대신 간결하고 분명한 묘사와 서술의 방법을 적극적으로 시도한다. 이는 해방 전의 시들이 성인 청자를 대상으로 유년 화자의 시점을 보여주려 한 것에 비해 동화시는 아동 독자를 대상으로 전달의 효과를 높이려고 한 데서 비롯된 차이로 보인다.

아동 청자를 분명하게 의식한 동화시에서 두드러진 언어의 특징은 다양한 의성어나 의태어의 사용이다. 의성어나 의태어는 유년 화자가 등장하는 해방 전의 시에도 많이 나타나지만 동화시에서는 더욱 빈번하게 쓰이고 있다.

> 그리고는 두 눈깔
> 뚝 부릅뜨고
> 그 굳은 이빨
> 떡 벌리고
> 찌르륵 소리
> 높닿게 치며
> 오징어를 물려고
> 달려들었네.
>
> ─「오징어와 검복」 부분[17]

> 어둔 길에 무겁게
> 짐을 진 개구리,
> 디픽디픽 걷다가는
> 앞으로 쓰러지고
> 디픽디픽 걷다가는
> 뒤로 넘어졌네.
>
> ─「개구리네 한 솥밥」 부분

---

17) 동화시 『집게네 네 형제』의 시 인용은 김재용 편 『백석전집』에 의거함.

이때부터 톱새는
하루종일 톱질했네,
삐꿍삐꿍 톱질했네,
돛대감 노감을
자르노라고.

—「배꾼과 새 세 마리」 부분

백석의 동화시에는 셀 수 없이 많은 의성어와 의태어들이 나타난다. 이 중에는 특히 치경음이나 파찰음이 많아서 강하고 분명한 느낌을 드러낸다. 그는 또한 이미 익숙하게 알고 있는 의성어나 의태어뿐 아니라 상황과 특성에 어울리는 새로운 말들을 창조해서 다채로운 어감을 보여준다. 의성어나 의태어는 언어발달 과정에서 기초적인 단계에 놓이며 아동이 친근하게 받아들일 수 있는 감각적이고 원초적인 언어이다.[18] 백석의 동화시에서 의성어나 의태어는 이해를 용이하고 흥미롭게 할 뿐 아니라, 반복의 어법에 의해 흥겨운 리듬감을 형성한다. 동화시가 상당히 장형이면서도 서정성이 강한 것은 간결한 시행 구성과 반복 어법의 율동적 언어에서 오는 분명한 리듬감 때문이다.

아동문학과 관련해서 백석은 전달의 효과를 심각하게 의식했으며 어법과 소재 면에서 면밀하게 고려하였음이 확인된다. 백석은 아동 독자의 흥미를 고취시키기 위해 거의 모든 동화시를 동물담으로 구성하였다. 그는 동화문학이 동물의 속성을 통하여 아동들에게 흥미롭고 이해하기 쉽게 '고귀하고 다양한 윤리의 세계'를 보여줄 수 있다고 보고 적극적으로 그 가능성을 시도하였다. 그렇지만 동물을 등장시킨 많은 동화들이 도식주의에 빠져 천편일률적으로 권선징악을 표방하는 것에는 지극히 우려를 표명했다. "동화는 다른 문학 장르, 다른 예술 부문과 마

---

18) 유아어의 어휘에서 특징적인 것으로는 감탄어, 동작어, 상징어(의성어·의태어), 동물어, 음식물어 등이 있다. 김종훈, 『어린이말 연구』, 개문사, 1983, 25~29면 참조.

찬가지로 많은 아름다운 것을 말해 주어야 하며 많은 아름다운 것을 보여주어야 한다. 동물들의 각이한 개성, 각이한 생활 형태들에서는 버라이어티에 찬 행동의 세계, 윤리의 세계가 보여질 것이 아닌가. 그럼에도 불구하고 이것이 다만 한 가지 종류의 행동 목적, 한 가지 종류의 윤리의 수립에만 그치고 마는 것은 문학의 자살이라고 할 것이다"[19)]라는 주장에서도 알 수 있듯 백석은 개성적인 동물담을 통해 삶의 다양성과 보편성을 구명하고자 하였다. 그는 동화문학에 있어서도 '문학성'을 강하게 의식하였으며, 미적 성취와 보편적 가치의 구현을 그 요건으로 인식했다.

또한 도식적이고 편협한 접근 방법을 거부하고 다양성과 개성에 비중을 두었기 때문에 백석의 동화시에 나오는 동물담들은 그의 말처럼 '과학적인 박물학적인 동화'를 구현한다.

> 검복과 한편되어
> 검복을 도와주는
> 검복과 같은 원수―
> 농어와 도미와도
> 오징어는 싸우려고
> 먹물 물고 다닌다네.
>
> 뼈 없던 오징어께
> 뼈 하나가 생긴 것은
> 바로 그때 일.
>
> 그러나 빼앗긴 뼈
> 아직까지 다 못 찾아
> 오징어는 외뼈라네.

---

19) 백석, 앞의 글, 397면.

살결 곱던 검복이
얼룩덜룩해진 것은
바로 그때 일.

오징어가 토한 먹물
그 몸에 온통 묻어
씻어도 씻어도 얼룩덜룩.

—「오징어와 검복」 부분

임금의 주먹바람
어떻게나 셌던지
가재미의 왼눈 날아
바른쪽에 가 붙었네.
가재미는 얼빠진 듯
물밑 깊이 달아나
모래 파고 들어 박혀
숨어버렸네.

—「가재미와 넙치」 부분

그러나 고기들의
아름다운 마음!
가시 없던 준치에게
가시를 더 주려
달아나는 준치의
꼬리를 따르며
그 꼬리에 자꾸만
가시를 꽂았네,
그 꼬리에 자꾸만
가시를 꽂았네.

이때부터 준치는
가시 많은 고기,
꼬리에 더욱이
가시 많은 고기.

―「준치가시」 부분

　백석의 많은 동화시들은 이처럼 동물의 생태와 일치하는 서사로 구성되어 다양한 동물의 속성을 흥미롭게 인지할 수 있도록 하였다. 이러한 이야기 방식은 또한 전통적인 동물 유래담과도 흡사한 것이어서 전설과 민담의 구조에 익숙했던 시인의 창작 경향을 확인할 수 있게 한다. 백석은 동화시에서 서정적이고 심미적인 어법을 살리는 동시에 서사의 구조를 융통성 있게 적용하여 내용과 흥미를 고취시켰다. 서정과 서사의 긴밀한 결합은 해방 전의 시와 더불어 해방 후의 동화시까지 관통하는 백석의 주요 창작 원리이다.

2) 보편적 가치와 화해로운 세계의 구현

　백석의 동화시를 주제별로 나누어 보면 협동심을 고취한 시(「개구리네 한솥 밥」, 「나무 동무 일곱 동무」, 「배꾼과 새 세 마리」, 「준치가시」), 착취와 피착취의 관계를 그린 시(「쫓기달래」, 「오징어와 검복」, 「귀머거리 너구리」, 「산골총각」, 「가재미와 넙치」), 본성을 강조한 시(「집게네 네 형제」, 「어리석은 메기」, 「말똥굴이」) 등으로 대별된다. 전체적으로는 차별 없이, 본성에 의해 모두가 화해롭게 어울려 살아가는 세계를 지향하고 있는 것이다. 이는 공산주의적인 윤리와 일치하는 주제의식이며 더 근본적으로는 백석 자신의 지향점을 보여주는 것이라 할 수 있다. 소박하고 화해롭게 본성대로 살아가는 삶은 해방 전의 시에서 추구한 원형적인 삶의 모습과도 상통한다. 유년화자가 등장하는 해방 전의 시들이나 동물담이 주를 이루는 동화시들은 모두 근원적이고 보편적인 세계를 상정하고 있다.

백석의 시에서 이런 주제의식이 전혀 도식적인 느낌이 없이 표현되는 것은 풍부한 서사성을 담고 있기 때문이다. 그의 시는 특히 누구에게나 친근하고 흥미로운 옛날 이야기의 서술 방식을 적극적으로 도입하고 있어 강한 흡인력을 갖는다.

> 어느 바다가
> 물웅덩이에
> 깊지도 얕지도 않은
> 물웅덩이에
> 집게 네 형제가
> 살고 있었네.
>
> —「집게네 네 형제」 부분

> 옛날 어느 곳에
> 개구리 하나 살았네,
> 가난하나 마음 착한
> 개구리 하나 살았네.
>
> 하루는 이 개구리
> 쌀 한 말을 얻어 오려
> 벌 건너 형을 찾아
> 길을 나섰네.
>
> —「개구리네 한솥 밥」 부분

> 어느 산골에
> 늙은 어미와
> 총각 아들 하나
> 가난하게 살았네.

집 뒤 높은 산엔
땅속도 깊이
고래 같은 기와집에
백년 묵은 오소리가
살고 있었네.

—「산골총각」 부분

옛날도 옛날
바다나라에
사납고 심술궂은
임금 하나 살았네.

하루는 이 임금
가재미를 불렀네,

—「가재미와 넙치」 부분

이 세상 어느 곳에
새 한 마리 산다네.
재주 없고 게으른
새 한 마리 산다네.

—「말똥굴이」 부분

　동화시의 모든 도입부는 이런 식으로 막연한 시간과 공간의 한 지점에서 시작한다. 동화시의 등장물들은 몰개성적으로 개체의 특성을 대변하는 보편적인 성격을 갖는다. 그들의 역할은 개성을 발현하는 것이 아니라 정해진 성격에 의해 본성을 실천하는 것이다. 이는 인물의 개성이 중시되는 근대문학보다 보편성이 강하고 전형화된 전근대적인 문학의 특성과 유사하다. 시인은 차별성과 개성을 근간으로 하는 근대의 특성과 상반되게 몰개성적으로 본성에 충실하게 살아가는 자연스러운 삶을 그리고 있다. 이런 소박하고 범상한 등장물들을 통해 시인은 개성을 부각시키기보다는 개체와 개체 사이의 관계를 드러내려 한다. 그의 동화시에서 갈등이 가장 고조되는 부분은 본성이 억압되고 차별이 심화되는 상황이다. 반면에 가장 유쾌하고 화해로운 부분은 상부상조하는 장면의 묘사이다. 갈등이나 차별이 없는 화해로운 공동체는 백석이 일관되게 추구한 본원적인 삶이다. 해방 전 시에서 유년 화자가 등장하는 시들은 대부분 흥겹고 화합된 화해로운 삶의 현장을 다루었다. 전설이나 무속의 전통에 대한 두려움도 근원적인 정서와 관련된 것이고 한편으로는 범자연적인 교감의 상태를 드러내는 것이어서 근대적인 불안의식이나 긴장감과는 다른 것이다. 시인이 동심을 지향한 내면에는 세계와의 근본적인 불화나 갈등이 없는 행복한 원형의 공간을 복원하려는 의도가 담겨 있다.

동화시에서 백석은 전설이나 동물 유래담 같은 전통적 서사의 구조를 적극적으로 도입함으로써 초현실적이고 보편적인 시·공간을 창출하게 된다. 그는 전통 문학의 유산 속에서 찾을 수 있는 새로운 창조의 가능성을 분명하게 의식했다.

우리 아동문학에서 새로 계승되는 구전문학의 분야를 더욱 개척하자. 오랜 인민 창작에서 우리는 새로운 창조사업의 지반을 찾자. 우리 선대들이 남긴, 영원한 생명을 가진 인민적 문학 유산을 우리들이 새로운 정신에서 계승하여 새로운 문학을 낳음으로써 아동들에게 우리네 선대 인민들의 고귀한 지혜를 가르치며 우리 민족에 대한 긍지를 가지게 하자. 영원 불멸의 진리를 깨달음으로써 미래를 점치게 하자. 제 것을 낮추 여기며 제 것 아닌 것만을 좋다고 하는 그런 어리석은 사람들이 되지 않도록 우리 아동들을 교양하자.[20]

백석은 전통문학의 강한 생명력에서 새로운 창조의 동력을 발견하였

---

20) 위의 글, 401면.

다. 전통문학을 통해 '선대 인민들의 고귀한 지혜'와 '우리 민족에 대한 긍지'를 가질 수 있다고 생각했다. 오랫동안 이어져 온 유습을 낡고 비현실적인 것으로 치부해버리지 않고 미래를 개척해 갈 수 있는 불변의 보편적 가치로 받아들였다. 전통문학의 전승이 민족적 긍지라는 신념은, 해방 전 시들이 보여주는 전통적인 문학 양식이나 습속에 대한 긍정적이고 적극적인 수용의 자세를 통해서도 알 수 있듯, 지속적이고 확고한 것이었다. 이는 백석의 전통에 대한 인식이 결코 과거에 고착된 것이 아니라 미래를 향해 열려 있는 창조적 사유라는 증거가 된다.

백석은 동심의 특성을 빌어 현재의 상황에 크게 구애받지 않고 과거와 미래의 화해로운 연계가 가능한 이상적인 세계를 상상했다. 그의 동화시들은 전통적인 민담의 경우가 흔히 그러하듯이 갈등이 원활하게 해소되어 화해로운 결말에 이르게 되는 구조를 보여준다.21) 전통적으로 받아들여진 당위적 세계관을 수용하여 시공을 초월하는 보편적인 가치를 구현한 것이다. 날카로운 풍자보다는 가벼운 웃음을 유발하는 해학이 주를 이루는 것도 심각한 갈등보다는 화해로운 결말을 추구한 시의 구조와 상통한다.

현실의 실상과는 차이가 큰 이런 주제의식은 동물담이 주를 이루기 때문에 자연스럽고 흥미롭게 전개된다. 백석은 자연과 동물 등의 인격화가 동식물에 친숙한 아동들의 특성에 잘 맞는다고 주장하며 동물담을 적극 도입한다. 하지만 해방 전의 시들에서도 그는 동물들에 대해 각별히 친밀한 정서를 보여준 바 있다. 백석의 시는 친자연적이며 자연

---

21) 「오징어와 검복」에서 오징어는 욕심쟁이 검복에게 뼈를 빼앗겼다가 먹물을 토하면서 싸워 뼈 하나를 되찾는다. 「가재미와 넙치」에서 가재미와 넙치는 사납고 심술궂은 바다 나라 임금을 피해 물밑 모래판을 떠나지 않고, 바다나라는 임금이 없어져 복된 나라가 된다. 「산골총각」의 주인공은 가난하고 힘없는 사람들을 착취하는 오소리를 거꾸로 메쳐 죽게 하고 마을은 평안을 되찾는다. 이밖에도 「개구리네 한솥밥」, 「준치가시」, 「뱃군과 새 세 마리」 등에서는 상부상조하여 고난이나 고민을 해결한다는 주제를 담고 있으며, 대부분의 시에서 인과응보나 사필귀정의 친숙한 결말을 보여준다.

에 대한 깊은 이해를 바탕으로 하고 있다. 이는 편견 없이 자연에 접근하는 어린아이들의 시선과도 흡사한 것이다. 인간과 자연이 우열의 차별 없이 상호 공존하는 세계를 통해 시인은 갈등이 무화된 화해롭고 조화로운 만물 공동체를 추구한다. 자연과 인간세계의 생리가 다르지 않음을 보여줌으로써 자타를 가르고 우열을 나누는 차별적 세계관을 불식시킨다. 그는 동심에 가까운 근원적이고 무차별한 세계의 창조를 통해 차별과 대립의 갈등이 극대화된 근대적인 삶을 부정하였다. 근대에 저항하는 전근대, 약육강식의 논리와 상반되는 화해로운 공존, 혼탁한 어른의 세계와 대비되는 순수한 동심의 세계는 백석이 자신의 시대에 맞서기 위해 시도한 방법적 부정의 산물이다.

4. 원형의 지향과 현실에 대한 저항

백석의 해방 이전 시들과 해방 이후 동화시들을 중심으로 그 동심지향적인 특성과 그 의미를 밝혀 그의 시의식을 구명해 보았다. 특히 해방 이전 시와 이후 시들을 동일한 비중으로 다루면서 그 연관성을 살펴 백석의 시세계 전반을 포괄적으로 살펴보고자 했다. 해방 이전과 이후의 시에서 백석은 공통적으로 동심 친화적인 양상을 보여주는 일련의 시들을 발표한다. 해방전의 시들과 동화시는 창작 배경이나 기법, 주제면에서 동일하지는 않지만 상당히 친연성을 갖기 때문에 그 양상을 살펴보면 백석이 지속적으로 지향한 시세계를 추정할 수 있다.

백석의 해방 전 시에는 유년의 화자를 주인공으로 하는 시들이 많이 나타난다. 이 유년의 화자는 상황을 관찰하는 것 이상으로 적극적으로 체험하고 행동하기 때문에 과거의 기억을 현재화시키고 그것에 생동감을 부여한다. 열거와 반복의 요소가 강한 유년 화자의 특유의 어조 또한 과거의 기억들을 풍부하고 생동감 있게 복원한다. 유년 화자가 등장하는 시에서는 어린 시절의 기억 속에서 유난히 인상적인 재래의 풍속이나 무속의 묘사가 선명하게 묘사되면서 원형적인 삶의 모습이 실감나게 표출된다. 유년 화자의 원초적이고 순수한 감수성은 만물이 공동체를 이루고 충만하게 교감하고 소통하며 살아가는 자족적인 세계를 감각적으로 재현한다.

해방 이후의 동화시에서 백석은 사상성과 심미성이 조화를 이룬 모범적인 동화문학을 시도하였다. 그는 동화의 문학성을 분명하게 의식하였으며 언어 면에서의 섬세한 고려를 통해 이를 실현하고 있다. 소박하고 형상력이 강한 토착어, 다양한 의성어나 의태어, 간결한 시행 구성과 반복 어법의 율감 등을 통해 표현과 전달의 효과를 고취하였다. 그의 동화시는 또한 전통적인 동물 유래담의 서술 방식을 통해 다양한 동물의 생태를 흥미롭게 구성하였다. 백석이 동화시에서 보여준, 차별 없이 본성에 충실하게 화합하여 살아가는 동물들의 이야기는 해방 전의 시들에서부터 그가 일관되게 묘사해 온 화해로운 공동체적 삶을 구현하고 있다. 그는 오랫동안 이어져 온 문학과 삶의 전통 속에서 시공을 초월하는 보편적인 가치와 공동체적 이상을 추구하였다.

백석의 동심지향적 성격이 드러나는 시들은 해방 전과 후의 시간적 격차를 두면서도 지속적으로 창작되었고 뚜렷한 관련을 갖는 것으로 확인된다. 유년의 화자나 청자가 드러나는 시들을 백석의 경우처럼 지속하여 의도적으로 시도한 경우는 별로 많지 않다. 동시대의 시인 중 정지용과 윤동주도 동심을 지향한 시들을 남기고 있지만, 대부분 초기의 창작물로서 동시에서 시로 이행하는 과도기적 산물로서의 의미가 강하다. 이에 비해 백석의 시에서 동심지향성은 상당히 오랜 기간 동안 계속해서 나타나며 의식적으로 실현한 측면이 강하다.

동심지향적인 시에서 백석은 서정성과 서사성의 조화가 뛰어난 자신의 시적 개성을 십분 발휘하였다. 유년 화자의 어눌한 어법의 효과를 살리거나 유년의 청자를 대상으로 흥미로운 이야기를 구성하는 과정에서 그의 시는 풍부한 서사성을 획득한다. 이와 더불어 토착어나 전통 운율의 수용은 친숙한 서정적 공감의 바탕을 이룬다. 백석이 문학을 통해 추구한 사상성과 예술성의 조화는 서정과 서사의 특성을 유연하게 결합한 시에서 성과를 보여준다. 특히 구비 문학의 전통 속에서 풍부한 이야기성을 발견하고 적극적으로 수용한 과정은 전통의 재창조라는 측면에서 시사하는 바가 크다.

　백석 시의 동심지향성에서 오는 비현실적이고 폐쇄적인 속성은 문면 그대로 받아들일 때 "체념·수락의 수동적 세계관"22)이나 "유년기 자아로의 퇴행"23)으로 평가될 소지가 없지 않다. 그러나 문학이 현실을 표현하는 방식은 현실 그 자체를 그리는 것에만 한정되지는 않는다. 집요하게 지향하는 현실 저편의 세계는 현실에 대한 의식적인 부정의 방식일 수 있다. 일제 치하나 전후 북한 체제의 억압적인 분위기 속에서 백석은 비교적 자유로운 묘사가 가능한 동심의 세계를 빌어 현실과 다른 화해롭고 원활한 삶의 공간을 재구하였다. 물론 이 같은 시적 지향에는 백석 자신의 개성이 뚜렷하게 반영된다. 결벽증에 가까울 정도로 완벽을 추구하고 현실에 안주하지 못했던 시인은 문학적 허용 속에서 자족적인 원형의 세계를 복원하려 했다. 그는 차별과 우열이 없는 화해로운 공동체와 시공을 초월하는 보편적인 가치관을 지향했다. 그는 동심을 통해 재현할 수 있는 원형적이고 무차별한 세계의 창조를 통해 차별과 대립이 극대화된 현실의 논리에 저항하였다. 동심에 가까운 순수하고 무구한 정신의 힘이야말로 백석의 시가 갖는 보편적인 공감의 원천이라 할 수 있다.

---

22) 김윤식·김현, 『한국문학사』, 민음사, 1973, 217면.
23) 김영교, 「백석 시의 정신분석학적 연구」, 건국대 『교육논총』 2, 2001, 199~201면.

욕망의 원리와 무위자연의 도

최승호 시의 노장적 사유와 생태학적 의미

1. 노장의 자연관

최승호는 1977년 등단 이후 지금까지 지속적으로 창작 활동을 전개하면서 시세계를 심화시켜 온 시인이다. 그의 시는 형식면의 개성과 사유의 독창성으로 말미암아 많은 평자들의 주목을 받아왔다.

최승호의 시는 현실에 대한 치열한 문제의식과 함께 철학적이고 비판적인 사유를 행하고 있기 때문에 다양한 관점에서 연구의 대상이 되어 왔다. 그의 시에 대한 사상면의 심도 있는 해석은 주로 선(禪)이나 불교적 세계관과의 관련하에 논의되었다. 이영준·윤일규·이광호·고형진·정효구·박혜경·이미자 등이 이러한 접근을 행하고 있다.[1] 최승

---

1) 이영준, 「자기부정의 선과 시—김지하, 황지우, 최승호의 경우」, 『문학정신』, 1990.3;
윤일규, 「禪과 破邪顯正의 시학—최승호론」, 동국대 『동국사상』 23, 1990.12; 이광호,

호 시에 나타나는 부정의 정신과 역설의 언어가 선이나 불교적인 깨달음의 방식과 흡사하다는 데 착안한 논의가 대부분이다. 우리 시 연구에서 미약한 사상면의 접근이라는 점에서 중요한 선행 연구들이지만 사상과 어법 면에서 선이나 불교적 사유의 관련 양상을 보다 밀도 있게 연구하는 것은 앞으로 커다란 과제로 남아 있다. 최승호의 시는 또한 1990년대 이후 고조된 생태시에 대한 관심과 관련해서도 자주 거론이 되어 왔다. 장석주의 글을 필두로 하여 문선영·남진숙·도우희·장정렬 등에 의해 논의가 본격화되고 있다.[2] 최승호 시와 생태시의 관련을 살피기 위해서는 현상적인 측면의 분석에 머물러서는 안 되고 사상과의 긴밀한 관련을 살펴야 한다.

여기에서는 최승호 시의 생태학적 의미에 주목하여 그 특성과 의의를 밝히려 한다. 최승호 시에서 현실에 대한 문제의식이 각별한 효력과 지속성을 갖는 것은 깊이 있는 철학적 사유에 기반하고 있기 때문이다. 따라서 최승호 시가 갖는 생태학적 의미를 그의 정신적 배경과 관련지어 살펴보고자 한다. 최승호 시의 정신적 배경에 대해서는 앞에서 살펴본 바와 같이 선이나 불교적 사유와 관련시킨 논의가 대부분이다. 간혹 노장철학과의 관련성을 언급한 경우도 있으나 지극히 단편적으로 이루어지거나 불교사상과의 연속선상에서 함께 다루어지는 것이 보통이다. 이는 노장적 사유와 불교적 사유가 친연성이 강하고 불교적 사유가 워

「환멸의 시학―최승호와 유하의 경우」, 『현대시세계』, 1991.12; 고형진, 「현실적 삶의 질곡과 불교적 상상―황동규와 최승호의 불교적 상상력의 시에 대 하여」, 『문학정신』, 1992.2; 정효구, 「절대긍정의 둥근세계―최승호」, 『현대시학』, 1993.11; 박혜경, 「聖俗의 하나됨, 혹은 禪的 부정의 정신―최승호」, 『상처와 응시』, 문학과지성사, 1997; 이미자, 「최승호 시에 나타난 불교적 세계 인식」, 『불교어문논집』 4, 1999.12.

2) 장석주, 「환경과 시―환경 / 생태계의 죽음, 그 이후의 상상력」, 『현대시세계』, 1991.9; 문선영, 「생명사상과 절대긍정의 시학―최승호론」, 부산대 『인문논총』 48, 1996.6; 남진숙, 「한국 환경생태시 연구―이형기, 정현종, 이하석, 최승호 시를 중심으로」, 동국대 석사논문, 1998; 도우희, 「최승호 생태시의 불교적 생명관」, 동국대 석사논문, 2001; 장정렬, 「문명의 위기와 생태주의적 상상력―김광섭, 최승호의 시를 중심으로」, 『한남어문학』, 2000.1.

낙 포괄적인 특성을 지니기 때문에 변별성을 부각시킬 필요가 적다고 생각하기 때문인 것으로 보인다. 그러나 생태학적 측면에서 '자연'을 이 해하는 데 있어 노장적 사유는 한결 현실적이고 직접적인 관련을 보여 준다. 특히 최승호의 시 중에는 노장철학과 밀접하게 연관되는 시들이 다수 있어 그러한 측면의 접근이 요청된다. 여기에서는 문명 비판이 주를 이루는 가운데 자연과 본원의 세계에 대한 통찰을 행하는 최승호의 초기 시3)를 중심으로 노장적 사유와의 관련성과 생태학적 의미를 밝혀 보려 한다. 본격적인 논의에 앞서 노장철학과 생태학의 관련 양상을 간략하게 살펴 이해를 돕도록 한다.

　노장철학은 흔히 유가철학과 대비되어 비현실적이고 초월적인 경향을 보이는 것으로 인식되어 왔다. 특히 『노자』의 경우는 사변적이고 초월적인 특성 때문에 관념적이고 본체론적인 사유로 간주되었다. 그러나 중국 철학의 주류는 대개 인간세상의 절실한 문제에서 출발하여 최선의 해결책을 모색하는 과정에서 생성되었고 이는 『노자』의 경우도 예외가 아니다. 노자의 철학에 의해 자연의 생성과 창조의 과정에 대한 체계적인 해석이 성립하고 중국 철학에서 처음으로 합리적인 사유를 통해 구성된 형이상학적 우주론이 출현된 것은 사실이다. 그러나 노자 철학의 본래 동기와 목적은 우주론을 출현시키는 데 있었다기보다는 인생 문제의 절실한 요구를 보다 근본적으로 해결해 가는 과정에서 우주에 대한 근원적인 통찰에 이르게 된 것으로 보아야 한다. 그러므로 노자 철학의 우주론은 인생철학의 부산물이라 할 수 있다. 노자는 우주의 근원적인 곳에서 인생의 근원을 발견했을 뿐만 아니라, 그곳으로부터 인생과 우주의 근원이 상응하는 생존의 지혜를 터득하여 인생의 안전한 발판을 마련하려 했던 것이다.4) 그런데 현실 문제에 대한 노자의 처방은 급진

---

3) 여기에서는 『대설주의보』(민음사, 1983), 『고슴도치의 마을』(문학과지성사, 1985), 『진흙소를 타고』(민음사, 1987), 『세속도시의 즐거움』(세계사, 1990)까지를 최승호의 초기 시로 보고 이 네 권의 시집을 중심으로 논의를 전개하려 한다.

적인 것이어서 자연과 인위(人爲)를 극단적인 대립의 관계로 파악하였다. 노자는 당시 사회의 혼란이 천도(天道), 즉 자연의 길에서 벗어나 인도(人道), 곧 인위적인 길을 추구하는 데서 오는 부작용으로 보았다. 노자는 인간 세상에서 일어나는 불화의 근거를 인위적으로 조성된 욕망에 기인하는 것으로 보고 자연의 섭리로 돌아가는 것을 마땅한 해결책으로 제시했다.

장자는 노자보다도 더 인본주의적 성향을 강하게 드러낸다. 흔히 노자를 자연주의 철학자라 하고 공자를 인본주의 철학자라고 한다. 그러나 장자를 노자의 계승자라 하여 자연주의 철학자로만 간주하는 것은 잘못이다. 장자는 인간세를 부정해서 초월했다가 다시 인간세를 긍정하고 회귀한 철학자로서 유가와 도가 양면을 함께 갖춘 철학자라고 할 수 있다.5) 장자는 자신이 살았던 중국 전국시대 중기의 난세 속에서 세계와 인간에 대한 근원적인 질문을 통해 영원함을 추구하였다. 그러나 노자가 현실의 굴곡을 훌쩍 넘어서는 영원성을 추구한 것에 비해 장자는 현실의 변화 속에서 그 변화의 본질을 간파함으로써 더 큰 생명의 의의를 찾고자 하였다. 장자에게 숙명적인 삶의 환경인 대자연은 보편 생명의 교류의 장으로서 최대의 긍정과 미화의 대상이었다. 장자의 자연관은 현대의 생태주의와 관련해서 몇 가지 시사점을 보여준다. 첫째 공리적 자연관에 대한 비판, 둘째 모든 사물에는 도가 고루 존재한다는 점(생명의 자연적 변화와 그 연속성의 존재), 셋째 반차별성과 생명권 평등주의 주장, 넷째 인간의 자기 축소와 격하 등이다.6) 즉 장자의 자연관은 유용성과 공리주의에 집착하는 인간 중심의 사고에 대한 비판적 대안을 이룬다고 할 수 있다.

---

4) 김충열, 『노장철학강의』, 예문서원, 1995, 141면 참조.
5) 위의 책, 250면 참조.
6) 문덕수, 「에콜로지와 동양의 자연관—공맹의 인간중심론에서 '노장의 자연중심론'으로」, 『에코토피아를 향한 생명의 시학』, 시문학사, 2000, 163면.

　　이와 같이 노장철학은 결코 비현실적이거나 관념적인 사유가 아니라 지극히 현실적인 문제에서 출발하여 보다 근원적인 해결책을 모색하는 과정에서 생성된 것이다. 노장철학에서 말하는 자연 역시 현실과 동떨어진 세계가 아니라 바람직한 생존의 장으로서 제시되고 있음을 주목할 필요가 있다. 이는 최승호의 초기 시에 드러나는 문명과 자연의 극단적인 대립 양상을 이해하는 데 시사하는 바가 크다. 최승호 시의 출발은 문명의 폐해와 위기에 대한 치열한 비판정신에서 비롯된다. 그는 누구보다도 시대와 현실의 문제에 대한 적극적인 관심을 가지고 있었다. 그러나 그의 문제의식은 표피적이고 현상적인 차원에 머물지 않고 보다 근원적인 질문과 관련된다. 심각한 문명의 폐단을 관찰하는 데서 그치지 않고 삶의 본거지로서의 자연을 자각한다. 그는 자연을 문명과 함께 삶의 절실한 근거로 인식함으로써 삶에 대한 보다 근원적이고 포괄적인 통찰을 행하게 된다. 자연에 대한 이해를 통해 현실에 대한 그의 치밀한 관찰은 비판과 대안을 위한 거리를 확보하게 된다. 또한 현실의 관찰은 자연에 대한 의식이 사변으로 흐르지 않게 무게를 잡아준다. 현실에 대한 관찰과 자연에 대한 통찰 사이의 균형은 최승호의 초기 시에서 느껴지는 긴장감의 정체이기도 하다. 최승호의 시에서 문명과 자연의 이분법적 대립 양상은 노장철학에서의 인위와 자연의 대립과도 흡사하다. 이 글에서는 이러한 대립적 관계의 구도를 살려 먼저 문명 비판이 집중적으로 드러나는 시들을 살펴보고 다음에 자연에 대한 사색이 나타나는 시들을 통해 그 의미를 밝히려 한다.

2. 욕망의 속성과 제도의 문제

최승호의 시는 그 철학적 통찰의 시들은 차치하고서도 현실에 대한 치밀한 묘사와 날카로운 분석의 시들만으로도 괄목할 만한 성과를 이루고 있다. 흔히 '관찰의 시'로 명명되는 그의 시적 특성은 문명의 폐해를 드러내는 시에서 더욱 두드러진다. 이런 시에서 현실의 단면은 특유의 비판적 시각에 의해 정상적인 삶에서 벗어난 왜곡된 양상으로 투시되고 관찰의 정밀성으로 낱낱이 해부된다.

그의 시에서 도시문명이 보여주는 인상은 일단 '붐빔'의 양상으로 파악된다. 시 「붕붕거리는 풍경」은 도시문명의 상징적인 축도 속에서 욕망의 속성과 결말을 간파하고 있다. 이 시에서 현대문명의 상징인 자동차는 '바퀴달린 기계'로서 유용성과 공리주의를 극대화시킨 도구이다. 그런데 자동차의 속력처럼 급격하게 진행된 문명은 통제력을 잃고 인간의 삶을 압도하기 시작했다. 자동차의 횡포 앞에서 "인간이 쥐처럼 벌벌 떤다 / 불어나고 우글쩍거리고 / 충돌하며", 문명의 이기였던 자동차는 어느새 '인간의 피를 먹는 기계'가 되어 버린 것이다. 그러나 문명에 대한 인류의 통제력은 한계에 도달했다. "붕붕거리는 소리를 쫓아 뒤질세라 떼지어 붕붕거리며 / 중고차시장으로 폐차장으로 / 고철을 향하여 질주하는 욕망의 바퀴들이다"에서 고철을 향해 질주하는 바퀴들처럼 욕망은 이미 통제력을 상실하고 파국을 향해 치닫는다.

최승호의 시는 이런 식으로 도시문명의 속성과 문제점을 함축적으로 제시한다. '바퀴달린 기계들이 질주하는 아스팔트'는 기계화된 현대도시의 조감도에 해당한다. 현대문명의 메카니즘을 상징하는 '바퀴'는 '십자가에 못 박힌 예수처럼 / 퉁겨져나올 수 없는 바퀴들'(「바퀴」)에서처럼 자신이 선택한 문명에 종속되는 인간의 처지와 상관성을 갖는다. 인간은 지적 욕망의 산물인 문명을 통해 거대한 메카니즘의 회로를 창출하여 오늘에 이르렀으나 이제는 자신이 설계한 기계의 조직에 얽혀 부품화하는 위험에 처해 있다. 이처럼 인간의 통제범위를 벗어나 자체적인 동력으로 불어나는 기계문명의 위력에 대한 불안의식은 최승호의 시 도처에서 발견된다.

「낙지」에서는 인간이 주체성을 잃고 낙지처럼 흐느적거리는 도시에 위압적으로 '솟아오르는 기계(機械)들의 바벨탑'을 전경화시켜, 가공할 괴력으로 멸망을 향해 전진하는 문명의 위기를 예언한다. 인간을 둘러싼 기계문명의 와류 속에서 시인은 죽음의 이미지를 떠올리고 불안해한다. 가령 상승중인 엘리베이터에 대해서도, "올라가도 거대한 수렁 속으로 빠져드는 듯 / 함몰과 큰 추락의 공포에 나는 떨고 있었다"(「엘리베이터 속의 파리」)는 심리를 통해 기계화의 진행에 대한 비판적인 시각을 보인다. 문명의 급속한 발전의 추이는 표면적으로 인류의 번영과 안위를 보장하는 듯하지만 이면적으로는 영구한 파멸을 재촉한다는 인식에 닿아 있기 때문이다.

노장철학에서 가득참을 경계하는 이유는 차면 넘치는 만물의 이치처럼 욕망이 과하면 반드시 파멸에 이른다는 통찰에서 기인한다. 그러나 인류의 역사는 무(無)에서 유(有)의 방향으로, 제어되지 않는 욕망에 의해 움직여 왔다. 노자는 이미 수천 년 전에 문명과 욕망의 위험성을 경고하였다. 사심과 욕망을 줄여야 사회가 안정된다는 생각은 노자 도덕률의 기본을 이룬다. 노자가 지혜를 포기하고 영리함을 버릴 것을 주장한 이유는 문화와 도덕의 가치를 무시했기 때문이라기보다는 절제와 조화의 미덕을 강조하기 위함이다. "고요함은 조급함을 누르고, 찬 것은 더운 것을 이긴다. 청정(淸淨)해야 천하가 바르게 된다"[7])에서는 과속과 과열로 치닫는 문명의 위험성과 바람직한 견제의 방향을 제시하고 있다.

그러나 인류문명의 전개는 조급하고 과열된 상태로 치달아 극도로

---

7) 『老子』「大成若缺章」第四十五, "静勝躁, 寒勝熱, 清淨爲天下正".

왜곡된 상태에 있다. 기계문명의 발달은 "그런데 저 기계 속의 노예는 누구더라"(「기계(機械)」)에서처럼 공포를 유발할 정도이다. 인간의 노동을 덜기 위해 개발된 기계는 더 이상 '재롱이나 떨고 노예처럼 봉사하다 죽는' 만만한 도구가 아니라 위협적인 힘을 과시하면서 인간을 자신의 메카니즘 속으로 끌어들이는 주체적인 위치를 확립한 것이다. 반면에 인간은 기계문명의 위력 앞에서 점점 왜소해지고 피동화되는 현상을 보인다.

> 자라나는 빌딩들의
> 네모난 유리 속에 갇혀
> 네모나는 인간의 네모난 사고 방식, 그들은
> 네모난 관 속에 누워서야 비로소
> 네모를 이해하리라
>
> ──우리들은 네모 속에 던져지는 주사위였지
> 주사위를 던지는 사람이 아니었다고
>
> ——「네모를 향하여」 부분

　유기체가 성장하듯 자생적으로 자라나는 문명의 틀에서 인간은 자율적인 사고능력을 상실하고 기계적으로 습속을 따른다. 이 시에서는 빌딩의 네모진 유리창을 닮아 고정되고 규칙화된 일상의 규범에 길들여진 현대도시인의 속성을 거론하고 있다. 또 다른 시 「자동판매기」에서는 오렌지 주스를 마시려다 커피가 나오는 버튼을 누른 경험으로부터 '습관의 무서움'에 대한 예리한 자각을 보여주기도 한다. 현대의 도시는 정신의 자동화 기제를 발달시켜 왔다. 이런 식으로 최승호의 시에서는 인간이 더 이상 환경을 극복 개선하는 주인이 아니라 보이지 않는 문명의 힘에 의해 결정되는 대상에 불과하다는 자조적인 감정을 자주 발견할 수 있다.

시인은 자신을 둘러싼 환경에 대한 끊임없는 관찰과 비판적 인식을 통해 현실에 대한 근본적인 반성을 행한다. 주로 묘사의 수법에 의존하는 그의 시작 방법은 흉물스럽고 추한 사물의 소묘로 그로테스크한 이미지를 축조해내는 남다른 개성과 함께, 그것이 병적으로 뒤틀리거나 왜곡되지 않은 상태에서 리얼리티를 확보한다는 점에서 건강성을 획득하고 있는 것으로 보인다. 그의 실험의식은 타락한 현실의 파편적인 인상을 치밀하게 묘사해 내면서 그것이 바로 우리 삶의 단면이라는 사실을 끊임없이 일깨워내는 식으로 전개된다.

그런데 이처럼 인간을 수동화시키고 유기적인 삶을 파괴하는 현대문명의 상황은 어디에서 유래하는 것인가? 이러한 의문에 대한 시인의 대답은 매우 분명하다. 그것은 '욕망'이라는 이름의 자기 파괴적인 증식욕구 때문이다. 시 「떠내려가는 사람」에는 '권력에의 의지와 명예욕과 부르조아지에의 꿈'이 욕망의 격류 속으로 현대인들을 떼밀고 있으며, '우글쩍거리는 쓰레기 정도'에 불과한 욕망을 거머잡으려는 무지(無知)의 몸짓은 여전히 반복된다는 인식이 나타난다.

욕망의 원리를 보다 깊숙이 추적해 들어가면서 시인은 욕망의 기저에 현대사회의 불균등성이 내재하고 있다는 인식에 도달한다.

> 반이 깎여나간 산의 반쪽엔
> 키 작은 나무들만 남아 있었다
>
> 부르도자가 남은 산의 반쪽을 뭉개려고
> 무쇠턱을 들고 다가가고
> 돌과 흙더미를 옮기는 인부들도 보였다
>
> 그때 푸른 잔디 아름다운 숲 속에선
> 평화롭게 골프 치는 사람들
> 그들은 골프공을 움직이는 힘으로도

거뜬하게 산을 옮기고
해안선을 움직여 지도를 바꿔놓는다
산골짜기 마을을 한꺼번에 인공호수로 덮어 버리는

그들을 뭐라고 불러야 좋을까
누군가의 작은 실수로
엄청난 초능력을 얻게 된 그들을
—「부르도자 부르조아」 전문

부르도자나 부르조아의 유사성을 적절한 어희(語戲) 구사와 함께 재치 있게 이끌어내고 있는 시이다. 시의 전반부에서는 자연을 변형 또는 파괴하는 엄청난 힘이 가시적인 형태로 제시된다. 가공할 만한 위력으로 산을 뭉개버리는 중장비 부르도자와 인간의 노동력이 그것이다. 그러나 그러한 힘의 근본적인 정체는 바로 그 옆, 인공적으로 다듬어놓은 초원에서 한가롭게 골프를 즐기는 부르조아들에게서 연원한다는 통찰이 곧 뒤따르게 된다. 자본주의사회에서 초능력에 가까운 권능을 부여받은 그들은 골프 공을 가볍게 움직이는 식으로 "산을 옮기고 해안선을 움직여" 지도를 바꿔 놓기도 한다. 자연을 변화시키는 신의 직능을 자본주의사회의 부르조아들은 누리고 있는 것이다. 사회는 그들의 통제권 안에 놓여 있으며 대형화 조직화되어 가는 그들의 위력 앞에 수동적으로 운영되고 있을 뿐이다.

이러한 인식으로부터 자본주의사회에서 개인의 행복은 결국 그 제도가 갖고 있는 한계를 공유할 수밖에 없다는 판단이 유추된다. 「바퀴벌레 일가(一家)」에서는 소비자의 욕망을 반복적으로 충족·소비시켜 주는 자동판매기에 자본주의 체제를 비유하면서 그 안에서 영위하는 인간의 삶이 자동판매기 속의 음식찌끼와 온기에 의지하여 살아가는 바퀴벌레의 생존 방식과 별로 다를 바 없음을 지적한다.

노자는 인간세상의 제도적인 장치가 대형화되는 것을 극도로 경계하였다. 자기 조정 능력이 있어 늘 평화롭고 조화로운 자연과는 달리, 인위적인 제도는 자연에 역행하여 모든 질서를 파괴하기 때문이다. 노자가 볼 때 인위적인 제도의 통제 방식은 강제력에 기반하여 점점 더 복잡하고 차별적인 새로운 문제를 발생시킬 뿐이다. 이런 제도하에 통치자와 피통치자의 차별은 더욱 강화되고 피통치자는 통치자들의 권력을 유지시키는 도구로 전락해버리게 된다. 노자가 "현명한 사람을 존중하지 않으면, 백성들은 무익한 경쟁을 벌이지 않을 것이다"8)라고 한 것은 인위적인 제도와 계급을 발생시킨 권력욕을 부정하기 위함이다. 노자는 또한 "얻기 어려운 물건을 귀하게 여기지 않으면, 백성들은 그것을 가지려고 도적질을 하지 않을 것이다"9)라고 하여 물질적 욕망의 폐해에 대해서도 경계를 마지않았다. 그런데 물질로 인한 병폐 역시 국가와 제도의 대형화 집중화에 따른 문제라는 점에서 최소한의 국가를 이상적으로 생각한 노자의 주장은 일관성을 갖는다. 노자가 인간 삶을 왜곡시키는 권력이나 물질의 욕망을 경계했을 때 그 욕망은 선천적인 것이 아니라 인위적이고 상대적인 차이에서 발생한 것이다. 이렇게 인위적으로 조성된 욕망은 본래의 자연스러운 삶을 왜곡하고 삶의 조화를 붕괴시키게 된다.

다음의 시는 물질만능의 세계에서 극단적으로 왜곡되고 변질되는 삶의 양상을 비유하고 있다.

뚱뚱한 쥐가 더욱 뚱뚱해지고
뚱뚱한 쥐가 뚱뚱한 쥐새끼들에게
너희들도 뚱뚱해져야 한다고 자꾸 쳐먹인다
뚱뚱한 쥐눈에는 뚱뚱한 쥐의 행복만 보이니까
싸워서라도 뚱뚱해져야 한다고 뚱뚱한 쥐들이

---

8) 『老子』「不尙賢章」第三, "不尙賢, 使民不爭".
9) 『老子』「不尙賢章」第三, "不貴難得之貨, 使民不爲盜".

서로 잡아먹으며 뚱뚱해지고 놀라웁게 뚱뚱해지고
이만하면 투실투실하게 남 보기에도 뚱뚱한데
또 뚱뚱해져야겠다고 잡아먹고 잡아먹어서 얼씨구
이러다간 큰 쥐 한 마리 내지 뚱뚱한 쥐가족만 살아남겠네
―「부패의 힘」 전문

오로지 뚱뚱해지는 것을 목적으로 삼는 어리석은 쥐의 욕망은 물욕의 절대목표를 향해 질주하는 배금주의적 사고와 다를 바 없다. 시인은 이와 같은 물질에 대한 욕망이 약육강식의 혹독한 생존양식을 낳고 멸종의 위기를 자초하게 된다는 비극적 결론을 유추해내고 있다.

물욕이 빚는 어리석은 결과는 공해 문제를 다루는 많은 시에서 보다 충격적으로 제시된다.

무뇌아를 낳고 보니 산모는
몸 안에 공장지대가 들어선 느낌이다.
젖을 짜면 흘러내리는 허연 폐수와
아이 배꼽에 매달린 비닐끈들.
저 굴뚝들과 나는 간통한 게 분명해!
자궁 속에 고무인형 키워온 듯
무뇌아를 낳고 산모는
머릿속에 뇌가 있는지 의심스러워
정수리 털들을 하루종일 뽑아댄다.
―「공장지대」 전문

분별력 없이 가속화된 물질문명은 각종 공해 문제를 야기하고 결국 인류의 생존을 위협하는 단계에까지 이르고 있다. 무뇌아를 낳은 산모가 공장지대를 연상시키면서, 생명의 원천인 젖과 탯줄이 폐수와 비닐끈이라는 피폐한 무생물적 이미지로 환치된다. 게다가 '간통'이 주는 어감은 도덕적으로 타락한 불순한 인간 관계를 함축적으로 드러내고 있

다. 무뇌아를 낳고 머리털을 뽑아내고 있는 치매 상태의 산모는 물질문
명의 위험 수위와 타락상을 대표한다. 제어장치를 상실한 고도성장의
결말은 이처럼 비극적인 것으로 제시된다. 그러나 인간의 끊임없는 욕
망은 그 종착점에 대한 일말의 회의도 없이 무서운 관성으로 질주하고
있다. 욕망의 끝은 무엇일까? 물질문명의 인상과 위태로운 현실의 사실
적 소묘에 열중하던 시인이 잠시 현실에서 눈 돌리면서 던지는 근본적
인 의문은 이런 것이다.

> 헬機가 날아 다니는 이 여름날 나는
> 소음과 먼지 들끓는 햇빛의 기둥 속에
> 욕망의 신전을 생각한다
>
> 말이 없다 나의 신전은
> 信託을 따르던 司祭들이 죽은 텅빈 寂寥이다 기둥뿐이다
> 텅빔만이 들끓듯이 붐빈다
>
> —「텅빔과 붐빔」 부분

　　소음과 먼지가 들끓는 욕망의 도시에서 시인은 욕망의 장구한 역사
와 그 쓸쓸한 유적을 떠올린다. 욕망으로 점철된 인류의 역사는 화려했
던 욕망의 신전과 전설로 전해질 뿐 텅빈 적요로 남아 있다. 한때 욕망
으로 들끓던 신전에는 "텅빔만이 들끓듯이 붐빈다". '한때 붐빔의 다시
텅빔'이라는 욕망의 변증법을 통해 시인은 무한한 욕망의 유한한 한계
를 적절히 지적하고 있다. 이 욕망의 변증법에 의하면, 고대 희랍의 산
정에 우뚝 솟았던 파르테논 신전이 지금은 몇 개의 기둥들을 그 형해로
드러내고 있는 형국으로, 오늘의 도시를 가득 채우는 소음과 먼지의 향
연은 언젠가는 어둠에 싸여 땅 위에 스러지는 햇빛의 기둥처럼 흔적도
없이 사라지리라는 예측이 가능해진다. 욕망의 끝 간 데는 텅빈 공허이
며 완벽한 없음의 세계인 것이다.

"자기를 비우라[虛己]",10) "쓸모 있음과 쓸모 없음 사이에 처하라[處夫材不材之間]"11)는 장자의 처세술은 욕망의 공허한 결말에 대한 통찰을 담고 있다. '사이[間]'란 곧 '비움[虛]'을 뜻하는 것이다. 이 '사이[間]'의 감각을 잃어버린 인류는 늘 파멸의 길을 향했음을 역사는 증언한다. 장자가 제시한 '비움'의 지혜는 가득 차면 비워지고 비어 있는 가운데 움직이는 만유의 법칙에서 끌어낸 생존의 방식이다.

가득참의 극단이 텅빔이라는 반성적 성찰을 통해 시인은 욕망의 허실을 역설하는 반면 다른 차원의 가치에 대한 끊임없는 탐색을 보여준다. 붐빔에서 텅빔을 예상하는 동시에 텅빔에서 붐빔을 직관하는 상상력의 역동성은 그의 시에 남다른 사색의 깊이를 부가한다.

3. 무위무욕(無爲無慾)의 삶과 자연의 도(道)

최승호의 초기 시는 크게 두 가지 성향으로 구별되는데, 앞에서 살핀 바와 같이 도시문명의 폐해를 비판적 안목으로 묘사한 시들이 주류를 이루는 가운데 현실과 격해 있는 자연 상태의 조화롭고 유기적인 삶의 장면을 포착한 시들이 공존한다. 이 두 가지 성향의 시들은 독자적인 시적 개성을 획득하는 동시에 긴밀한 연관 관계를 통해 최승호의 시세계를 확대 심화시키는 호존성을 갖는다.

현실의 삶과 차별되는 자연 상태를 그린 시에서도 시인 특유의 예리

---

10) 『莊子』第二十「山木」, "만약 사람이 자기 마음을 비게 하여 세상을 살아간다면 누가 그를 해칠 수 있겠는가[人能虛己以遊世, 其孰能害之]."
11) 『莊子』第二十「山木」, "나는 유능과 무능 사이에 몸을 두겠다[周將處夫材與不材之間]."

한 관찰력이 돋보이지만 그 시선과 어조는 한결 온화하고 유연하다. 이런 시에서는 현대의 도시문명이 잃어버린 자연에 대한 동경과 희망이 깃들어 있다. 그렇지만 그는 자연의 품안에 편안하게 안주하지 못하고 현실과의 긴장 관계를 항상 의식한다. 현실에 대해서 그러했던 것처럼 자연에 대해서도 거리를 두고 몰입하지 못하는 데에는 시인 특유의 엄격함과 정직성이 작용하는 것으로 보인다. 현실에 대한 비판과 부정이 자연으로의 초월적 안주로 직결될 수는 없다는 판단 때문이다.

최승호의 초기 시에는 세 가지 층위의 자연이 존재한다. 현실적 삶의 공간으로서의 자연과, 현실과 대조적인 휴식의 공간으로서의 자연, 그리고 자족적인 생명의 장으로서의 자연이 그것이다.

현실적 삶의 공간으로서의 자연은 시인이 거주했던 강원도 영월이나 사북 지역의 체험을 반영하고 있다. 삶의 공간으로서의 자연은 "사람이 하늘보다 / 어질게 느껴지는 때가 있다 // 원두막에서 비를 피하던 / 농부들을 벼락이 때리는 순간이다"(「사람이 하늘보다」)나 "많은 눈 내리면 / 백색의 감옥으로 변해 버리던 / 영곡(靈谷)"(「영곡(靈谷)에서」)에서처럼 위압적인 힘을 내포한다. 삶의 공간으로서의 자연은 도시와 마찬가지로 존재를 압박하는 거대한 힘으로서 인식된다. 자연의 아름다움 역시 창조력을 무화시킬 만큼 압도적인 것이어서 시인에게는 두려움의 대상이 되고 만다. 결국 그는 지나치게 아름답고 높고 쓸쓸한 자연을 뒤로하고 세속도시 속으로 스스로 뛰어든다.

거리두기가 가능한 위치에서 시인의 관찰력과 통찰력은 최고도로 발휘된다. 그의 시에서 자연이 긍정적 의미를 갖고 비판적 대안으로서의 효력을 발휘하는 것은 도시문명과 대비될 때이다. 도시의 삶 쪽에서 바라보는 자연은 소풍이나 휴가 때 느끼는 짧은 안식의 순간과 흡사하다.

멋장이 나비들이 날아다니는
화사한 봄날 아이들이

山을 넘어 너울너울 소풍을 간다
새장에 갇혀
九官鳥처럼 말을 배우던 아이들이
九九法을 외우고 道德을 익히던
아이들이 모처럼 즐거워서
너울너울 山을 넘어 소풍을 간다
王 없는 숲의 궁전에서
敎科書에 없는 보물을 찾으려고
딱딱한 의자 위에
딱딱하게 앉아 있던 아이들이
운동장에 苗木처럼 줄을 서던 아이들이
일년에 한 번 있는
봄소풍이 좋아 너울너울
소풍을 간다

―「소풍」 전문

　현실과 대조적인 공간으로서의 자연은 이 시에서의 소풍과 같다. 이 시에서 아이들의 일상과 소풍날의 대조적인 모습은 인위적인 삶과 자연스러운 삶의 차이에 대응되는 것이다. 일상의 속박에서 풀려난 아이들의 상태는 '너울너울'이라는 가볍고 자유로운 동작으로 거듭 강조된다. 아이들의 일상을 붙들어 두었던 '말'이나 '구구법'·'교과서'·'조회' 등은 모두 개개인을 사회제도의 도구로 만드는 데 필요한 항목들이다. 제도의 틀에 맞춰지기 위해 "딱딱한 의자 위에 / 딱딱하게 앉아 있던 아이들"에게 봄소풍은 휴식과 자유의 참맛을 보는 순간이다.

　아이들조차 제도와 규율에 속박되어 있는 현실에서 어른들의 삶이 처한 황폐한 실상은 더 말할 필요가 없을 것이다. 어른들의 휴식을 그린 시 「매운탕」에서 일상으로부터의 탈출은 더욱 절박한 것으로 그려진다. "관광버스를 타고 신나게 도망쳐 와서 / 풍덩 / 강물에 몸을 던지는 피서객들"에서처럼 여름 한철의 피서는 일상에서 '도망쳐' 잠시 자연의 품에 몸을 던지는 행사이다. "강 건너 골짜기의 / 풍경의 아름다움에 숨통이 트이고"에서처럼 자연은 일상의 억압에서 벗어나 '숨통'을 트이게 하는 공간이다. 그러나 "다만 / 이러한 평화가 모처럼의 짧은 휴전(休戰)이라면 / 숨통이 막히는 긴 날들은……"에 나타나듯 도시에서의 삶이란 '숨통이 막히는 긴 날들'이랄 수밖에 없다. 잠깐의 피서가 '짧은 휴전(休戰)'이라면 숨통이 막힐 정도로 생존을 압박하는 도시의 일상은 '전쟁' 상태라 할 수 있다. 전쟁과 다를 바 없는 흉흉한 일상 속에서 즐겁고 평화로운 휴식의 순간은 비현실적인 장면처럼 느껴진다.

일상 저편의 자연은 "서로 아무런 해도 끼치지 않고 / 만나면 하나가 되는 물의 나라가 멀리서 / 반짝거린다 그리운 시냇가 / 의심하면 사라지는 나라, 마음의 나라"(「그리운 시냇가」)에서 그리고 있는 '마음의 나라'에 가깝다. 인위적인 제도 속에서 경쟁과 차별의 원칙에 의해 움직여온 인간 세상은 자연에 내재하는 조화와 융합의 이치에서 너무 멀어져버렸다. 그러한 자연의 세계는 그리움의 대상으로 마음의 나라에나 존재할 정도로 현실적 삶과는 거리가 있다. 시인이 자연에서 느끼는 '그리움'은 본래 가지고 있던 것을 잃어버린 데서 오는 안타까움의 표현이다. 「잃어버린 말오줌나무의 시(詩)」에 나타나는 놓치고 싶지 않은 소중한 기억에 대한 안타까움도 이와 유사하다. "잃어버린 부분들이 못내 아쉽고 / 서운하기만 한 새벽에 / 나는 키 큰 말오줌나무의 시(詩)를 되뇌인다 / 지워져 가는 꿈 같은 생(生)에 / 이따금씩 빛깔을 드러내는 흔적처럼"(「잃어버린 말오줌나무의 시(詩)」)에서 아름다운 시구(詩句) 하나는 '꿈 같은 생(生)'을 빛내는 소중한 가치이다. 전쟁 같고 꿈 같은 나날의 삶에서 아스라한 자연의 기억이 갖는 의미 또한 마찬가지일 것이다.

본래 삶의 터전이었던 자연이 마음의 나라로서만 존재하고 사라져가는 이유는 제도와 규율에 얽매이고 욕망과 경쟁의 체계에서 벗어나지 못하기 때문이다. 정신의 자유자재한 경지를 그린 『장자』의 「소요유」편에서는 "지인(至人)은 자기가 없고, 신인(神人)은 공적이 없으며, 성인(聖

人)은 이름이 없다"12)고 한다. '자기가 없다'함은 자신의 견해를 편벽 되게 고집하지 않는다는 것이고 '공적이 없다'는 것은 무위(無爲)함을 뜻한다. 또한 '명예가 없다'는 것은 명성이나 지위를 얻는 데 연연하지 않는다는 것이다. 결국 무위무욕하는 삶이어야 자유자재한 정신에 도달할 수 있다는 말이다. 그러나 현실의 삶은 이와는 정반대로 욕망과 권력과 차별의 동력에 의해 움직여왔다. 욕망에 사로잡혀 자연에서 멀어지고 제도에 억압되어 온 것이 문명의 역사이다.

최승호의 시 「활」에는 '욕심'과 '무욕'의 대비가 흥미롭게 제시된다. "욕심은 화살을 마구 떨게 한다 / 활꾼 중의 으뜸은 / 무욕(無慾)의 활꾼, / 활꾼 중의 강자는 / 자신을 과녁으로 세우는 자"에서 무욕은 욕심이 도달할 수 없는 높은 경지를 보여준다. 여기에서 '자신을 과녁으로 세우는 자'란 '자기를 잊는 자'와 같이 욕망에 무심한 자이다. 이 시는 더 나아가 자유자재한 소요의 경지를 그리고 있다.

> 벌판의 바람 속을 날아가는
> 빨간 잠자리,
> 세차게 날아가는 화살떼 속에서도
> 평화롭다
>
> 너는 우주 안을 마음대로 활개치며
> 몸 전체로 날아다니는 활이구나
>
> —「활」 부분

자기를 잊고 자연의 흐름에 몸을 맡긴 잠자리는 무위무욕의 상태에서 자유롭게 날아다닌다. 평화롭게 우주 안을 활개치며 날아다니는 잠자리는 소요유(逍遙遊)의 경지를 연상시킨다. 잠자리가 평화롭게 생명을 구가할 수 있는 것은 욕망과 속박으로부터 자유롭기 때문이다. 최승호

---

12) 『莊子』第一「逍遙遊」, "至人無己, 神人無功, 聖人無名".

시에서 동물의 이미지는 종종 인간의 생태에 대한 비유가 되지만 이처럼 자연의 표상으로 나타날 때가 있다.

또 다른 시 「반야왕거미」에는 욕망에 얽매인 인간과는 달리 욕망을 조절할 줄 아는 거미 왕이 등장한다. "제가 친 그물에는 절대로 걸리지 않는 / 자유자재한 왕 / 걸려 있는 것은 찐득한 인간들이다"에서는 자신이 만든 제도 속에 스스로 속박되어 버린 인간에 대한 비판과 조롱이 담겨 있다. "엉겨붙어 신음하며 허우적거리는 / 불쌍한 인간들을 보며 / 반야왕거미는 말한다 / 세계에 붙지만 말고 세계를 타라 / 이것이 비밀이다"에서의 확신에 찬 경구는 욕망의 그물에 걸려 허우적대는 인간들에게 반야왕거미가 건네는 충고이다. 반야왕거미가 자유자재한 삶을 누릴 수 있는 것은 세계에 '붙기'보다는 세계를 '타기' 때문이다. 세계를 탈 수 있기 위해서는 거리를 둘 수 있는 여유가 필요하고 그러한 여유는 무위무욕의 경지에서 오는 것이다.

최승호 시에서 노장적 사유가 가장 선명하게 드러나는 시들은 자족적인 생명의 공간으로서의 자연을 그린 시들이다. 「공터」는 그 중에서도 노장적 자연관을 가장 함축적으로 구현하고 있는 시이다.

아마 무너뜨릴 수 없는 고요가
공터를 지배하는 왕일 것이다
빈 듯하면서도 공터는
늘 무엇인가로 가득차 있다
공터에 자는 바람, 붐비는 바람,
때때로 바람은
솜털에 싸인 풀씨들을 던져
공터에 꽃을 피운다
그들의 늙고 시듦에
공터는 말이 없다
있는 흙을 베풀어 주고

그들이 지나가는 것을 무심히 바라볼 뿐.
밝은 날
공터를 지나가는 도마뱀
스쳐가는 새가 발자국을 남긴다 해도
그렇게 오래 가지는 않을 것이다
하늘의 빗방울에 자리를 바꾸는 모래들,
공터는 흔적을 지우고 있다
아마 흔적을 남기지 않는 고요가
공터를 지배하는 왕일 것이다

—「공터」 전문

　이 시는 일차적으로 공터에서 일어나는 여러 가지 현상들에 대한 섬세한 관찰의 시로 볼 수 있다. 이 시에서의 담담하고 치밀한 시선은 고요하고 작은 공간에서 자연의 변화와 생성의 순간들을 생생하게 포착해 낸다. 그런데 이 시는 다른 한편으로 우주의 생성과 질서에 대한 노장적 관점의 축도로서 읽힐 수 있다. 이 시에서 계속 강조하고 있는 공터의 '고요함'은 '도'의 근원적인 속성과 상통한다. "노자는 우주의 본원인 도는 고요히 머물러 있지만, 도가 발생시킨 만물은 끊임없이 운동한다고 본다. 왜냐하면 도가 비록 만물을 생육하지만 만물을 주재하는 것은 아니기 때문이다. 만물은 자연적인 생장에 따를 뿐이다. 따라서 결코 운동이나 작위함 없이 영원히 자신의 허정(虛靜)한 상태를 유지한다. 이것이 바로 도의 미묘한 덕성이다. 그러나 만물은 도와 달리 언제나 운동 속에서 존재한다."13) 도는 움직이지 않는 듯 고요히 존재하지만 이는 도가 아무것도 행하는 것이 없다는 뜻이 아니라 작위함이 없이 만물의 운행을 담당한다는 뜻이다. 도가 만물을 생산하면서도, 아무 활동도 하지 않는 듯 존재하는 것이 곧 '무위(無爲)'의 경지이다. "도는 언제나 아무 활동도 하는 바가 없지만 또한 안 하는 바가 없다"14)라는 노자

---

13) 許抗生, 노승현 역, 『노자철학과 도교』, 예문서원, 1995, 45면.

의 말은 인위적인 작용과는 달리 무리가 따르지 않고 유연하게 작동하는 자연의 운행 방식을 의미한다. 「공터」는 욕망으로 가득 찬 불건강한 정신을 정화시키는 생명력 있는 시이다. 시인은 욕망이 지배하는 현대적 삶의 황폐함에 대한 반성으로 공터가 이루고 있는 자연스럽고 유기적인 삶의 공간을 제시하고 있다. 이 시에서 도(道)·공(空)·허(虛)·무(無) 등 노장철학 특유의 개념들은 현상에 대한 사실적 묘사와 함께 자연스러운 비유로서 드러난다.15)

또 다른 시 「공터의 꽃」에서도 공터는 시의 배경이자 자연에 대한 은유로서 작용하고 있다. "내것 아니어도 좋은 꽃들이 / 또 제것 아닌 달빛 두르고 / 피어 있는 달밤, / 공터가 큰 거울 되어 향기 흘리며 움직이다"에서 만물은 '소유'가 아닌 '존재'로서 작용하고 있다. 여기서 '큰 거울' 같은 공터의 역할은 세계를 비추는 '도'의 본성과 유사하다. 이 시에서의 공터 역시 현실과는 대척점에 있는 자족적이고 유기적인 삶의 공간이다.

자연의 도가 생명의 근원이 되는 것은 그것이 끊임없이 처음의 자리로 돌아가려는 속성을 가지고 있기 때문이다. "근본으로 돌아가는 것이 도의 움직임이요, 유약함이 도의 작용이다"16)라고 할 때 '유약함'이란 '부드러움'이라는 의미에 가깝다. 자연의 도는 부드럽고 고요한 가운데 만물을 생성하고 치유한다. 「몸의 신비, 혹은 사랑」에서 몸의 작용은 자연의 본성과 흡사한 것으로 그려진다.

> 벌어진 손의 상처를
> 몸이 자연스럽게 꿰매고 있다.
> 금실도 금바늘도 안 보이지만

---

14) 『老子』「道常無爲章」第三十七, "道常無爲, 而無不爲".
15) 이혜원, 「해석의 폭과 깊이—최승호 시 「공터」를 중심으로」(『현대시 깊이읽기』, 월인, 2002)에서 시 「공터」와 노장철학과의 관련을 상세하게 풀어놓았다.
16) 『老子』「反者道之動章」第四十, "反者道之動, 弱者道之用".

상처를 밤낮없이 튼튼하게 꿰매고 있는

이 몸의 신비,

혹은 사랑.

—「몸의 신비, 혹은 사랑」부분

벌어진 손의 상처를 몸이 스스로 꿰매는 것은 자연적인 현상이다. 여기에는 본래의 자리로 돌아가려는 자연의 속성이 작용하고 있다. "금실도 금바늘도 안 보이지만 / 상처를 밤낮없이 튼튼하게 꿰매고 있는 몸"이야말로 무위의 도를 실천하는 자연의 신비와 다르지 않다.

인류는 이 자연의 신비와 사랑에 의해 생명을 영위해 왔다. 그러나 인류는 자연이 베풀 수 있는 포용의 능력을 넘어서는 과도한 욕망으로 생존의 위기를 초래하고 있다. 유용성과 편의주의가 자연의 치유능력을 압도하며 파멸을 재촉하고 있다. 일찍이 장자는 유용성과 생명력이 대립의 관계에 있다는 사실을 간파하였다. "장자(莊子)의 나라의 꾸불꾸불하고 / 밑둥이 텅 빈 가죽나무는 거대한 가죽나무 / 그 병신 가죽나무는 베이지 않고 / 오래도록 신인(神人)처럼 거대하게 자랐다 한다"(「벌목(伐木)」)는 시도 장자의 이야기를 전거로 삼고 있다.[17] '쓸모'가 파멸을 부르고 '무용지물'이 천세를 누린다는 사실은 현대적 삶의 생존 방식에 시사하는 바가 크다. 같은 시의 "장자(莊子)가 잘 읽히는 시대일수록 / 나쁜 시대라는 생각이 든다"는 구절에서 의미하는 바도 이와 같다. 난세를 헤쳐나갈 비판적 대안으로서 제시되었던 노장철학은 위기에 처한 오늘날의 삶에서 새롭게 수용될 수 있는 여지가 많다.

제도와 욕망에 대한 경계뿐 아니라 자연의 본성에 대한 심오한 통찰

---

17) "언젠가 장자가 산중을 지나다가 큰 나무를 보았는데 가지와 잎이 무성했다. 나무꾼이 옆에 있었지만 그 나무를 베지 않았다. 장자가 그 까닭을 물으니 쓸데가 없기 때문이라고 했다. 장자는 '이 나무는 쓸데가 없었기 때문에 천수를 누릴 수 있었다'고 하였다." 『莊子』 第二十「山木」, "莊子行於山中, 見山木, 枝葉茂盛, 伐木者止基旁而不取也, 問基故, 曰, 無所可用, 莊子曰, 此木以不材得基天年夫".

은 오늘날 인류의 생존을 위협하고 있는 환경 문제에 대해서는 더욱 각별한 의미를 갖는다. 노장철학은 오늘날의 생태학적 측면에서 볼 때 심층생태학의 입장에 가깝다고 할 수 있다. 심층생태학(deep ecology)에서는 인간 중심으로 환경 문제를 보는 피상생태학(shallow ecology) 과는 달리 인간과 자연이 동등한 입장에서 일체를 이루는 생태의식을 주장한다. 심층생태학에서는 개개인의 의식과 감각을 자연의 소리에 일치시킬 수 있을 정도의 자연과의 유기적 전체성을 강조한다. 자연의 모든 구성원이 소통하고 공감할 수 있는 감성의 혁명이 이루어지지 않고서는 환경의 위기가 근본적으로 치유될 수 없다는 것이다.[18] 이는 자연을 개조하기보다는 자연의 본성으로 돌아가는 것이 난세를 극복할 수 있는 근본적인 해결책이라고 주장한 노장철학의 입장과 유사하다. 이미 자연의 훼손이 돌이킬 수 없을 정도로 심각해진 오늘날의 상황에서 무조건적으로 자연으로 회귀하자는 주장은 비현실적이고 가능하지도 않다. 그렇지만 노장철학이나 심층생태학에서 제기한 근본적인 반성과 세계관의 변화는 환경 문제를 바라보는 원칙과 배경으로서 중요한 의미가 있다. 협소하고 인위적인 제도에 얽매인 상태에서 환경 문제는 개선되기 힘들다. 환경 문제는 인간을 포함하는 더 큰 세계, 즉 자연에 대한 깊은 통찰과 포괄적인 전망 속에서 거론되어야 할 것이다. 노장철학이 현대의 난세 속에서 더 절실하게 받아들여지는 이유도 여기에 있다. 환경문제의 해결책은 자연과 현실이 더 이상 이분법적으로 고립된 공간이 아닌 절박한 삶의 현장으로서 공존한다는 사실에서 출발해야 할 것이다. 그런 측면에서 도시와 자연의 관계를 치밀하게 관찰하고 역동적으로 탐사한 최승호 시의 의의는 각별해진다. 노장철학과의 깊은 관련하에 자연에서 근원적인 삶의 원리를 통찰할 뿐 아니라 현실의 문제를 투시하고 전망하는 최승호의 시는 오늘날의 심각한 위기 상황을 극복할

---

18) 이남호, 「녹색문학을 위하여」, 『녹색을 위한 문학』, 민음사, 1998, 23~25면 참조.

수 있는 비판적 예지로서 주목에 값한다.

4. 문명 비판과 대안으로서의 자연

최승호의 시가 생태학적 측면에서 뛰어난 문제의식과 성과를 거둘 수 있었던 것은 심오한 철학적 사유를 바탕으로 하고 있기 때문이다. 지금까지 최승호 시의 사상적 배경에 대해서는 불교와 관련된 논의가 가장 활발하게 이루어져 왔다. 그러나 생태학적 관점에서 볼 때 최승호의 자연관은 노장철학과 보다 직접적이고 긴밀한 관련을 보여주는 것으로 보인다.

노장철학은 인간세상의 절실한 문제에서 출발하여 보다 근원적인 자연의 원리에 대한 각성에 도달했다는 점에서 현실에 대한 관찰이 존재에 대한 통찰로 이어지는 최승호의 시와 깊은 관련을 갖는다. 최승호의 시에서 특징적인 문명과 자연의 이분법적 구도 역시 노장철학에서의 인위적인 세상과 자연의 대립 구조와 흡사하다는 점에서 긴밀한 연관성을 보여준다.

문명 비판과 관련되는 최승호의 시들에서는 현실에 대한 치밀한 묘사와 날카로운 분석이 특징적이다. 시인은 특유의 정밀한 관찰력으로 도시문명의 심각한 폐해로 인해 파국을 향해 질주해 가는 위기 상황을 포착해낸다. 문명을 이끌어온 욕망은 통제력을 상실하고 인간을 기계에 예속시킬 정도로 심각한 부작용을 낳고 있다. 노장철학에서는 일찍이 가득 차면 넘친다는 만물의 이치를 강조하며 과도한 욕망을 경계했었다. 또한 인위적인 제도가 가져 오는 폐해를 경고하며 제도의 최소화를 주장하였다. 최승호는 현대사회를 병들게 한 욕망과 제도의 문제를 근원적으로 성찰하면서 비관적인 전망을 행하고 있다. 특히 분별력 없이 가속화된 물질문명으로 인해 야기된 공해는 인류생존과 관련되어 절박한 문제로 인식되고 있다. 시인은 가득참의 극단이 텅빔이라는 반성적 성찰을 통해 물질적 욕망과 인위적 제도의 위험성에 근본적인 비판을 가한다.

최승호의 초기 시 중에는 예리한 문명 비판을 보여주는 시들과 함께 조화롭고 유기적인 자연을 관조한 시들이 공존하며 긴밀한 관련 속에 삶에 대한 통찰을 확대 심화시키고 있다. 최승호의 초기 시에는 세 가지 층위의 자연이 존재하는데, 현실적 삶의 공간으로서의 자연과 현실과 대조적인 삶의 공간으로서의 자연, 자족적인 생명의 공간으로서의 자연이 그것이다. 삶의 공간으로서의 자연은 도시와 마찬가지로 존재를 압박하는 거대한 힘으로 인식된다. 최승호의 시에서 자연이 긍정적 의미를 갖고 비판적 대안으로 제시되는 것은 도시문명과 대비되는 경우이다. 현실과 대조적인 공간으로서의 자연에서 시인은 무위무욕의 삶이 누리는 안식과 자유의 의미를 발견한다. 최승호의 시에서 노장적 사유가 가장 잘 드러나는 경우는 자족적인 생명으로서의 공간을 그릴 때이다. 이때의 자연은 무위의 도를 실천하며 생성과 변화를 주관하는 근원적인 삶의 공간이다. 최승호는 오늘날의 삶이 망각하고 있는 자연의 질서와 생명력에 대한 통찰 속에서 인류의 생존을 위협하는 환경 문제에 대해서도 근본적인 해결의 실마리를 제시한다.

최승호는 노장적 사유 방식을 통해 현실의 문제에 대해 보다 근원적이고 깊이 있는 비판적 성찰을 행할 수 있었다. 자연의 본성에 비추어 난세를 헤쳐나갈 혜지를 이끌어냈던 노장철학은 자연의 훼손으로 인류의 생존이 위협받고 있는 오늘날의 관점에서는 더욱 절실하고 직접적인 통찰의 안목을 제공한다. 여기에서는 주로 욕망과 제도의 속성에 대한 비판과 자연의 본성에 대한 성찰을 중심으로 사상적 측면의 관련성을 고찰해 보았다. 그러나 최승호의 시는 사유의 방식과 어법에 있어서도 노장철학과 깊은 관련을 갖는 것으로 보인다. 가령 사물의 대립 작용 속에서 변화와 역전의 이치를 포착해낸 노자의 변증법적 논리와 최승호 특유의 역동적 사유의 방식이나, 우화와 비유와 인용이 풍부한 장자의 독특한 화술과 최승호 시의 표현 방식과의 상관 관계는 흥미로운 탐구 대상이 될 만하다. 이와 함께 노장철학과 현대 생태학의 관련을 보다 심도 있고 정밀하게 탐구하는 것을 앞으로의 과제로 남긴다.

그늘의 아름다움

문인수의 시

1. 삶의 뿌리를 찾아가는 여행

문인수 시인의 인도 기행 시들은 정선 기행 이후 오랜만에 행해진 한 곳의 여행지에 대한 집중적인 탐사로서 주목된다. 그만큼 인도 여행은 그에게 깊은 인상을 남겼던 것 같다. 인도는 여행객을 완전히 매료시키거나 다시는 발걸음을 하지 않게 만든다는 얘기를 많이 들어보았다. 문인수 시인은 인도에 사로잡힌 경우라 할 수 있다. 인도 여행의 여운을 간직하기 위해 그는 아직도 수염을 깎지 않고 있다 한다. 이처럼 인도에 대해 각별한 관심을 보이는 것은 그의 내면에 인도와 공명을 일으키는 무언가가 자리 잡고 있기 때문일 것이다. 나는 그것이 '인간의 뿌리에 대한 그리움'이라고 생각한다.

인간에게도 나무나 풀의 그것과도 같은 섬세하고도 집요한, 흰 뿌리가 있다면 그것은 바로 고향을 향한 그리움의 정서일 것이다.
현실의 깜깜한 바닥을 뚫고 하염없이 내려가다보면 거기, 그 모든 것이 아름다워지고 깨끗해지는 데가 있다. 바로 고향이라는 곳이다.

이것은 시집 『홰 치는 산』의 자서에 쓰인 구절이지만, 그의 모든 시를 관통하는 기본 정서라고 할 수 있다. 실제 고향에 대해서뿐 아니라 타향이나 타국, 심지어는 어떤 사물이라도 존재의 본질에 대한 근원적 향수를 불러일으킬 때 가장 강렬한 시심을 작동시킨다.

그는 자신의 시가 여행시로 규정되는 것을 저어한다. "여행시란 없다"라는 단정적인 발언에는 결코 안이한 여행담을 시로 옮기는 데 머물지는 않으리라는 결연한 의지가 함축되어 있다. 그의 시는 주마간산 식으로 여행지의 풍물을 담아놓은 맥 빠진 여행시들과 차별화된다. 내면의 정서와 강렬하게 교감하지 않은 어떠한 풍경도 그의 시 속에 들어오지 못한다. 그에게 여행이란 경험이나 소재의 확산을 가져 오는 것이라기보다는 내면의 뿌리를 더욱 분명하게 확인하게 되는 계기라고 할 수 있다. 여행으로 인한 폭넓은 삶의 감각은 자신의 근원과 현재의 거리감을 통찰하게 한다. 그리고 근원에 대한 강렬한 그리움을 환기시킨다. 지질이도 가난하고 지극히도 아름다운 정선 땅을 돌아보면서 그가 토해낸 절창들은 곧 자신의 삶의 궁기와 애환에서 이끌어낸 것이기도 하다. 그저 아름답고 별천지 같기만 한 풍광들이 전혀 시가 되지 못하는 것은 그것과 조응할 수 있는 내면 풍경이 부재하기 때문이다. 그의 뿌리까지 가닿는 풍경들은 처연한 아름다움을 간직한 것들이다. 그의 시에서 '궁기'는 아름다움에 깊이를 부여하는 필수적인 요소이다. 궁핍한 삶의 장면이 소거된 어떠한 풍경도 시에 이르지는 못한다.

'궁기의 미학'이라 할 만한 그의 독특한 미적 감각은 인도의 풍경과 행복하게 조우한 것이 분명하다. 인류문명의 고향인 인도에서 그는 뿌리의 심층까지 가닿는 전율을 경험했을 것이다. 게다가 식민지의 상처와 궁핍한 생활에서 벗어나지 못하는 현재의 삶은 그의 시심을 자극하는 필요충분조건을 갖추고 있다. 지극히 아름다우면서 지독히도 가난한, 이 거대한 모순의 땅에서 시인은 자신의 뿌리를 향한 강렬한 동경을 발견한다.

2. 인도로 가는 길

절제와 긴장이 지배적이던 이전 시들에 비해 인도 시편들은 한결같이 산문시 형태이고 설명적 진술이 주를 이루고 있다. 배경을 이루는 이국땅의 낯선 풍물과 삶의 양상이 우선적으로 잘 전달되지 않으면 공감을 일으키기 어렵다는 사정을 충분히 배려했기 때문일 것이다. 덕분에 이 몇 편의 시만으로도, 인도 여행을 전혀 해보지 못한 나 같은 사람도 인도의 골목 구석구석을 누비고 온 듯한 실감을 얻게 되었다. 이 몇 편의 시만으로는 인도를 이해하기 어렵겠지만, 적어도 시인에게 다가온 인도의 이미지는 선명하게 포착할 수 있다. 대부분의 관광지는 사진이 실물보다 아름답다. 가장 좋은 구도로 담고 싶은 장면만을 옮겨놓았기 때문이다. 시인의 심안 렌즈에 포착된 풍경은 사진보다도 훨씬 실상과 다를 것으로 짐작된다. 그렇기 때문에 시인의 심안을 쫓아가는 여행은 즐거울 수밖에 없다. 그 숱한 체험 중에 선별된 명장면들만 보게 될 뿐 아니라 시인의 내면을 들여다보는 또 다른 여행을 겸하게 되기 때문이다. 이제 우리의 여행은 시인을 따라 기차에서 시작된다.

인도대륙을 기차로 이동하는 동안은 지루합니다. 잠깨고 보니 기차가 또 서 있는 중이었고, 이른 아침이었습니다. 무슨 일 때문인지 이번엔 아무런 역도 아닌 인적 드문 어느 농촌 들녘 같았습니다. 그런데요, 우리가 탄 기차와 나란히, 그러나 교행하는 다른 기차가 또 한 줄 건너편에 서 있었고요, 초라한 행색의 사람들이 쏟아질 듯 모두 이 쪽을 건네다 보고 있었습니다. 기차가 다시 움직였는데요, 하지만 이렇다할 추억이 없으니 만나고 헤어지는 일 또한 어떤 죄도 아니었습니다. 그 사람들은 외국인인 우리 일행들한테 특히 많은 호기심을 보였는데요, 서로가 참 제 나랏말로 손 흔들거나 웃거나 하면서 다만 저릿하게, 한 줄기 길게 통하는 것, 그걸 잠시 내다보았습니다.

　하룻밤을 꼬박 세워 도착한 기차와 기차 사이, 기차가 몰고 온 기나 긴 골목 하나가 꿈틀, 장터거리처럼 문득 거기 생겨났고요, 그 끝이 한 바탕 일출 중이었습니다. 몇 백년, 몇 천년에 걸쳐 몰고 온 것일까요, 낡은, 오랜 이 골목에서 우리, 그때, 한 세상 와글거린 적 있습니다.

—「인도소풍, 기차가 몰고 온 골목」 전문

기차로 대륙을 횡단하는 여행 또한 나는 해보지 못했지만, '대륙'의 느낌을 그보다 확실하게 맛보는 방법도 드물 듯하다. 몇 날 며칠을 기차 안에서 지내며, 자다 깨면 여전히 같은 풍경 속을 달리고 있을 때의 지루함 혹은 질림 같은 것. 자아를 압도하는 거대한 대지의 존재를 이보다 분명하게 체감하기는 어려울 것이다. 또한 기차여행이란 항용 어떤 운명의 느낌 같은 것을 주기 마련이다. 자신의 의지대로 가거나 설 수 있는 자동차와는 달리 기차로 여행할 때는 자신을 이끌어가는 보다 큰 힘을 인정하지 않을 수 없다. 더구나 인도에서처럼 예고도 없이 자주 정지하는 기차를 타게 된다면 의지의 무력함과 운명의 절대성 같은 것을 실감하게 될 것이다.

이 시에서 벌어진 상황은 인도에서라면 흔히 일어날 법도 한 일이다. 자다 깨다를 반복하는 지루한 기차 여행 중 어느 이른 아침 기차가 '또' 서게 되었다. 역도 아닌 인적 드문 어느 농촌 들녘에 무작정 서 있고 반대편 철로에도 다른 기차가 나란히 멈춰 서 있다. 광대한 농촌 들녘에

서 약속이나 한 듯 겹쳐 서게 된 두 대의 기차. 이 어이없는 상황에서
저 순박한 인도인들은 웃거나 손 흔들며 반색을 한다. 말이 필요 없이
'저릿하게, 한 줄기 길게 통하는 것'을 시인은 느낀다. 우리네 예전 시골
에서와 같은 뜨뜻한 인정을 떠올리는 순간 기차와 기차 사이의 좁은 통
로는 장터거리를 연상시킨다. 아주 오래 전 어느 때인가 꼭 그랬을 것
만 같은 익숙한 이 장면에서 시인은 인연의 *끈끈함*을 느낀다. 옷깃 스
치는 인연에 비한다면 머나먼 타국에서 이렇게 기이하게 멈춰선 기차
사이로 만나는 인연이란 얼마나 불가사한 것인가. 몇 백 년, 몇 천 년의
인과가 쌓여 만들어냈을 이 기막힌 순간 그들과 시인은 '우리'라는 공
감대로 연결된다.

　인도 여행은 시인에게 '우리'의 발견을 의미하는 것이기도 하다. 전
혀 다른 언어나 이국적인 외모에도 불구하고 *끈끈하게* 이어지는 교감
과 연민은 근원에서 일치하는 정서를 확인하게 한다. 시인의 여행은 풍
경이 아닌 사람에 대한 탐사이다. 사람이 들어 있지 않은 시는 없다. 그
중에서도 가난하고 헐벗은 사람들, 특히 힘겨운 노동에 시달리는 여자
들이 중심을 이룬다. 매끄럽게 빛나는 성전보다 그을리고 찌든 사람들
의 얼굴로 달려가는 그의 발걸음은 이 여행이 관광이 아닌 삶의 발견임
을 입증한다. 인도로 가는 길에서 그가 본 것은 한결같이 가난하고 누
추한, 그러나 인정과 영혼의 빛이 가득한 인도의 보통 사람들이다. 그것
은 바로 우리가 잃어버린 고향의 모습이기도 하다.

3. 여자들

　인도에서 시인에게 가장 깊은 인상을 남긴 것은 여자들의 깊고 검은

눈빛이다. 인도의 이미지를 극적으로 압축한다면 이 눈동자로 집약될 만큼 그녀들의 눈빛은 고혹적인 것으로 그려진다. 영혼의 심연과도 같은 크고 검은 그녀들의 눈동자에서 시인은 삶의 근원적 비애와 아름다움의 극치를 본다. 슬픔이 없었다면 그토록 아름다워 보이지 않았을 것이고 아름답지 않았다면 그토록 슬퍼보이지도 않았을 것이다. 슬픔과 아름다움이 이루는 근원적 조화를 그녀들의 눈동자는 담고 있다.

여자들의 눈동자와 함께 시인의 심안에 각인된 결정적인 인상은 그녀들의 손자국이다. 거친 노동에 시달린 그녀들의 가녀린 손자국이 아니었다면, 그 눈동자의 아름다움 또한 그토록 사무치게 다가오진 않았을 것이다. '아름다운 눈'과 '야윈 손'은 시인의 '궁기의 미학'을 충족시키는 최상의 조건을 갖추었던 것이다.

> 땔감으로 쓰는, 건디기라는 쇠똥덩어리가 있습니다.
> 쇠똥에 찰흙과 지푸라기 같은 걸 잘 섞은 다음
> 커다란 쟁반 만하게 주물러 널어 말려 쓰는데요,
> 이 일은 주로 여인네들이 한답니다. 그러니 이 쇠똥덩어리 마다엔 어김없이
> 눈 깊어 안타까운 그늘,
> 그 무표정한 얼굴의 야윈 손자국이 낭자하게 말라붙어 있지요.
>
> 현지의 어느 작은 마을 호텔 앞에서 그날 새벽
> 할 일이 없는 한 사내와 손짓 발짓
> 상통하며 이 건디기불을 피워 봤는데요, 나는 문득
> 함께 못 온 아내에게 미안했습니다. 돈 번다고 혼자 고생만 하는
> 늙은 아내의 월급 봉투에도 물론 이런 손자국
> 무수히 말라붙어 있는 거라 생각하면서, 매운 연기를 피해
> 이리 저리 고개 돌리며 자꾸 이 사내와 함께 찔끔거렸습니다.
> ―「인도소풍, 말라붙은 손」 전문

이 시 역시 인도 특유의 땔감에 대한 지식이 전혀 없더라도 충분히

이해할 수 있을 정도로 친절하게 상술하고 있다. '건디기'라는 이름이 묘하게 친근감을 불러일으키는 이 땔감은 더할 수 없이 가난하고 알뜰한 연료이다. 체내에서 이미 연소의 과정을 거친 소의 배설물에 찰흙이나 지푸라기를 덧붙여 다시 한번 에너지를 끌어내는 이 눈물겨운 가난의 상징이여! 누구도 꺼릴 만한 이 거친 노동은 가난한 여자들의 몫이다.

시인의 가슴에 이 손자국이 화인처럼 찍히게 되는 것은 일 때문에 함께 여행 오지 못한 아내 생각 때문이다. 돈 버느라 혼자 고생하는 늙은 아내의 월급봉투에 말라붙어 있을 여윈 손자국을 떠올리는 순간 한 편의 시가 완성된다. 들판에 멈춰선 두 대의 기차 사이에서 장터거리를 연상하는 순간 시가 생겨났듯이 건디기의 손자국과 아내의 월급봉투가 이어지는 순간 이 시는 절정에 이른다. 시인이 그리고자 한 것은 땔감의 손자국이나 아내의 월급봉투에 한결같이 어려 있는 애수이다. 여인의 손자국이 말라붙은 땔감으로 몸을 덥히고 있는 인도 사내나 아내를 두고 혼자 여행 중인 시인 모두 불편한 평안에 젖어 있다. 인도의 곳곳에서 그가 본 것은 자기 자신이며 이것을 확인하는 순가 시가 다가온다. 건디기의 손자국에서 시인은 세상을 덥혀주는 여자들의 작지만 큰 손을 발견한다. 그녀들의 눈이 그토록 아름다워 보이는 것 또한 저 고향과 같은 영혼의 뿌리를 느끼게 하기 때문이다.

4. 불의 탑, 성스러운 강

인도의 많은 것들이 근원에 대한 동경과 향수를 불러일으키지만, 물이나 불 같은 원초적인 물질의 감각과 직접 만날 수 있다는 것도 이와무관하지 않을 것이다. 가령 땔감인 건디기를 보더라도 근대적 연료와는 비교할 수 없을 정도로 원초적인 삶의 질감을 간직하고 있는 것이다. 보일러를 때는 쾌적한 방에서 우리는 그 에너지에 깃든 노동의 흔적 같은 것을 느낄 수 없다. 건디기를 태우는 곳이라면 분명 냄새나 자극 때문에 그 원료의 존재를 의식하지 않을 수 없을 것이다. 우리의 삶을 구성하는 근원적 물질들이 뚜렷하게 감지되는 곳에서 생의 감각이 보다 선명하게 살아날 것은 분명하다.

물·불·흙·공기 같은 근원적 원소들을 두고 볼 때, 문명화된 생활일수록 그것들과 접촉하기 위해서는 여러 차례 가공을 거치게 된다. 수돗물을 다시 정수해 마시고, 화석 연료를 정제해서 내연기관을 통과시켜 에너지를 얻는 일련의 과정들은 최초의 불질이 갖는 원초적 질감을 거세해 버린다. 이런 생활에 익숙한 사람들에게는 원초적 물질과 직접 접촉하는 체험이 경이로울 수도 있고 공포가 될 수도 있다. 인도에 대한 극도의 호기심이나 극도의 혐오감은 아마도 상당부분 이런 원초적 물질에 대한 반응에서 비롯될 것이다. 저 유명한 갠지즈강이 보기에 따라서는 성스러운 강일 수도 있고 혼돈의 강일 수도 있듯이 말이다.

인도에 매혹된 시인에게는 인도의 원초적 물질들 또한 경이와 신비의 대상이었던 듯싶다. 그의 모든 시에서 인도의 근원적 원소들은 감각적으로 수용되고 풍부한 의미를 얻게 된다.

추운 사내가 검은 콘돌처럼 혼자 쭈그리고 앉아 모닥불을 쬡니다.
마분지나 헝겊 판자 쪼가리 같은 쓰레기들을 주워 모아 만든 꽂이기도 한데요,
저렇듯 정성껏 퍼담아 피워 올리는 딱 1인분씩의 모닥불이
극빈의 두 손을 자세히 들여다보는 밤이 흘러갑니다.
—「인도소풍, 모닥불」 부분

인도의 원초적 물질 가운데서도 '불'은 각별히 깊은 인상을 남긴다. 변변한 난방 시설도 없이 조그만 모닥불에 의지해 살아가는 인도의 겨

울은 그 하나하나의 불꽃들이 생명의 징표인양 참으로 간절한 삶의 느
낌을 전달한다. 종이나 나무쪼가리 같은 쓰레기들로 이루어진, 이 극빈
의 불꽃은 그러나 다른 무엇보다도 선명한 물질적 상상력을 불러일으
킨다.

　삶과 죽음의 이미지가 이처럼 절묘하게 화합하기는 쉽지 않을 것이
다. '밤강물의 촛불'과 '어두운 거리의 모닥불', '하루하루 쌓아올린 불
의 탑'과 '화장터의 장작더미', '마지막 모닥불'과 '어느 자궁에 심은 불
꽃'으로 현란하게 변주되는 삶과 죽음의 유사성 혹은 순환의 이미지를
통해 불의 물질적 상상력은 생의 비의에 대한 깊은 통찰에 이른다. 날
마다 쌓아올린 하루치의 모닥불들이 이르게 되는 가장 큰 '불의 탑'은
결국 화장터의 장작이라는 사실은 삶과 죽음의 궤적에 대한 명백한 상
징이라 할 수 있다. 삶의 불꽃과 죽음의 불꽃이 하나라면 삶과 죽음 또
한 다르지 않을 것이다. 삶이 죽음을 향하듯 죽음 또한 삶을 향한다.
　화장터의 재가 뿌려지는 갠지즈강은 환생이 이루어지는 장소이기도
하다. 인도인들이 '성스러운 강'이라고 부르는 이 강은 원래 천상계를
흐르던 강이었던 것으로 숭앙된다. 그렇기 때문에 죽은 다음 시신을 화
장하여 재를 뿌리면 천상에 태어난다는 믿음이 생겨난 것이다. 인도인
의 젖줄인 이 강이 삶과 죽음의 근원을 이루는 처소로 인식되어 온 것은

어쩌면 당연한 일이기도 한다. 죽은 자의 재가 떠다니는 곳에서 산자들이 목욕하는 이 기이한 강의 풍경은 생명의 근원을 상징하는 물의 원초적 물질성을 생생하게 전달한다. 갠지즈강에 도달할 때까지 거쳐야 하는 질펀질펀한 진흙탕이나 재를 태우는 매캐한 냄새들도 모두 삶과 죽음의 감각을 직접적으로 체험하게 하는 원초적 물질들이다. 인도에서는 이런 살아 있는 원소들과의 접촉이 근원에 대한 감각을 불러일으킨다.

5. 심우도

원초적인 삶의 풍경이 고스란히 살아 있는 인도의 이미지에서 빼놓을 수 없는 것은 사람과 짐승들이 어울려 살아가는 광경일 것이다. 종교성이 강하고 다신교의 전통이 유구한 인도에서는 모든 자연이 경배의 대상이 된다. 짐승 역시 사람보다 열등한 존재라기보다는 신성을 지닌 경이로운 존재로서 인간의 세계와 조화를 이루며 살아간다. 사람과 짐승이 '함께' 살아가는 인도의 삶은 역으로 오늘날의 문명사회에서 얼마나 많은 차별이 이루어지는가를 증명하는 것이기도 한다. 문명사회에서 짐승들은 철창에 갇혀 구경감이 되거나 정해진 공간에서 사육된다. 주체인 인간이 그들을 지배하고 관리한다. 오늘날의 문명사회에서 사람이 동물을 다루는 방식은 그들이 자연에 대해 행사하는 지배적 권력을 단적으로 드러낸다. 이는 차별과 권력의 논리에 이끌려온 근대의 속성을 대변하는 것이기도 하다. 이에 비한다면 인도에서는 아직 사람과 동물 사이에서 공조와 화합이 행해지는 본래적 삶의 양상이 유지되고 있다. 삶의 근원적 질서를 존중하는 인도인들은 사람과 동물이 자연의 일부를 이루는 공동체적인 삶을 당연한 것으로서 받아들이기 때문이다.

그들의 강한 신앙심에 의하면 인과응보의 고리로 이루어진 인연의 세계에서는 감히 무시할 수 있는 그 무엇도 존재하지 않는다. 사람이 죽어 소가 될 수도 있고 소가 죽어 사람이 될 수도 있는 인연의 신비를 받아들인다면 차별이 무화되어 버리는 것이다.

전통적으로 농경사회에서 소는 각별히 대우를 받아왔지만, 인도에서만큼 신격화된 경우는 드물 것이다. 인도에서 소를 위대한 능력과 권위를 지닌 신으로 숭배하는 전통은 아주 오래된 것이다. 인도에서는 소가 지나가는 동안은 차도 멈추어선다는 믿기지 않은 얘기를 들어보았지만 시인이 목격한 바에 의하면 그것이 거짓은 아닌 듯하다.

> 인도라는 나라엔 도로와 같은 도시의 기반시설을 사람과 소, 소를 비롯한 몇몇 짐승들이 함께 쓴다고 해도 과언이 아닐 겁니다. 일테면 커다란 소들이 인파 속을 어슬렁거리는 장면쯤 흔하게 볼 수 있지요.
>
> 이 같이, 흰 소 한 마리를 앞세우고 좁은 골목길을 통과한 일이 있는데요, 소 한 마리로 폭이 꽉 차는 그 골목길은 하긴 복잡하게 꼬부라진 동굴 같아서 가장 느리게 걷는, 그 큰 눈이 끝끝내 고요한 소야말로 미로를 빠져나갈 수 있는 유일한 열쇠 같기도 하였습니다. 배설물로 뒤범벅이 된 소의 지저분한, 커다란 꽁무니를 말없이 따라갈 밖에요. 나를, 우리 일행을, 또 다른 여행객이나 현지인들을, 이 골목의 벌집 같은 구멍가게들까지도 다 이끌고 어느 순간, 변신처럼 소가 사라졌습니다.
>
> 불가촉천민들이 들것 운구를 하고 있거나 장작을 나르는 아래 지금, 장작더미에 불을 당기는, 혹은 그 재를 물에 쓸어 넣고 있는 화장장이 보이고요, 여기서는
>
> '강가'강이라 불리는 갠지스강이, 강물냄새의 커다랗고도 지저분한 꽁무니가, 그러나 젖 많은 어머니인 그 흰 하늘이, 눈앞에 꽉 들어차는 것이었습니다.
>
> —「인도소풍, 소가 이끌고 간 골목」 전문

사람과 짐승들이 도로와 같은 기반시설을 함께 쓴다는 표현에서 그들 사이의 동등한 관계가 단적으로 감지된다. 뿐만 아니라 시의 제목에

서처럼 인도에서는 소가 사람을 '이끌고' 가기도 한다. 복잡하게 꼬부라진 골목길을 천천히 걸어 사람들을 인도하는 소는 사람보다 한결 윗줄에 놓인 영물로 보인다. 배설물이 범벅이 된 지저분한 꽁무니를 하고 있는 이 '누더기 성자'는 세상의 가장 더러운 골목길을 돌고 돌아 가장 성스러운 강 갠지즈로 일행을 이끌고 간다. 갠지즈강 또한 소의 지저분한 엉덩이처럼 지저분한 꽁무니를 하고 있다. 그러고 보니 흰소와 갠지즈강은 많이 닮았다. '더러운 성스러움'으로 가득 찬 모양새하며 천천히 쉬지 않고 가는 모습이 인도의 상징이라 할 만하다. 도저한 여성성 또한 빼놓을 수 없을 것이다. 인도에서 특히 경배하는 것은 '암소'이다. 갠지즈강은 또한 '어머니강'으로 불린다고 한다. 소와 인도 여성들과 갠지즈강의 크고 깊은 눈은 모두 근원의 심연을 향하고 있다. 소가 인도해 간 강은 모든 것의 시작이자 끝이다. 이곳이 진흙탕 인생길을 걸어 궁극적으로 도달하는 어머니의 땅이다.

흰소에 이끌려 골목길을 지난 후 변신처럼 소가 사라지는 놀라운 장면에서 '심우도(尋牛圖)'를 떠올리지 않을 수 없다. 심우도는 도교에서 연원하고 불가에서 전파된 그림이지만, 힌두교의 국가 인도의 기행에서 그 생생한 현장을 만나게 된다. 심우도에서 소는 근원적 진리를 상징한다. 도를 구하는 동자가 소를 발견하는 장면과 그것을 타고 가는 장면에 이어져 갑작스럽게 둥근 원만 나타나는 장면이 있다. 궁극의 깨달음에 이르렀음을 뜻하는 것이다. 이후에는 물론 소는 사라지고 동자만 남아 세상을 구제한다는 내용이 그려진다. 이 시에서는 소가 사라지는 순간과 갠지즈강이 눈앞에 꽉 들어차는 순간이 극적으로 이어지면서 생이 도달하게 되는 궁극의 경지가 펼쳐진다. 갠지즈강이라는 생의 시작과 끝의 자리로 일행을 이끌어온 이 시의 소 역시 우리가 이르고자 하는 궁극의 길(道)을 지시하는 본성을 뜻하는 셈이다. 인간이 잃어버린 본성을 간직하고 있는 존재이기에 소는 인간보다 더 지혜로우며 우리를 '이끌어' 갈 수 있다. 그 본성이 밝게 비추지 않고서는 현세의 진창

을 빠져나와 본원에 이를 수 없다. 고요한 소의 저력과 경험은 길이 험
해질수록 더욱 긴요한 길잡이가 될 것이다.

6. 시간의 깊이

　좁은 골목길을 참 느리게도 걸어나가는 소의 발걸음 같은 것이 인도
의 시간이다. '다이나믹 코리아'의 여행객이 본 인도는 느림의 왕국이
다. 기차도 느리고 소도 느리고 사람도 느리다. 그러나 그 느림이 없었
다면 들판에 정처 없이 멈춰선 기차와 기차 사이에 생겨난 저자거리와
그리로 떠오르는 일출의 장관도 볼 수 없었을 것이고, 앞길을 막아선
소가 없었다면 좁아터진 지저분한 골목을 빠져나갈 도리도 없었을 것
이다. 느림에서 지혜를 얻고 느림의 철학을 실천하는 인도에는 속도전
의 세상에 결여돼 있는 교감과 조화의 미덕이 살아 있다.
　시계에 지배되는 현재의 삶이란 속도와 경쟁의 사슬에 얽매인 노예
상태라고도 할 수 있다. 속도전의 세상에서 승자란 없다. 모두가 쫓고
쫓기는 숨 가쁜 경쟁의 희생자일 뿐이다. 시간의 채찍질 끝에 도달하게
되는 것은 진보라는 이름으로 포장된 가공의 세계이다. 문명인 한 사람
이 소비하는 에너지는 동일한 크기의 동물에 비해 수십 배에 달한다고
한다. 중국과 인도 사람들이 선진국 수준의 소비생활을 하게 되면 단
수년 안에 지구의 자원이 바닥난다는 계산도 과장만은 아닐 것이다.
　천천히 함께 살아가는 지혜를 배워야 한다. 인도인들이 저토록 가난
하면서도 여유가 있는 것은 인과응보에 대한 믿음을 간직하고 있기 때
문이다. 인도의 거지들이 구걸을 하면서도 당당한 이유는 자신들이 선
업을 베풀 기회를 주었다고 생각하기 때문이라고 한다. 원인과 결과가

맞물려 움직이는 세상에서 어느 하나 무관한 관계란 없다. 사람과 사람이, 사람과 자연이 더불어 살아가는 인도에서는 경쟁이 아닌, 공존의 지혜를 엿볼 수 있다.

> 이른 아침, 모닥불 피웠던 자리엔 어김없이
> 이곳 거리의 떠돌이 개들이 웅크린 채 코를 박고 자는데요, 녀석들의 몸에
> 꼭 맞춰 전달한 것 같은 한 채의 동그란 온기 속에서도 그러나
> 대부분의 개들이 지독한 피부병에 걸려 있어서
> 시뻘건 욕창이 등가죽을 뚫어놓은 경우도 흔하게 보입니다.
> 커다란 소들이 비명도 없이 그 쓰라린 데를 끔벅끔벅 지나가고요,
> 소음과 매연으로 꽉 차 지옥같이 들끓는 거리를 참 느리게 통과하면서
> 큰 눈이 자꾸 더 깊어지는지요, 깊어져 진실로 아름다워지는지요. 그렇듯
> 먼 데를 보는 사람들이 무표정하게 오래 흘러갑니다.
> —「인도소풍, 모닥불」 부분

예의 모닥불은 사람들만의 것이 아니다. 모닥불 꺼진 자리에서 병든 개들이 온기를 나누고 커다란 소들도 느릿느릿 지나간다. 소음과 매연으로 들끓는 지옥 같은 인도의 거리가 아름다운 것은 모두가 더불어 살아가는 공존의 질서를 지키고 있기 때문이다. 한량없이 먼 곳을 바라보는 듯한 인도인들의 커다랗고 무표정한 눈은 오랫동안 흘러온 유구한 시간의 깊이를 담고 있다. 삶과 죽음이 한자리에서 펼쳐지는 갠지즈강을 중심으로 살아가는 그들은 시간을 삶과 죽음이 돌고 도는 거대한 원환의 구조로서 인식한다. 어머니의 젖줄인 갠지즈강에서 살다 죽어 재가 되어 그곳에 뿌려지는 인도인들에게 시간은 순환적이며 영속적인 것이다. 이 거대한 시간의 작용을 나날의 삶에서 실천하는 그들의 눈이 한없이 깊고 서늘할밖에. 끝 간 데 모를 그 눈동자의 깊이에서 시인은 인도를 발견한다. 아니 자기 자신을 발견한다. 시인이 인도에서 본 것은 근원을 향한 간절한 동경과 자아의 뿌리이다. 간절한 기도와도 같은 열

망으로 그는 인도 속의 자신을 찾아간다. 모든 시에 일관된 서술형의 느리고 기다란 호흡에서는 인도를 알고 자신을 발견하려는 기원이 담겨 있다. 압축과 비약이 두드러진 간명한 호흡을 구사하던 시인은 어느새 인도의 한없이 느리고 기다란 호흡에 익숙해졌다. 또한 느리고 오랜 발걸음 끝에 도달하게 되는 분명한 깨달음을 향유한다. 진지하고 간절하기 이를 데 없는 모든 시는 하나의 길에 도달한다. 아주 오랜 시간이 중첩되어 있는 자아의 뿌리가 그것이다.

7. 슬퍼서 아름다운

문인수의 인도기행 시편에서는 이상할 만큼 유명한 사적지들이 별로 등장하지 않는다. 사진으로 치자면 너저분한 뒷골목 풍경만 잔뜩 찍어 온 셈이다. 사람이 빠진 미끈한 정물들에서는 전혀 감응을 얻지 못하는 특유의 미감 때문이다. 유일하게 그의 시에 담긴 유적은 타즈마할이다.

인도를 떠나온 지 벌써 수 삼일이 지나 갔습니다.
그러나 그 여자의 검은 눈빛 속으로 계속 빨려들고 있어서요,
세상에서 가장 깊고 서늘한 데 갇힌 것 같습니다.

오색찬란한 왕비의 무덤, 대리석 궁전으로 지어진 타즈마할의 역사에 대해 궁금하신지요
그 죽음의 뒤쪽을 오래 적시며 흐르는 야므나강,
강변으로 나가 분홍의 석양을 보시지요
석양에 얼비치는 宮의 가냘픈 어깨를, 그 어깨가 끄는 어둡고 긴 그림자를
강 가 작은 마을에 가서 간절히 한 번 살펴보시지요, 동구에서 두 번짼가 세

번째 움막에
    예의 젊은 여자는 살고 있는데요, 그 삶이
    땔감으로 주물러놓은 쇠똥 덩어리에
    거뭇거뭇 말라붙은 여윈 손, 폭발처럼 헝클어진 머리카락을 보시지요

    어떤 화려함이 그 슬픔 말려내지 못하듯이, 어떤 남루함도 그러나
    그 아름다움 가리지 못합니다.

    표정 없는 얼굴은 또 얼마나 오래 씻지 않았는지요, 어둑살처럼
    이역만리에 미치는, 타즈마할의 그늘이 참 이러합니다.
                                —「인도소풍, 타즈마할의 깊은 그늘」 전문

이 시에서도 역시 타즈마할이 주인공이라고 하기는 어려운 듯하다. 인도를 떠나온 뒤로도 뇌리에서 떠나지 않는 인도 여인의 눈빛에 끌려 되새겨본 인도의 이미지로, 그 여자와 겹쳐 타즈마할이 떠오른 것이다. 시인이 그린 것은 '오색찬란한 대리석 궁전'이 아니라 '타즈마할의 그늘'이다. 여성의 곡선으로 비유되고 있는 타즈마할의 묘사는 참으로 아름답다. '석양에 얼비치는 宮의 가냘픈 어깨'는 젊은 나이에 죽은 왕비의 비극적 아름다움을 연상시킨다. 그런데 시인의 미감은 결코 이런 고고한 아름다움에 몰입되지는 않는다. 그는 매우 의도적으로 타즈마할의 묘사에 바로 이어 남루하기 그지없는 인도 여인의 삶을 병치시키고 있다. '오색찬란한 대리석 궁전'의 왕비와는 정반대로 그녀는 '움막'에서 쇠똥덩어리를 주무르며 살고 있다. 말라붙은 여윈 손과 헝클어진 머리카락에도 불구하고 그녀는 아름답다. 너무도 아름다워 젊은 왕비의 아름다움과 나란히 겨루고 있는 것이다. 타즈마할의 화려함이 죽음의 비애를 대신할 수 없는 것처럼 남루함이 아름다움을 가리지도 못하는 것이다. 아니 어쩌면 슬픔이나 남루함이 없었다면 아름다움도 없었을 것이다. 그늘이 없는 아름다움은 시인에게 감응을 주지 못한다. 비애와 고

통이 서려 있어야 진정한 아름다움이라 할 수 있다. 석양에 비친 타즈마할이 가장 아름다운 것은, 소멸이라는 운명을 견디는 비장미가 더해지기 때문이다. 비장미에 대한 시인의 탐닉은 각별한 데가 있다. 시집『동강의 높은 새』에 실린 시 중에서 한편을 겹쳐서 읽어본다.

神의 엄청 큰 한쪽 눈이 지금 서해에 있다.
서해 안면도 바람아래해변의 길게 째진 구름 틈으로 천천히 몰리는 일몰이
그것인데
아, 환장의 이 아름다운 절망!
그런 거구의 여자가 바람 아래 붉게 피어오르며 서 있다.
가랑이 사이 저 거칠게 끓어오르는 바다
나는 이제 파도 소리 바깥에 앉아 어둑어둑 웅크린다.
버겁고 막막하게 여자를 본다.
그렇게 저무는 것이다 저물어라 인간아
서해 일몰, 神의 한쪽 눈이 다만 급히 자부럽다.

—「서해 일몰」 전문

시인이 이처럼 격렬하게 동요하는 아름다움은 '절망'의 비애를 담고 있는 것이라야 한다. 그에게 존재의 뿌리는 이처럼 근원적으로 깊은 그늘과 슬픔을 간직한 것이다. 그늘은 존재의 깊이를 반영한다. 그늘에서 발견하는 아름다움은 삶과 분리될 수 없는 것이다. 그늘의 아름다움을 의식한다는 것은 그의 미적 감각이 삶에 대한 전체적인 통찰에서 기인한다. 타즈마할의 빛나는 대리석뿐 아니라 그늘이 이루는 조화를 추구하는 미감은 삶의 깊은 핵심과 연결되어 있다. 이는 표면에 대한 감각에 치우치기 쉬운 미적 인식과 차별화된다. 표면에 치중하는 미감이 감각의 선명을 확보하는 대신 삶의 느낌을 결여하는 것에 비해 깊이를 의식하는 미감은 감각의 밀도가 떨어지는 대신 삶의 근원에 접근한다. 삶의 뿌리에 대한 강렬한 동경을 내포한 시인은 감각 그 자체보다는 삶의

느낌을 중시한다. 삶의 진실이 미적 지향에 우선한다. 절망과 비애에서 가장 절실한 삶의 느낌을 발견하는 시인은 그늘과 얼룩에 어린 아름다움을 포착하는 데 있어 남다른 면모를 보여준다. '그늘의 미학'이라고 부르고 싶은 인도기행 시편들은 시인이 지향하는 삶과 아름다움의 깊이에 대한 진지한 탐색의 산물이다.

경계의 무화

고진하의 시

1. 일상에서 발견하는 신성

꾸준히 시작 활동을 하며 지속적인 변화를 보여주는 시인들은 구도자를 연상시킨다. 지난한 갱신의 노력과 고갈되지 않는 에너지가 있어야 하기 때문이다. 성직자인 고진하 시인은 이런 갱신의 노고를 감당하기에 유리한 입장일지도 모르겠다. 성직도 시인의 길 이상으로 고행을 감내해야 하기 때문이다. 그 동안 끊임없는 변화를 보여준 그의 시는 한 곳에 머물지 않고 궁극의 지점을 향해 나아가는 구도의 노정과 흡사하다.

시인은 궁극적인 귀의처인 지상의 성소를 향해 꾸준한 행보를 보여왔다. 초기에는 농촌이나 도시 모두에서 심각한 불모의 현실을 발견하는 부정적인 시선이 두드러지던 것에 비해 세 번째 시집 『우주배꼽』

(1997) 이후에는 생명과 활력이 넘치는 신성의 세계를 향해 열린 긍정적
인 시선이 나타나기 시작한다. 이러한 경향은 최근 시들의 경우에도 예
외가 아니다. 삶의 매순간 긍정과 환희로 감응하며 신성을 목도하는 강
한 영성을 드러낸다.

시인이 일상의 범연한 순간들에서 신성의 충일함을 발견하는 것은
성(聖과) 속(俗)의 경계를 무연히 넘나드는 열린 시선에 의해 가능하다.
성과 속, 인간과 동물, 생물과 무생물, 공(空)과 색(色)의 경계를 모두 무
화시키는 탄력적이고 개방적인 사유가 돋보인다. 산문시 형태로 길어지
면서 활달하고 거침없는 일상의 화법을 시화하는 방식도 이러한 변화
와 무관하지 않을 것이다. 시어와 일상어의 경계도 없애고 모든 분별과
차별에서 자유로워지는 듯한 변모가 돋보인다. 시가 산문화되면서 긴장
감이 떨어지는 것은 대개의 시인들이 겪게 되는 일반적인 경향이기도
하지만, 고진하 시인의 경우는 그가 지향하는 세계관의 변모와 맞물려
각별한 의미를 갖는다.

시인의 포용력 있는 열린 시선은 성과 속의 경계를 무화하며 일상의
매순간 신성을 통찰한다. 성소는 지상에서 먼 곳에 따로 존재하는 것이
아니라 지상을 성소로 받들려 하는 몸과 마음에 내재해 있다.

어슴푸레한 새벽, 앞집 시계뻐꾸기 울음소리 때문에 잠이 깼다.
시계뻐꾸기 울음소리 잦아든 뒤,
촛불을 켜고 맞절을 하고 나니 희끄무레 여명이 동터 온다.
언제나 그렇지만 절을 꾸벅꾸벅하고 나면 몸이 절 같다.

절이 밥 하러 나가면서
인도 갔다 온 게 언젠데 몸은 자꾸 인도로 가요,
한다. 붓다공항에서 사다가 거실 벽에 길게 붙여 놓은
만년설 덮인 히말라야를 나는 힐끔 쳐다본다. B.M. 체트리라는 사진작가가
찍은

노란 유채꽃 들판 위로 우뚝 솟은 안나푸르나 靈峰, 흰 비늘을 번쩍이며
꿈틀대는 물고기처럼 새파랗게 언 하늘 속을 유영하고 있다.

—「조율」부분

　　최근 시에서 시인은 일상을 가감 없이 사실적으로 그린다. 그 역시 '시계뻐꾸기' 소리에 잠을 깨는 현대적 삶의 공간에서 생활하지만, "절을 꾸벅꾸벅하고 나면 몸이 절 같다"에서처럼 잠재된 영성을 일깨우면서 살아간다. 마음이 깨어 있다면 몸이 곧 절이 되는 것이다. 시인은 영성으로 충만한 나라 인도에서 받은 강한 인상을 반복해서 강조한다. 인도에서 사온 안나푸르나 영봉의 사진은 유기물과 무기물의 경계가 사라지며 상호 소통하는 우주적 상상력을 자극한다. 거대한 무기질 덩어리인 안나푸르나 산이 '흰 비늘을 번쩍이며 꿈틀대는 물고기'로 변환되는 시적인 상상의 순간은 영성의 발견과 유사하다. 물질의 경계에 대한 분별이 사라지면서 충만하고 고양된 상태에서 만물이 소통하는 원융의 경지를 만나게 되는 것이다. 시인에게 이러한 순간은 바로 일상의 곳곳에서 나타난다. 그에게는 일상과 신성도, 생물과 무생물도, 심지어는 실제와 복제품의 차이도 대수롭지 않다. 안나푸르나 산은 사진만으로도 생명이 넘치는 우주적 상상을 불러오고, "개구리도 입이 떨어진다는 경칩(驚蟄), 마루에 걸린 유연복의 판화달력에는/꽃샘추위 아랑곳 않고 입 딱 벌린 새 한 마리 힘차게 우짖고 있다"에서처럼, 달력 그림 속의 새도 살아 움직이는 것처럼 감각에 조응한다. 자동차의 굉음에서 대양의 메타포를 떠올리고 이웃집의 망치질 소리에서 딱따구리 소리를 상상하라고 한 바슐라르처럼, 마음을 여는 순간 실제와 상상의 경계는 무화되는 것이다. "아부 산 정상에 있다는 나키(Nakki) 호수…… 신(神)들이 손톱으로 팠대요. (…중략…) 그들에겐 속도가 목표는 아니란 얘기겠죠?"에서처럼, 신성은 속도와는 상반되는 속성을 갖는다. 여유 있고 지속적인 몰입이 실제와 상상의 간극을 극복하고 신성에 닿을 수 있는 동력이 된다.

　시인은 평범한 일과와 범상한 대화를 그대로 살려서 오히려 일상의
매순간이 발견과 소통의 장이 될 수 있음을 보여준다. 신성의 발견은
세상과의 격리에서 이루어지는 것이 아니라 마음과 몸을 열고 다른 존
재와 소통하는 데서 이루어진다는 것이다. 마음의 눈은 실제와 상상의
구분을 무화시키면서 영성으로 충만한 삶을 깨닫게 한다. 시적인 절제
나 긴장이 줄어들고 일상적인 대화나 자유로운 사색이 그대로 드러나
는 산문화 경향은 시인이 일상과 신성의 경계가 무화되는 개방된 차원
을 보다 실감나게 재현한다.

　일상의 사실적인 재현은 삶의 생기를 묘사하는 데 보다 유리한 측면
이 있다. 소양댐 부근으로 꽃구경 간 정황을 그리고 있는 시 「복사꽃,
벙어리」에서는 지인들과 어울려 시끌벅적하게 즐기고 감탄하는 모습이
선연하게 보이는 듯하다.

　　야트막한 산비탈 과수원 많은 거두리로 우르르 몰려가
　　비탈에 뭉게뭉게 떠 있는
　　꽃구름
　　꽃구름
　　꽃구름
　　우러르며
　　홀연 강림한 신선들처럼 거니는데,
　　함지박 만하게 벌어진 입들 모두 벙어리다

　　(순간, 걸레 스님 문득 나타나시더니…)

　　오늘은
　　詩도
　　숨죽여야것다!

―「복사꽃, 벙어리」 부분

어떤 생명의 찬가도 흉내낼 수 없는 개화의 벅찬 감동이 상황의 묘사를 통해 드러난다. 자연의 아름다움과 경이 앞에서는 마땅히 시도 숨죽여야 하는 것이다. 시선과 사유의 흐름을 자유롭게 효과적으로 전달하는 활달한 시행의 구사가 '시적인 것'을 넘어서는 새로움으로 다가온다. 시인은 시어와 일상어의 경계를 무화시키는 방식으로 자연의 생기를 직접 전달하고 있다. 자연의 경이와 마주할 때의 감응을 직설적으로 드러냄으로써 인위적인 수사에 의해 차단되지 않는 고양된 상태를 표출한다. 꾸밈이 적어지고 감정에 충실해진 시는 자연의 생기를 존중하는 물활론적 사고와 상통하는 것으로 볼 수 있다. 자연과의 직접적 소통과 직관적 상상력이 두드러지면서 인위적인 '시적' 언어가 줄어들게 되는 것이다.

그의 시는 자연의 생기에 감탄하고 그것을 날것 그대로 전달하려 한다. 수사적 언어가 줄어들고 삶에 대한 시선과 사유가 선명하게 드러나게 된다. 「언제 철들래?」에서는 히말라야 영봉의 신성한 광경과 황구 두 마리가 맞붙어 있는 장면을 잇대어놓으면서, 성과 속의 차별 없이 생명력을 예찬한다. 시인에게는 히말라야 영봉의 성스러운 풍경과 다를 바 없이 맞붙어 있는 개들이나 밀교의 남녀교합상이나 꽃잎을 내미는 문주란의 자태가 모두 신비하고 경이롭다. "좋은 풍경 한 컷 얻은 날 밤은 그제나 이제나 / 쉬 잠 못 이루고 뒤척이지. / 이게 무슨 병일까, 난 왜 아직도 가슴이 콩콩 뛸까" 할 때의 두근거림이야말로 자연의 생기와 호응하는 살아 있는 시심일 것이다. 이런 두근거림을 통해 자연과의 교감이 가능하고 그러한 능력은 대상과의 정서적 합일의 상태를 지향하는 시의 본성과 상통한다.

2. 공허가 들려주는 '시간의 설법'

　그 동안 우리시는 자연과의 합일의 정서에서 많이 멀어졌다. 삶의 공간이 근본적으로 변화하면서 자연에서 실감을 얻기가 어려워진 것이다. 인간 중심으로 생각하고 행동하는 것이 당연하게 받아들여지면서 다른 모든 대상들을 타자화하는 배타적 논리가 지배해 왔다. 고진하의 시는 이러한 인간 중심적인 세계의 불모성을 비판하던 단계에서 나아가 타자와의 경계를 무화시키고 융화를 도모하는 비인간중심주의와 자연의 재발견을 시도하고 있다. 인간중심주의에 대한 비판만으로는 삶의 방향을 재정립하고 존립의 기반을 확보하는 데 한계가 있기 때문이다. 그는 인간과 자연이 영성을 통해 소통하고 조화를 이루는 바람직한 삶의 방식을 추구하려 한다. 기독교 사제인 그가 불교나 도교의 자연관과 친숙한 것은 어떤 대상에도 배타적이지 않고 열려 있는 인식의 방법과 조화와 상생을 도모하는 동양적 자연관에 대한 이끌림을 반영한다. 신작시 중에는 특히 동양적 사유에서 친숙한 '공허'의 이미지가 그려진 시가 여러 편 있다.

> 빈 마당하고 친하게 지내는 날들이다
> 어제 아침에는 밤새 내린 싸락눈을 쓸고
> 오늘 오후에는 엿가락 같은 흰 고드름들
> 떨어져 부스러진 고드름 조각들을 밤벼락에 붙이고
> 옆집 대추나무 그림자가
> 빈 마당에 와 해시계처럼 이동하는
> 느릿느릿한 움직임을 오래 서서 지켜보다가
>
> 빈 마당에 없는 너를 그리워하는,
> 빈 마당에 없는 너를 빈 마당으로 떠올리는

나를 또한 지켜보다가

빈 마당이 넓어지고 있음을 깨달았다
빈 하늘
빈 담벼락
빈 화분
빈처, 그 모두가
빈 마당으로 되고 있었던 것이다

—「빈 마당에 꿈 일기를 적다」 부분

　‘빈 마당’은 일상에서 가장 친근하게 접할 수 있는 공허의 공간이다. 공허의 상상을 허용하지 않는 오늘날의 주거 형태와 달리 시인은 행복하게도 빈 마당을 차지하고 ‘친하게’ 지내고 있다. 그에게 빈 마당은 낭비된 공간이 아니라 존재를 확장시키는 사유의 공간이다. 시인의 빗자루 고행은 즐겁기만 하다. 빈 마당을 찾아온 싸락눈이나 고드름이나 대추나무 그림자와 만나서 함께 한다. 이들은 모두 시간이 지나면 흔적도 없이 사라지는 공허의 사제들이다. 빈 마당이 아니었다면 만나기 힘든 존재의 음영들이다. 빈 마당을 닮은 마음의 여백이, 대추나무 그림자가 해시계처럼 이동하는 움직임까지도 인지할 수 있게 한다. 빈 마당은 눈에 보이지 않는 존재를 상상하게 한다. 빈 마당에 없는 ‘너’도 어느새 마당 가득 들어차는 것이다. 그것은 비어 있음으로 해서 가득차는 공허의 신비를 드러낸다. 빈 마당의 여백과 정적은 고요한 마음의 움직임을 투명하게 비춘다. 모든 그립고 쓸쓸한 존재의 자취를 이끌어낸다. 비어 있는 모든 것이 한데 모여 빈 마당은 어느새 한없이 넓은 마당이 된다.
　우리시에서 빈집이나 공터의 이미지는 욕망에 대립하는 공허의 공간으로 자주 등장한다. 고진하 시인이 그린 ‘빈 마당’은 거창한 철학적 비유나 유려한 상상의 작용을 보여주는 것이 아닌, 그야말로 일기 같은 일상의 공간으로 나타난다. 시인은 나날의 일상에서 접하는 빈 마당의 체험을 고요한 마음의 움직임을 이끌어내는 사유의 공간으로 그려내고 있다. 공허를 응시하며 대추나무 그림자가 해시계처럼 이동하는 '시간의 설법'에 귀기울이는 것이 존재를 확장하는 또 다른 방식이 될 수 있음을 보여준다.

「공일(空日)」에서는 '텅빈 활터'에서 '시간의 설법'을 발견한다. 폭설로 덮혀 텅 빈 활터에서 유일하게 눈길을 잡아끄는 둥근 홍점의 과녁은 태양과 같은 불멸의 이미지로 그려진다. 또한 '수없이 쏟아지는 화살을 받고도 죽지 않는 과녁'은 '천연두 자국 같은 상처'와 연결된다. 활터의 텅 빈 공간은 집중적인 명상을 불러일으키고 오래 전의 기억을 선명하게 환기한다. 공터의 여백이 "폭설의 흰 비단길 위에 / 사각사각 첫 발자국을 내며 / 시간의 설법(說法)에 잠시 귀를 기울인다"는 마음의 움직임을 유도한다. '시간의 설법'은 속도전의 세상에서 결여하고 있는 무수한 기억의 지층을 연다. 활터의 공허는 현실 너머의 무한한 여백을 이끌어내고 가득차 있는 날들 가운데 비어 있는 '공일(空日)'의 여유를 불러온다. 공허의 투시를 통해 시인은 우리가 잃어버린 세계를 재생시킨다.

공허의 경이로움과 '유현한 형상'을 경험하기 위해서는 '시간의 설법'에 귀기울일 수 있는 여유와 천진한 마음의 상태가 필요하다. "늦은 오후 어슬렁어슬렁 활터로 나와 / 치성인(癡聖人)처럼 실실 웃기만 하는 늙은 명궁"처럼 유유자적하는 여유로움이 있어야 한다. 공허의 유현함을 발견하는 구도의 과정이 시인에게는 고통이 아닌 즐거움으로 다가온다.

혹한의 추위를 견디는 것도 기도요,
白夜의 밤을 하얗게 밝히는 것도 묵상이지만
무엇보다 큰 즐거움은
눈 조각을 하며 묵상에 잠기는 것이지요

붓다도

예수도 거닐어 보지 못한
이 南極 빙설 위에서,
뭉쳐진 눈덩이로
붓다의 미소를 빚고
뭉쳐진 눈덩이로
형틀에 매달린 예수의 고뇌를 빚고 나서
햇살에
천천히
천천히
녹아내리는 광경을 즐기는 것이지요.

—「얼음수도원 3」 부분

　시인이 추구하는 공허와 침묵의 유현한 세계는 이 시에서 매우 감각
적이고 구체적인 상상으로 드러난다. 눈조각을 하며 묵상에 잠기는 것
은 시인이 제안하는 가장 뛰어난 구도의 방법이다. 혹한의 추위를 견디
거나 백야의 밤을 밝히는 고행이 극기와 인내를 통해 깨달음을 얻는 방
식이라면 눈조각 묵상은 공허의 창조와 소멸을 체험하는 보다 적극적
인 구도에 해당한다. 눈조각 묵상에 대한 시인의 상상은 상당히 활달하
고 광대하다. 붓다나 예수도 거닐어보지 못한 남극 빙설에 눈조각을 하
여 그것이 녹아내리는 광경을 '얼어붙은 침묵의 눈길'로 바라본다는 눈
조각 묵상은 절대적인 '극(極)의 시간'에 대한 상상을 요구한다. 이는 시
인이 오랫동안 탐구해 온 신성이나 침묵의 절대 경지에 가깝다. "그것
들이 녹는 데 / 십년 백년이 걸릴지 모르는 노릇이지만 / 불멸의 미소는
없다는 듯 / 불멸의 고뇌도 없다는 듯 / 빙설 위의 눈조각이 녹아내리는
것을 바라보는 일"은 유현한 도에 이르는 방식이다. 관념적 수사에서
벗어나기 힘든 이러한 세계에 대한 사유를 시인은 구체적이고 감각적
인 상상을 통해 드러낸다. 생각의 흐름에 따라 자유롭게 조절되는 시행
의 운용이 유연하고 경쾌한 상상의 작용과 조응한다.

3. 시의 '계도(戒刀)'

　시인의 영적 상상은 무겁고 진지한 상태에서 가볍고 친근한 상태로 변화하고 있다. 영성의 발견이 일상을 초월한 성소에서 이루어지는 것이 아니라 일상의 매순간 자유롭고 즐거운 상상에 의해 가능한 것을 보여준다. 성과 속의 구분이나 자연과 인간의 분별이 없는 원융의 세계에 궁극적인 영혼의 거소가 존재함을 증명한다. 천인합일과 정경교융의 합일적 세계는 서양의 이분법적인 사유와 구별되는 동양의 오랜 전통에 해당한다. 주체와 타자의 분별보다는 상호보완의 작용을 강조하는 동양적 사유의 핵심은 '도(道)'로 칭하는 자연의 원리와 친밀하다. 도의 영역에서 인간과 자연은 상생과 합일의 관계를 형성한다. 경계의 무화를 통해 시인이 보여주고자 하는 것은 인간과 자연이 상동성을 지닌 원래의 상태이다. 그 역시 오랫동안 서구의 이분법적인 사고 체계에 의해 성과 속, 인간과 자연을 분리하며 현실에 대한 비판적 사유를 드러냈었다. 그러나 이러한 분별적 사유를 지속하는 한 궁극적인 합일의 경지에 도달하기는 어렵다. 그의 시가 부정적이고 비판적인 사유에서 전환하여 화해와 긍정의 양식을 모색하기 시작한 것은 이 때문이다. 마음을 열고 맞을 때 경이로운 발견과 소통의 장이 되어 주는 자연에서 삶을 활성화시키는 생기와 환희를 받아들이게 된 것이다. 성과 속, 자연과 인간, 생물과 무생물 등 모든 경계를 무화시키는 열린 사유가 이렇게 새로운 차원을 가능하게 한다.

　열린 사유의 유연함과 자유로움은 절제와 긴장에서 벗어난 일상적이고 산문적인 시 형태로 나타난다. 산문적인 시를 통해 그는 자연스러운 사유의 흐름을 드러내고 일상적인 대화에 깃든 시적인 순간을 사실적으로 포착한다. 산문적인 시는 평범한 일상에 내재한 시적이고 영적인 순간을 인상 깊게 묘사한다.

지금은 당뇨를 앓아 고기 술 다 끊어버렸지만
그날 밤은 스님도 삼겹살 구워 곡차 몇 잔 걸치셨다.
곡차를 마시다가 덥다며 훌러덩 저고리를 벗을 때
허리춤에 매달렸던 短劍:
'아니, 스님이 무슨 칼을?'
'내가 겉 다르고 속 다른 짓 하면 날 찌르려고!'

그 날선 戒刀, 오늘 따라
휘황한 달무리에 겹쳐서 또렷이 떠오른다.

―「달과 검」 부분

　　기독교 사제인 시인과 스님 친구가 어울렸던 날의 기억을 담고 있는 이 시는 두 사람 사이에서 오간 대화를 사실적으로 그리고 있다. 종교의 차이나 종교적 금기를 모두 가볍게 넘어서는 경지에서 가장 빛나는 것은 스님의 허리춤에서 빛나는 '계도(戒刀)'이다. 어떤 경계도 쉽게 넘어설 수 있지만 결코 넘어서지 않는 것은 자기 자신에 대한 약속이다. "내가 겉 다르고 속 다른 짓 하면 날 찌르려고!"하는 분명한 의지가 자기 합리화나 안위의 충동으로부터 진정한 각성을 구제한다. 스님의 통쾌한 한마디에서 영적인 순간을 발견하고 '계도'의 선명한 이미지를 포착해내는 시인의 예리한 통찰이 일상의 대화를 시로 환원시키고 있다.
　　성과 속, 시와 비시의 경계에 선 시인의 앞에는 비속화의 위험과 새로운 가능성이 모두 열려 있다. 일상의 매순간을 영적 발견의 환희로 채우고 일상어에 내재하는 시적인 통찰을 포착하기 위해서는 시인 역시 예지로 빛나는 시적 '계도'를 늘 품에 지녀야만 한다. 시인은 여유로우면서도 긴장된 시, 가장 평범한 일상에서 유현한 영성을 견인하는 시의 새로운 차원을 열며 시와 삶의 생기를 양껏 펼쳐보이고 있다.

3부

자연의 미학

근원의 지향과 모국어의 복원

청록파의 시

1. 해방 직후 시단 현실과 '청록'의 자의식

『청록집』이 1946년 6월 6일 발행되었으니 올해로 만 60주년이 되는 셈이다. 해방 후 혼란기에 젊은 시인 3인이 내놓은 얄따란 한 권의 시집이 마치 한 생명의 탄생처럼 각별하게 받아들여지는 것은 분명 특이할 만한 일이다. 『청록집』에 대한 관심은 당대부터 유별난 것이었고 일찌감치 문학사의 조명이 행해졌다. '삼가시(三家詩)와 자연의 발견'이라는 김동리[1]의 견해가 선편을 잡은 이후로 문명시대에 대립된 영원한 생명의 고향을 표현한 것으로 보고[2] 세 시인의 시에 나타난 자연의 특징을 비교하는 식[3]으로 자연과 결부하여 그들의 시의식을 규명하는 작업이

---

1) 김동리, 「삼가시와 자연의 발견」, 『예술조선』, 1948.4.
2) 정한모, 「청록파의 시사적 의의」, 『청록집·기타』, 현암사, 1968.

대세를 이루고 있다. 청록파의 시적 성과에 대해 비판적인 시각을 보여
주는 경우에도 기본적으로는 그들이 자연에 몰입한 점에 주목하고 그
로 인해 현실의 문제를 외면했다는 점을 강조한다. 한국의 자연서정시
를 대표하는 청록파의 시가 동양적인 조화의 가치관에 안주함으로써
분열된 세계에 대한 미학적 대응에 실패한 것으로 보거나[4] 시적 대상
으로서의 자연과 서정적 자아의 관계 설정 자체가 지나치게 정적이어
서 현실의 여러 문제를 폭넓게 수용하지 못하는 점에 불만을 갖는 것이
다.[5] 어떤 경우이거나 청록파가 자연의 미학적 발견을 특징으로 하고
있다는 점에 주목하고 있다. 논의의 진전을 위해서는 청록파가 '자연의
발견'에 주력하게 되는 내적 동기나 당대적 의미를 보다 면밀하게 살펴
보아야 할 것이다.

　자연의 미학적 발견으로 집약되는 『청록집』의 발행은 당대 상황 속에
서 대단히 획기적인 기획에 해당하는 것으로 보인다. 해방 직후 시단은
정치적 구호가 넘치는 혼란의 시대였다. 이 시기 유행을 이루었던 공동
시집의 발행은 문단의 발 빠른 변화와 과열된 정치적 분위기를 단적으
로 보여준다. 1945년 12월 민족진영인 중앙문화협회에서 발행한 『해방
기념시집』과 1946년 4월 조선문학가동맹의 소속 시인들이 엮은 『횃불―
해방기념시집』은 해방의 감격과 재건의 의지로 가득하다. 급격한 현실
의 변화 앞에서 적극적인 변신과 참여를 도모한 시인들이 많다. 『병든
서울』(1946), 『나 사는 곳』(1947)의 오장환이나 『오랑캐꽃』(1947)의 이용악
은 해방 이전 시들에서 보여주었던 짙은 서정성을 포기하고 정치성이
강한 시들을 선보인다. 새로운 민족과 국가의 건설이라는 역사적 사명
앞에 민족시를 수립하기 위한 시인들의 행보는 급박하게 전개된다. 조
직 구성력과 이념의 선명성을 앞세우고 좌익 계열 시인들의 정치적인

---

3) 이숭원, 「청록파의 시적 특질과 문학사적 성격」, 『문학사상』, 1998.10.
4) 김우창, 「한국시의 형이상―하나의 관점」, 『궁핍한 시대의 시인』, 민음사, 1977.
5) 권영민, 「해방직후의 시단」, 『한국 현대시사의 쟁점』, 시와시학사, 1991.

성향은 급속도로 강화된다. 정치적 요구가 미학적 고려를 압도하는 당
시 시단의 과격한 변화 속에서 『청록집』의 등장은 정반대의 움직임을
대변하는 것이라 할 수 있다. 『청록집』 역시 일종의 공동시집이며 세 명
의 시인이 모두 우익 진영인 조선청년문학가협회의 회원이었다는 점에
서 또 다른 정치적 의미를 추출할 수도 있다. 그러나 이들의 등장이 갖
는 일차적인 의미는 급속도로 정치적 현실에 복속되어 가는 시문학 본
연의 입지를 고수하였다는 것이다. 자연은 정치적 현실의 반대편에서
이들이 찾으려한 궁극적인 가치이다. 변화와 혼란의 소용돌이와는 무관
한 영원하고 절대적인 세계로서 그들은 자연을 지향한다. 구호와 이념
으로 점철된 정치시가 주도하던 당시의 시단에서 그들이 내놓은 '전통
적인' 서정시는 이질적이면서 신선하다.

'청록집'이라는 제호 역시 이색적이다. 초연하고 고고한 '사슴'의 이
미지에 환상적이고 신비한 색채 이미지까지 덧붙인 '청록'은 곧 그들이
지향한 문학적 자의식의 상징이기도 하다. 혼잡한 정치판의 축도가 되
어 가는 시단에서 벗어나 문학성을 지키려는 외롭고 지난한 작업에 대
한 각오가 깃들어 있는 것이다. 흥미롭게도 세 사람 모두 사슴이 등장
하는 시편들을 보여준다.

芳草峰 한나절
고운 암노루

아래ㅅ마을 골작에
홀로 와서

흐르는 내ㅅ물에
목을 추기고

흐르는 구름에

눈을 씻고

열 두고개 넘어 가는
타는 아지랑이

—박목월, 「三月」 전문

머언 산 靑雲寺
낡은 기와집

山은 紫霞山
봄눈 녹으면
느름나무
속ㅅ잎 피어가는 열두구비를

靑노루
맑은 눈에

도는
구름

—박목월, 「靑노루」 전문

다락에 기대어
피리를 불면

꽃비 꽃바람이
눈물에 어리어

바라뵈는 紫霞山
열두 봉우리

싸리나무 새순 뜯는

사슴도 운다.

―조지훈, 「피리를 불면」 부분

다람쥐며 山토끼며,
사슴도 와 놀고 하나,

아츰에 뛰놀든 어린 사슴이
저녁에 이리에게 무찔림도 보곤 한다.

―박두진, 「年輪」 부분

피ㅅ내를 잊은 여우 이리 등속이 사슴 토끼와 더불어 싸리ㅅ순 칡순을 찾아 함께 즐거이 뛰는 날을 믿고 길이 기다려도 좋으랴?

―박두진, 「香峴」 부분6)

 박목월의 시는 『청록집』 전체의 사슴 이미지를 대표할 만한 것이고 '청록집'이라는 제호의 근거를 이루기도 한다. 그의 시에서 사슴은 고독하고 아름다운 자연의 모습과 일치한다. 「청노루」에서 '청노루'의 맑은 눈에 비치는 푸른 하늘과 산은 속세 저편 자연의 영원성과 생명력을 함축하고 있다. 조지훈의 시에서도 사슴은 고적하고 무상한 심사와 자연의 조응을 보여준다. 박두진의 시에서 사슴은 연약하고 무구하여 무차별한 폭력에 쉽게 희생당하는 존재이다. 「향현」에서는 여우나 이리가 사슴 토끼와 함께 즐거이 뛰노는 평화로운 미래에 대한 희망이 그려진다. 세 시인 모두 사슴의 이미지 속에서 자연의 함의를 발견했으며 그것을 자신들의 문학적 자의식으로 삼았다. 번잡한 속세와 달리 고요하고 평화로운 자연의 이상을 문학의 근원적인 지점으로 인식했던 것이다.
 물론 이들에 의해 자연의 발견이나 전통의 재현이 처음으로 이루어진 듯이 단언하는 것은 지나친 확대 해석이 되기 쉽다. 그러나 이들이

---

6) 박목월·조지훈·박두진, 『청록집』, 을유문화사, 1946. 이후 시 인용은 이 책에 의거함.

해방 직후의 혼란스런 시단 분위기 속에서 민족시의 근원적 지점과 미학적 가치를 확인하려는 분명한 의식을 보여주었다는 사실은 강조되어야 마땅하다. 전통에 대한 관심이나 모국어의 복원을 위한 이들의 노력은 공동의 문학적 출발점이자 기반을 이루었던 『문장』지의 정신과 상통한다는 점 또한 주목해야 한다. 『문장』의 전통 담론은 일제하에서 한글로써 문학한다는 문학사활 문제가 곧 민족성의 사활 문제와 직결된다는 데서 찾을 수 있다. 이 경우, 고전부흥이라는 미명 아래 국수적 복고주의로 전락한다는 따위의 주장은 벌써 생각할 수 없는 일이었다. 제일차적 명제가 지대했기 때문이다.[7] 전통의 소개와 수용에 주력했던 『문장』의 정신은 모국어의 문화적 가치를 인식하고 유지하려던 노력에서 가장 두드러지며 문화적 민족주의의 적극적인 실천으로 평가할 수 있다. 일제 말 암흑기에 우리말과 문화를 수호했던 『문장』의 정신은 그곳을 태반으로 하는 『청록집』의 세 시인에게 고스란히 전수되었으며, 해방 직후의 혼란 속에서 민족 정체성을 회복하기 위한 실천적 지표로 계승되었다.

2. 자연의 미학적 발견과 전통의 복원

청록파 시인들에게 민족시의 수립이라는 당면 과제는 민족 정체성의 확립을 통해 가능한 것으로 인식되었고 그것은 일제에 의해 빼앗겼던 전통과 본질적인 가치들을 회복하는 데서 비롯될 수 있는 것이었다. 그들에게 자연은 어떤 정치나 제도로도 흔들 수 없는 존재의 원점에 해당

---

7) 김윤식, 『한국근대문예비평사연구』, 일지사, 1987, 325면.

한다. 그들의 시에서 자연은 인간이 배제된, 혹은 인간이 자연의 부분으로서 조응하고 있는 탈속적 공간이다. 그들의 시에서 그려지는 아름답고 정밀하고 평화로운 자연은 바로 현실의 대척점에 있는 이상적 공간으로서 상상된 것이다. 현실에 대한 환멸이 자연에 대한 동경과 이상화를 야기한다. 그들의 시에서 자연은 문학이 정치 도구화되는 현실의 반대편에서 미학적 가치를 극대화시킬 수 있는 공간으로 자리 잡는다. 복잡한 현실과 절연된 자연의 단조로운 화면은 서정시 고유의 심오한 단순성을 재현한다.8) 모더니즘시의 기교나 경향파 시의 이념성이 모두 반성의 대상이 되었던 시기에 『문장』지 출신의 젊은 시인들은 보다 근원적이고 심오한 시적 대상을 지향했고 자연에서 그 가능성을 발견한다.

자연의 형상화에 있어 세 사람은 각기 다른 성향과 방법을 드러낸다. 박목월의 시에서는 인상적인 묘사와 절제의 미학이 돋보인다. 그의 시에서 자연은 지극히 절제되어 있기 때문에 오히려 무한히 확대되는 상상의 전이를 유발한다. 「청(靑)노루」에서 자연의 전모를 압축하는 청노루의 눈동자는 부분과 전체의 유기적인 교융 관계를 이루는 동양적 자연관을 반영한다. 「윤사월(閏四月)」에서 문설주에 귀 대고 엿듣고 있는 산지기 외딴집의 눈먼 처녀는 고도의 집중력으로 자연의 세계에 틈입하는 시인의 자아를 연상시킨다. 그에게는 자연이 세계의 중심이며 근원이고 인간은 부분으로서 거기에 참여하는 것이다. 그의 시에서는 자연의 묘사만으로 자족적인 세계가 그려진다. 「나그네」에서 인간은 자연의 일부로서 존재할 뿐이다. '구름에 달 가듯이' 가는 나그네는 무상한 자연의 움직임을 재현하는 존재로 이해되어야 한다. 박목월은 절제와 압축이 두드러지는 인상적 묘사를 통해 자연의 아름다움과 고독을 미

---

8) '서정시의 심오한 단순성으로의 회귀'는 일제 말 임화가 신세대 시인들이 지향해야 할 과제로서 주장한 것이다. 그는 기교주의의 사치성과 경향시파의 소박성을 뛰어넘을 수 있는 새로운 시로 '서정시의 불변한 생명'이라 할 수 있는 '단순의 시'를 내세운다. 임화, 「시단의 신세대─교체되는 시대조류」, 『조선일보』, 1939.8.18~26.

학적으로 재현하고 있다. 조지훈의 시는 관조를 통한 자연의 통찰이 뛰어나다. 그의 시에서 자연은 정밀한 관조 끝에 문득 깨닫게 되는 선적인 세계이다. 특히 "눈 부신 노을 아래 / 모란이 진다"(「고사(古寺) 1」), "바람도 잠자는 언덕에서 복사꽃잎은 / 종소리에 새삼 놀라 떨어지노니"(「고사(古寺) 2」), "닫힌 사립에 / 꽃잎이 떨리노니"(「산방(山房)」) 등 연약한 생명의 움직임과 소멸의 비장미를 포착하는 그의 직관은 섬세하기 그지없다. 그는 선적 직관을 통해 자연의 율동에 참여하였으며 고전적 품격으로 관조의 미학을 완성한다. 박두진은 활달하고 거침없는 상상으로 자연의 건강한 생명력을 형상화한다. 그의 시에서 자연은 고요하고 비어 있는 것이 아니라 가득 차서 기운차게 움직인다. 그는 동식물이 어울려 상생하는 원시적이고 풍요로운 자연을 그려낸다. 자연의 역동성을 표현하는 데 있어 그는 전례 없는 활력을 보여준다. 건강하고 평화로운 자연에 대한 강렬한 염원이 역동하는 주술적 리듬에 실려 장쾌하게 표출된다. 세 시인은 자연의 '발견'이라 할 만큼 독특한 저마다의 미학을 드러낸다. 자연은 그들에게 궁극적인 정신의 지향점으로서 서정시의 미학적 거점을 이룬다. 모더니즘 시에서 기피하고 경향파 시에서 왜곡한 자연에서 그들은 서정시의 본령을 확인했으며 새로운 미학을 창출하게 된다.

전통은 자연과 함께 청록파의 미학적 거점을 형성한 영역이다. "여기는 경주(慶州) / 신라천년(新羅千年)…… / 타는 노을 / (…중략…) / 석탑(石塔) 한 채 돌아서 / 향교(鄕校) 문(門) 하나 / 단청(丹靑)이 낡은대로 / 닫혀 있었다"(「춘일(春日)」)라는 직접적인 관심이 드러나는 시들을 예외로 하더라도 박목월의 시 대부분은 동양적 산수화나 민요의 리듬에 바탕을 두고 있어 전통의 향취가 강하다. 조지훈의 시에서 전통 지향은 가장 선명하게 나타난다. "벌레 먹은 두리기둥 빛 낡은 단청(丹靑) 풍경소리 날러간 추녀 끝에는 산새도 비둘기도 둥주리를 마구 쳤다. 큰나라 섬기다 거미줄 친 옥좌(玉座) 위엔 여의주(如意珠) 희롱하는 쌍용(雙龍) 대신에 두 마리 봉황새를 틀어 올렸다"(「봉황수(鳳凰愁)」)와 같은 장황한 서술 속에서는 역사에 대한 비애 이상으로 전통의 흔적을 복원하려는 의지를 살필 수 있다.

그대는 어느 나라의 古典을 말하는 한 마리 胡蝶

胡蝶이냥 사푸시 춤을 추라 蛾眉를 숙이고……

나는 이 밤에 옛날에 살아

눈 감고 거문고ㅅ줄 골라보리니

가는 버들이냥 가락에 맞추어

흰 손을 흔들어지이다.

—「古風衣裳」 부분

「고풍의상(古風衣裳)」을 비롯한 「무고(舞鼓)」·「승무(僧舞)」 등의 시에서 전통 복식과 문화에 대한 시인의 애착은 각별한 것으로 드러난다. 그의 섬세하고 감각적인 묘사에 의해 전통의 멋과 향취는 미학적으로 재현된다. 한복의 아름다움을 찬탄하고 있는 위의 시에서 복식은 곧 민족의 전통을 대변하는 '고전'의 역할을 한다. 고전의 숨결에 취하는 것만으로도 전통을 복원하며 흥취를 일으킨다. 이는 문화 전통의 탐구를 통해 민족 정체성을 회복하려 했던 『문장』의 정신을 연상시킨다. 『문장』의 전통 탐구는 세 가지의 활동 궤적을 남겼는데, 우리 문화 전통에 대한 심정적 선호, 고전의 발굴 소개와 계승, 우리 고전의 정신을 창작 활동에 실제에 적용하려는 시도가 그것이다.9) 이태준의 상고벽(尙古癖)을 연상시키는 조지훈의 고전에 대한 경도는, 민족의 문화 전통을 수호함

---

9) 김용직, 「『문장』과 문장파의 의식성향 고찰」, 『선청어문』 23집, 1995, 731~732면.

으로써 민족 정체성을 고수하려했던 『문장』의 기본 정신을 연상시킨다. 『문장』의 전통에 대한 관심이 일제의 민족 말살정책에 대한 저항의 의미의 갖는다면, 청록파의 전통 지향은 민족 정체성과 민족문화의 수립이 시급했던 해방 직후 혼란기를 극복하려는 노력으로 이해할 수 있다.

3. 모국어의 회복과 미적 가치의 창조

『청록집』을 '자연의 발견' 혹은 '전통의 발견'으로 규정하는 경우는 흔한 것에 비해 그것이 모국어의 회복에 기여한 바에 대해서는 별다른 언급이 없는 편이다. 『청록집』에 대한 연구가 대개 내용이나 의식면에 집중되어 있기 때문일 것이다. 그러나 『청록집』의 문학사적 가치를 온전히 해명하기 위해서는 그것이 우리말의 복원과 창조에 어떻게 작용했는지를 밝혀야 한다.

모국어가 지닌 문학어로서의 가치를 인식하고 실천하려고 한 것은 『문장』의 기본 정신으로서 청록파 세 시인에게 절대적인 영향을 미친다. 가람 이병기는 『문장』의 편집위원이며 모국어의 복원과 고전의 발굴에 있어 획기적인 기여를 한 인물이다. 그는 일제의 삼엄한 감시에도 불구하고 표준어 사정, 맞춤법 통일안 작성, 외래어 표기사업, 사전편찬 사업 등에 참여했으며 『문장』을 통해 고전문헌을 활발하게 발굴하고 소개하였다. 그가 옥고를 치르면서까지 지켜내려 한 모국어와 고전의 가치를 『청록집』의 시인들은 충분히 감지하고 있었다. 그들은 모국어의 아름다움과 가치를 수호하는 것을 민족시 정립을 위한 실천 지침으로 인식한다.

　　江나루 건너서

밀밭 길을

구름에 달 가듯이
가는 나그네

길은 외줄기
南道 三百里

술 익는 마을마다
타는 저녁 놀

구름에 달 가듯이
가는 나그네

―「나그네」 전문

『청록집』의 언어에서 두드러진 것은 순수 우리말이 주로 쓰이고 있으며 어감과 리듬에 대한 섬세한 배려가 이루어지고 있다는 점이다. 「나그네」는 『청록집』의 언어 감각을 대표할 만한 시이다. 「나그네」의 아름다움과 매력의 원천은 거의 완벽에 가까운 언어적 조형미에서 온다.[10] 이 시는 순 우리말을 사용하여 정감을 높이고 있으며 음악성에 대한 절묘한 배려로 미학적 효과를 극대화하고 있다. 이 시에 대해 당대 현실과 동떨어진 여유로움에 대해 비판적인 시각도 있으나, 이 시가 의도한 것은 정치적 구호로 변질되어 가는 시어들과 달리 모국어의 아름다움을 드러낼 수 있는 고도의 미학적 성과였음을 주지해야 한다. 시인은 해방 직후의 시단에서 심각해지는 언어의 오염과 남용에 반하여 절제되고 정련된 언어로서 모국어를 회복하는 데 일조한다.

---

10) 이남호, 『이 쓸쓸한 뜰에 저 어지러운 구름 그림자』, 현대문학사, 2003, 252면.

얇은 紗 하이얀 고깔은
고이 접어서 나빌네라.

파르라니 깎은 머리
薄紗 고깔에 감추오고

두 볼에 흐르는 빛이
정작으로 고아서 서러워라.

—「僧舞」 부분

『문장』지의 폐간에 대해 통탄을 금치 못했던 조지훈은 모국어의 수립을 위한 『문장』의 지난한 노력을 계승하는 것으로 그 설욕을 대신하려 했다. 그는 '세련된 문장, 충분한 구성, 일관된 관념'이라는 고전문학의 삼대 요소와 '명랑성과 조화성과 일반성'이라는 고전문학의 삼대 특성에서 민족문학의 전통과 역사가 발화할 수 있을 것으로 보고 자신의 시를 통해 그것을 실천한다.11) 다듬고 또 다듬어 전아하기 그지없는 고전의 품격을 지니게 된 시 「승무」는 그가 이루려 한 미학적 이상을 보여준다. 모국어의 회복과 미적 가치의 발견을 통해 민족 문화의 창달에 이바지하려는 것이 그것이다.

박두진은 절제보다는 발산되는 언어미학을 통해 우리말과 리듬의 색다른 멋과 힘을 표출한다. 그의 시에서는 자연의 모든 구성물들이 한자리에서 용솟음치며 생명의 역동하는 리듬을 형성한다.

복사꽃 피고, 살구꽃 피는 곳, 너와 나와 뛰놀며 자라난 푸른 보리밭에 남풍은 불고 젖빛 구름 보오얀 구름속에 종달새는 운다. 기름진 냉이꽃 향기로운 언덕, 여기 푸른 잔디밭에 누어서, 철이야 너는 너는 닐 닐 닐 가락 맞춰 풀피리나 불고, 나는, 나는, 두둥싯 두둥실 붕새춤 추며, 막쇠와, 돌이와, 북술이랑

---

11) 조지훈, 「고전주의의 현대적 의의」, 『문예』, 1949.10, 141면 참조.

함께, 우리, 우리, 옛날을 옛날을, 딩굴어 보자.

—「어서 너는 오너라」 부분

순 우리말로만 쓰인 이 시에서는 익숙한 자연과 사람이 등장하여 대화합의 무도를 이루고 있다. 상상 속에서 솟구치는 온갖 동식물이나 인명, 의성어, 의태어가 가쁜 호흡에 실려 넘쳐나는 언어의 축제가 벌어진다. 다소 산만하면서도 구성진 리듬은 박두진 시의 독특한 개성에 해당한다. 도취된 듯한 주술적 리듬은 시인이 지향하는 만물의 혼융과 화합의 이상을 실현한다. 그의 시는 내면에 가득한 원초적 생명력을 재현할 수 있는 열정과 환희의 언어를 창출한다. 이 또한 정치적 이념에 경도되어 고사해 가고 있던 당대의 시문학에 활력을 부여한 바가 크다.

언어미학적 측면에서 『청록집』은 순 우리말의 아름다움과 시적 가치를 적극적으로 개발했다는 점에서 큰 성과를 보여준다. 구호성의 언어나 관념어가 성행하던 동시대의 시단 경향과 달리 그들은 모국어의 질감과 음악성을 재발견하는 데 주력한다. 모국어의 시적 가능성에 대한 그들의 탐색은 아어형을 실험하거나 전통 율격을 변용하는 등의 적극적인 창조의 노력으로 표출되기도 한다. 그들은 민족어의 문학적 가치를 발굴하고 실천함으로써 문학 고유의 자율성을 수호하고 민족문화의 복원에 기여했던 것이다.

4. 심오한 단순성의 시학

『청록집』은 해방 직후 혼란기의 시단에 던져진 신선한 파문으로 오래도록 우리 서정시의 전개에 깊은 울림을 가져 왔다. 민족 정체성을 수립하기 위한 각종 이념과 구호가 난무하던 시절, 『청록집』은 서정시의 근간으로서의 자연과 전통의 의미를 새롭게 부각시키게 된다. 민족 문화의 회복을 위해 전통과 민족어의 재정립을 도모한 그들의 정신은 상당부분 일제말 『문장』지의 맥락과 잇닿아 있다. 민족 정체성의 위기와 혼란기를 극복하기 위해서 그들은 근원적인 세계를 재발견하고 민족어를 정련하는 정신과 문화의 복원을 기획했던 것이다. 유동하는 현실의 어지러운 난맥상에서 헤어나기 위해 그들은 부동하는 영원성의 세계를 탐구한다. 현실을 주도할 당장의 해답보다 난세를 초극할 수 있는 근본적인 질문에 천착했던 것이다.

자연이나 전통에 대한 관심은 『청록집』에서 시작된 것이 아니다. 그것은 우리문학의 중요한 흐름으로 상존해 왔다. 『청록집』의 특별한 의미는 자연이나 전통이 갖는 문화적 의미를 재발견하고 그것을 미학적으로 실천했다는 데 있다. 『청록집』의 세 시인은 민족 정체성의 회복을 위해 문학이 기여할 바를 현실 정치에 복무하지 않고 문화의 독자적인 저력을 확인하고 재현하는 데 있는 것으로 보았다. 복잡다변하는 현실의 논리에 휘말릴 때 문학이 갖는 최소한의 입지마저 망실되는 위험을 인지하고 근원적인 가치를 탐색하고 독자적인 미학을 수립하는 데 주력한다. 그리하여 그들은 심오하고 근원적인 세계인 자연과 전통을 지향하게 되고 특유의 단순성의 미학으로 그것을 형상화한다. 이때의 단순성은 모더니즘시의 기교주의나 경향파시의 이념성이 제거된 관조와 몰입의 태도에서 기인한다. 그들은 자연의 단순하고 유기적인 율동을 닮은 자연스러운 리듬을 개발하였으며 순 우리말의 아름다움을 재발견한다. 그들의 시에서 전통적인 문화와 언어의 미학은 거의 체화되어 드러난다. 자아와 세계가 교융하는 서정시 본연의 동일성의 시학과 전통의 미학적 수립에 있어 그들은 괄목할 만한 성과를 보여준다. 문학의 정치화에 저항한 『청록집』의 세 시인은 민족시의 과제로 임화가 제시했던 서정시의 심오한 단순성으로의 회귀에 가장 부합해 갔던 것이다.

당대의 문학적 위기의식에서 출발했던 『청록집』의 의미는 그 동안의 판도 변화로 인해 상당한 곡해와 변질을 가져 올 수 있다. 당시에 신진이며 소수에 해당했던 그들이 해방 이후 남한의 문단에서 차지하게 된 비중이나 영향력으로 인해 『청록집』에는 오히려 필요 이상의 권위와 무게가 부가된 감이 있다. 『청록집』에 대한 온당한 이해를 위해서는 당대 현실 속에서 그것이 갖는 문학적 의미가 해명되어야 한다. 『청록집』은 민족 정체성의 수립을 위해 민족시의 정신적 근원과 미학을 회복하려는 선명한 미학적 자의식에 의해 탄생되었으며 민족어의 창달에 뚜렷하게 기여하였다. 전통이나 근원의 의미는 그것이 위협받을 때 더욱 빛나는 것이다. 초월적인 탈속의 세계에 편안히 거주하는 안이함이 아니라 위기와 혼란의 시대에 늘 위협받는 문학의 정체성을 확립하기 위한 비판적 대안이 될 때 비로소 그것은 문화적 활력으로 작용할 수 있다. 해방 직후 『청록집』의 역할이 바로 그런 것이었으며, 정태적이고 고답적인 오늘날의 서정시에 던지는 메시지로서도 새겨볼 만하다.

박용래 시의 생태 미학

1. 생태학의 미학적 차원

　우리 문학에서 생태학적 관심이 본격화된 1990년대 이후, 이 분야의
연구는 현실의 문제와 결부되어 매우 활성화되고 있다. 생태계에 발생
하는 위기가 인간의 생존을 위협하고 있다는 문제의식이 확대되면서
환경에 대한 관심이 대폭 확대되고 있는 것이다. 근본적인 차원에서 삶
을 해석하고 비판하는 문학에 있어 생태학적 관심은 오늘날의 위기를
진단하고 미래를 예측할 수 있는 중요한 기준이 되어 준다. 심층생태학
의 출현과 더불어 강력한 이론적 발판을 마련하게 된 문학에서는 오늘
날의 위기를 타개해나갈 근본적인 대안으로 자연에 대한 새로운 이해
와 가치의 전환을 주장한다. 인간과 자연의 위상을 새롭게 정립하려하
는 심층생태학적 관점에 의해 기존의 문학에 대해서도 새로운 접근과

평가가 이루어질 수 있게 되었다. 특히 "시적 사고라는 것은 본질적으로 모든 생명을 하나로 보는 사고방식"[1]이라고 할 정도로 생태학과 강한 친연성을 갖고 있어서 활발한 논의의 대상이 되어 왔다.

그런데 문학에 대한 생태학적 관심이 양적 팽창에 그치지 않고 질적인 비약을 이루기 위해서는 소재주의를 넘어서 미학적 형상화에 대한 심층적인 논의가 요청된다. 1980년대까지 산업화로 인한 환경 문제를 고발하는 수준에서 크게 벗어나지 못했던 환경문학에 비해 1990년대 이후의 생태문학은 심층생태학의 이론을 바탕으로 자연에 대한 가치관을 혁신하고 있다. 그러나 여전히 문학 텍스트를 다루는 방식은 내용 중심적이고 소재적인 차원에 머물고 있는 실정이다. 문학은 여타 인문과학과는 다르게 심미적 감성과 미학적 형상화의 고찰을 통해 생태학과 관련된 보다 섬세하고 근원적인 이해를 도모할 수 있다. 자연의 미감을 새롭게 발견하고 감응하는 것은 어떤 실천 행위보다도 근본적으로 생태의 위기를 저지할 수 있는 방법이다. 자연에 대한 깊이 있는 이해와 가치의 전환이 전제되지 않는 한 어떤 가시적인 실천도 일시적인 미봉책에 지나지 않기 때문이다. 따라서 앞으로 문학에서 생태학적 관심은 자연에 대한 심미적 감성과 미학적 형상화의 방법을 심도 있게 논의함으로써 생태계의 위기를 극복할 수 있는 미학적 준거를 마련할 수 있을 것이다.

박용래의 시는 생태학의 미학적 차원을 논의하는 데 있어 시사하는 바가 크다. 박용래 시의 친자연적인 성격과 독특한 미적 특질은 자연에 대한 이해와 미학적 형상화의 흥미로운 사례를 이룬다. 지금까지 박용래 시에 대한 연구는 내용과 형식면으로 양분되어 온 편이다. 박용래의 시세계는 전원이나 향토를 배경으로 소멸이나 정한을 드러낸 것으로 파악되어 왔다.[2] 박용래 시의 친자연적인 성격은 선행 연구에서도 충분

---

1) 김종철, 「시의 마음과 생명 공동체」, 『녹색평론선집』 1, 녹색평론사, 1997, 75면.
2) 내용과 관련된 대표적인 논의들은 다음과 같다.

히 거론되었지만 그것이 주로 전원이나 향토와 관련된 협의의 자연에 국한된 경향이 있는데, 생태학적 관점과 관련해서는 그것을 보다 포괄적인 개념으로 이해할 필요가 있다고 본다. 또한 소멸이나 정한과 같이 수동적인 것으로 파악되었던 정서도 자연에 대한 포괄적인 이해와 더불어 긍정적이고 적극적인 성격을 갖는 것으로 새롭게 평가될 수 있으리라 본다. 박용래 시의 형식적 특징에 대해서는 독특한 이미지의 병치나 절제의 방식, 반복의 기법 등이 거론되어 왔다.3) 형식에 대한 연구들은 그것의 미적 특질과 효과에 대해서 정치한 분석을 행하고 있지만 이를 그의 시세계의 근본적인 지향점과 관련지어 보다 포괄적으로 이해할 필요가 있다. 최근에는 생태학과 관련된 본격적인 논의들도 찾아볼 수 있다.4) 박용래 시의 생태학적 의미를 간파한 중요한 성과들이지만 의식면에 집중된 논의들이어서 형식미학을 아우르는 보다 포괄적인 고찰이 요청된다.

여기에서는 생태학의 미학적 차원을 탐구하기 위해 보다 통합적인 관점에서 박용래의 시에 접근하고자 한다. 박용래 시의 미적 특질에 내재해 있는 자연에 대한 이해의 방식과 그 생태학적 의미를 파악할 것이다. 여백의 미와 제유의 수사학, 그리고 단순성을 박용래 시의 핵심적

송재영, 「박용래론—동화 혹은 자기 소멸」, 『현대문학의 옹호』, 문학과지성사, 1979; 김재홍, 「박용래 또는 전원상징과 낙하적 상상력」, 『심상』, 1980.12; 손종호, 「박용래 시 세계 연구」, 『논문집』, 충남대 인문연구소, 1989; 최동호, 「한국적 서정의 비움과 좁힘」, 『시와시학』, 1991년 봄; 이은봉, 「박용래 시의 한과 사회 현실성」, 『시와시학』, 1991년 봄.
3) 형식에 대한 대표적인 연구로는 다음과 같은 것들이 있다.
조창환, 「박용래 시의 운율론적 접근」, 『시와시학』, 1991년 봄; 윤호병, 「박용래 시의 구조적 연구」, 『시와시학』, 1991년 봄; 정효구, 「박용래 시의 기호론적 분석」, 『시와시학』, 1991년 봄; 최승호, 「박용래론—근원의식과 제유의 수사학」, 『나랏말쌈』 16호, 2001.12; 심재휘, 「박용래 시 연구—반복기법의 유형과 미적 효과」, 『현대문학이론연구』 23호, 2004.
4) 생태학적 관점을 보여주는 연구로는 다음과 같은 것들이 있다.
엄경희, 「박용래 시에 나타난 자연 인식의 태도」, 『작가연구』, 2001년 가을; 김성화, 「박용래 시의 생태적 상상력 연구」, 고려대 석사논문, 2004.

미학으로 파악하고 각각에 작용하는 자연관과 그 생태학적 의미를 탐
구하고자 한다. 이는 박용래의 시세계에 대한 포괄적인 이해를 도모할
뿐 아니라 우리 문학의 생태학적 연구를 보다 근원적인 미학적 차원으
로 확대할 수 있으리라 본다. 여기에서는 특히 박용래 시의 동양적 미
학이 내포하고 있는 자연 친화적 성격을 면밀하게 고찰하여 그의 시가
보여주는 생태학적 사유의 근간을 밝히게 될 것이다.

2. 여백의 미와 동양적 자연

　최근에 고조되고 있는 '풍경'에 대한 관심은, 그것이 시선과 관련된
주체의 인식 태도를 보여주는 문화적 지표로 작용한다는 사실과 밀접
하게 관련된다. 동·서양 풍경화의 이질적인 화풍은 풍경에 대한 개인
의 시선이 그 사회·역사적 전통과 강하게 결합되어 있음을 보여준다.
"풍경화는 동아시아에서는 3~4세기, 서양에서는 근대적 주체 개념이
대두하는 16~17세기에 본격화된 회화 장르이다. 원근법에 기초한 서양
의 풍경화는 시·공간적으로 단일한 부동점을 가정하여 공간을 균질화
함으로써 대상 세계를 재현한다. 반면 동양의 산수화는 특정 시점을 의
도적으로 배제하고 시점을 분산하거나 화면을 분할함으로써 창작 주체
가 지향하는 성격의 공간을 창조한다."5) 서양의 풍경화가 주체의 시선
을 중심으로 대상을 사실적으로 재현하려는 것에 비해 동양의 풍경화
는 주체의 정신적 지향에 따라 화면을 의도적으로 재구성하는 것이다.
　정적이고 회화적인 성격이 강한 것으로 규정되었던 박용래의 시에

---

5) 김문주, 「한국 현대시의 풍경과 전통—정지용과 조지훈의 시를 중심으로」, 고려대
　박사논문, 2005, 33면.

이런 풍경에 대한 논의를 참조하면 그 근원적인 지향점을 파악하기 쉽
다. 박용래의 시는 회화로 치자면 전형적인 동양적 산수화의 특성을 보
여준다. 그의 시에 그려지는 조촐하고 단조로운 풍경은 동양의 수묵 담
채화 같은 고졸한 느낌을 주며, 적요하고 허정한 정서는 동양 산수화의
여백의 미와 상통한다.

　　　　앞산에 가을비

　　　　뒷산에 가을비

　　　　낯이 설은 마을에

　　　　가을 빗소리

　　　　이렇다 할 일 없고

　　　　기인긴 밤

　　　　木瓜茶 마시면

　　　　가을 빗소리.

—「木瓜茶」 전문6)

이 시에서 여백의 미는 우선 간결하기 그지없는 형태상의 특성에서
기인하는 것으로 보인다. 1행이 1연으로 이루어져 행간에 많은 여백을
내포할 뿐 아니라 각 행이 짤막한 구절들로 이루어져 전체적으로 풍부
한 여백을 간직한 형상이다. 이 시는 또한 대부분의 행을 명사로 처리

---

6) 박용래, 『박용래 시전집 먼바다』, 창작과비평사, 1988, 211면. 이후 시 인용은 이 책
　에 의거함.

함으로써 극도의 간결성과 객관성을 드러내고 있다. 서술형 어미가 생략된 이 시에서 주체의 정서는 직접적인 언술에 의해 표현되지 않고 명사형 어미의 간결한 인상에 의해 객관적으로 전달되고 있다. 주체의 적막감을 압도하는 자연의 풍경은 오히려 자연에 내재해 있는 근원적인 공허함을 주체의 정서에 이입해놓는 듯하다. 이 시의 풍부한 여백은 '앞산'과 '뒷산' 등 모든 공간을 가득 채우는 가을비의 적막감에 정서적 깊이를 부여한다. 이 동양적 풍경화 속의 적막감은 시·공간을 무한히 확장하는 정신적 지점과 연결된다. 가을 빗소리가 환기시키는 적막감은 모든 공간을 채우고 있을 뿐 아니라 '기인긴 밤'으로 압축되는 무한한 시간과 잇닿아 있다. 간결함에 있어 언뜻 이미지즘 시를 연상시킬 수도 있는 이 시는 이미지즘 시와는 달리 대상의 순간적 인상을 감각적으로 포착하려 하기보다는 시·공간의 무한한 확장을 도모한다. 이 시의 많은 여백은 적막한 시간의 무한성을 공간적으로 구현하고 있다. 동양화의 여백은 서양화의 과학적 원근법과 달리, 비실재하는 공간을 실재로서 연장하는 독특한 화면 구성의 방식이다.[7) 이 시에서 가을 빗소리가 내리는 '기인긴 밤' 동안 모과차를 마시는 주체는 순간의 실재성을 넘어 오랫동안 축적된 동양적 적막의 시·공간 속으로 흡수되어 들어간다. 여기에는 유한한 인간 존재가 무한한 자연에 의지하여 꿈꾸는 영원성의 세계가 펼쳐져 있다. 이는 목적론적인 서양의 근대적 관점으로 보면 의미 없는 일탈적 시·공간일 수도 있다. 그러나 시인은 어떤 목적 없이 그 자체로 존재하는 허적하고 여유로운 동양의 자연에서 자신의

---

7) "서양화 속에 우리가 그려진다면 우리는 그림과 테두리 밖으로 걸어 나오게 될 것이다. 헤라트파 장인들이 그린 그림에 들어가 있다면, 우리는 신께서 우리를 보시는 곳으로 인도될 것이다. 만일 중국 그림에 들어가 있다면 그림에서 절대로 나올 수 없을 것이다. 왜냐하면 중국인들의 그림은 끝나지 않고 영원히 계속되기 때문이다."(오르한 파묵, 이난아 역, 『내 이름은 빨강 2』, 민음사, 2004, 57면)라고 할 때 동양화의 영원성은 주체를 화면 속에 흡수한 채 비실재하는 시·공간을 실재로서 무한하게 확대하는 동양 산수화의 특성에서 기인한다.

정신적 지향점을 발견했던 것이다. 심심하고 단조롭기 그지없는 이 동양적 풍경은 근대의 조급한 발전론적 세계관에 가려 우리가 잊고 있던 자연의 본성을 드러낸다.

> 잠 이루지 못하는 밤 고향집 마늘밭에 눈은 쌓이리.
> 잠 이루지 못하는 밤 고향집 추녀밑 달빛은 쌓이리.
> 발목을 벗고 물을 건너는 먼 마을.
> 고향집 마당귀 바람은 잠을 자리.
>
> ——「겨울밤」 전문

박용래의 시는 대개 자연에 대한 정밀한 묘사를 행하기 때문에 대상에 대한 사실적 시선에 바탕을 둔 것으로 파악된다. 그러나 그의 시선을 주도하는 기본적 원리는 대상에 대한 시각적인 재현이라는 서양화법보다는 시각적 주체의 정신적 지향에 따라 화면을 구성하는 동양화법에 의거한다. 「겨울밤」은 박용래의 시에서 흔히 보이는 정밀하고 담백한 풍경을 그리고 있다. 주목할 것은 이 시에서 재현되는 풍경이 대상에 대한 직접적인 소묘가 아니라 '잠 이루지 못하는 밤', 상상 속에서 재구성된 고향마을의 모습이라는 것이다. 시인의 가장 내밀한 상상의 공간을 차지하는 것은 고향마을의 익숙한 정경이다. 고향집 '마늘밭'·'추녀밑'·'마당귀' 같은 구석구석까지 그의 시선은 정밀하게 침투한다. 이처럼 간결하지만 섬세하기 그지없는 시선은 고향에 대한 그의 강렬하고 원초적인 그리움을 환기한다. 이 시에서 여백은 '마늘밭'·'추녀밑'·'마당귀' 등 구석진 공간들의 틈새에 거리를 만들어내면서 고향마을의 풍경을 전체적으로 확산하는 작용을 한다. 구석구석 달빛과 눈이 쌓이고 바람까지 잠들어 적요한 고향은 시인이 지향하는 영원의 거소이다. 그것은 실재하는 고향을 넘어서 그의 이상향에 가까운 자연의 모습이기도 하다. 전근대적이고 토속적인 정취로 가득한 고향의 풍경은 인공이 가해지지 않은 동양의 원초적 자연을 재현하고 있다. 동양화의 여백이 그러하듯이 이 시의 여백도 구체적인 표현 대상을 넘어서는 자연의 영원성을 창조하고 있다.

> 첩첩 山中에도 없는 마을이 여긴 있읍니다. 잎 진 사잇길 저 모래뚝, 그 너머 江 기슭에서도 보이진 않습니다. 허방다리 들어내면 보이는 마을.
> 坑 속 같은 마을. 꼴깍, 해가, 노루꼬리 해가 지면 집집마다 봉당에 불을 켜지요. 콩깍지, 콩깍지처럼 후미진 외딴집, 외딴집에도 불빛은 앉아 이슥토록 창문은 木瓜빛입니다.
> 기인 밤입니다. 외딴집 老人은 홀로 잠이 깨어 출출한 나머지 무우를 깎기도 하고 고구마를 깎다, 문득 바람도 없는데 시나브로 풀려 풀려내리는 짚단, 짚오라기의 설레임을 듣습니다. 귀를 모으고 듣지요. 후루룩 후루룩 처마깃에 나래 묻는 이름 모를 새, 새들의 溫氣를 생각합니다. 숨을 죽이고 생각하지요.
> 참 오래오래, 老人의 자리맡에 밭은 기침소리도 없을 양이면 벽 속에서 겨울 귀뚜라미는 울지요. 떼를 지어 웁니다, 벽이 무너지라고 웁니다.
> 어느덧 밖에는 눈발이라도 치는지, 펄펄 함박눈이라도 흩날리는지, 창호지 문살에 돋는 月暈.
>
> —「月暈」 전문

이 시는 박용래의 시 중에서는 예외적으로 상당히 길게 쓰인 서술형의 시이다. 어떤 사건이 그려질 법도 한 장형의 시인데도 풍경에 대한 섬세한 묘사로 일관하고 있어 박용래 시의 중요한 원리를 포착할 수 있게 한다. 이 시의 배경은 첩첩 산중에도 없는 매우 후미진 마을이다. 이 시에서 시선의 움직임은 마을의 풍경에서 외딴집으로, 다시 외딴집 노인의 거동을 묘사하는 데서 창호지 문살에 돋는 월훈을 그리는 것으로, 마치 카메라의 렌즈가 줌인하듯이 풍경을 파고든다. 그런데 그 시선이 집중되는 풍경의 정점은 "창호지 문살에 돋는 월훈(月暈)"이다. 이 시가 어떤 사건이 아닌 자연에 대한 집요한 응시를 행하고 있음을 입증하는 결구라고 할 수 있다. "창호지 문살에 돋는 월훈(月暈)"이라는 지극히 정밀한 풍경은 역으로 자연의 전체적 인상을 압축해 보인다. 그리하여 이 시의 미시적 자연은 거시적인 자연에 대한 통찰로 확대되면서 시인의 정신적 지향점을 드러내고 있다.

이 시에서는 시선의 이동과 변화를 발견할 수 있듯이 시간의 변화도 살필 수 있다. 노루꼬리 해가 지는 장면에서 시작해서 긴 밤을 지나 월훈이 돋는 시간이 순차적으로 그려진다. 그런데 이 시에서 시간의 변화는 어떤 인과론적인 질서를 보여주기 위한 것이라기보다는 자연의 영원성 속에 내재해 있는 반복과 순환의 원리를 내포하는 것으로 보인다. 이 시에서 시간은 외딴 집 노인의 모습이 그려내듯이 한없이 적요하고 무한하여 '갱(坑) 속 같은 마을'의 공간적 깊이에 맞먹을 만큼 침전되어 있다. 섬세하고 감각적인 묘사에도 불구하고 이 시의 시·공간은 영원히 지속될 것 같은 동양적 자연의 전형을 창출하고 있다.

노인이 화면의 중앙에 배치되어 있지만 이 시에서 중심을 이루는 것은 자연의 풍경이다. 이 시에서 노인은 자연의 적요한 본성에 순응하는 또 다른 자연이다. 인물이 자연에 동화되어 있는 동양 산수화의 정경처럼 이 시에서 노인은 자연과 일체를 이루고 있다. 노인은 어떤 사건도 일으키지 않고 적요하기 그지없는 자연의 시·공간을 수식할 뿐이다. 시인은 서사성을 배제함으로써 자연에서 정신적 지향의 원형을 재현하려 한다. 그의 시에서 자연은 항구한 삶의 터전이다. 그 안에서 인간은 자연의 일부로서 조화를 이루며 존재한다. 자연을 변모시키는 역동적인 인간이 부재하기 때문에 그의 시는 정적인 인상을 준다. 인간이 중심에 놓이고 자연이 그것을 수식하는 서양의 시점과 달리 동양적 풍경화의 전통을 따르고 있기 때문이다.

장황한 서술형의 시인데도 이 시에서는 시인 특유의 여백의 미가 느껴진다. 그것은 원형적 자연을 바탕으로 전체의 화면을 구성하고 있기 때문이다. 가시적인 영역을 넘어서는 무한한 자연을 전제하고 있기 때문에 직접적으로 묘사된 부분 이외의 풍경을 상상할 수 있게 한다. 미시적인 풍경의 묘사에 뛰어난 시인이지만 그것은 늘 자연 그 자체라는 절대적인 공간을 전제로 하여 시·공간적 상상을 시원스럽게 확장시킨다. 그의 그림 같은 시에 깃들어 있는 정적은 동양적 자연이 함축하고 있는 허적(虛寂)의 경지와 상통한다.

여백의 미는 박용래 시의 미학적 핵심이며 그의 동양적 자연관을 가장 개성 있게 구현한 형상화의 원리이다. 그는 근대적 세계에 결코 무지하지는 않았지만,8) 의식적으로 그것을 거부하고 마땅히 지향해야 할 정신적 거처로 동양적 자연의 영원성을 추구했다. 그의 시에서 자연은 구체적이고 감각적인 묘사를 통해 핍진하게 그려지지만 궁극적으로는 거대하고 적요한 절대적인 세계의 부분으로서 형상화되었다. 그의 시에 일관되게 드러나는 여백의 미는 실재를 넘어서는 자연의 영원성에 대한 정신적 지향에서 말미암은 것이다.

3. 제유법과 자족적 의경

박용래 시의 또 다른 특성을 이루는 비유법과 이미지 조형술에 대해서는, "맑고 투명한 이미지의 세계를 드러내줌으로써 문득 불러일으키는 서정의 충격"9)이라는 긍정적인 평가와 "이미지를 구성하는 시어들

---

8) 박용래는 당대 명문 강경상업학교를 수석으로 졸업하고 조선은행 서울 본점에 취직했지만 '비럭질 수준의 권태로운 노동'을 거부하고 귀향했다(이문구, 「박용래 약전」, 『박용래 시전집―먼바다』, 앞의 책, 242~243면 참조). 시인이 자본주의의 첨단 직종인 은행 업무를 마다하고 귀향한 것은 그가 시에서 보여주는 근대에 대한 거부를 현실적으로 실천한 상징적 행위라고 볼 수 있다.
9) 이은봉, 「박용래시 연구―시적 방법과 시세계를 중심으로」, 『한남어문학』 제6·8합병호, 1982.

이 여러 시편에 공존하고 있어 개성을 잃고 비슷비슷하며, 그로 인해 생동감이 부족하다"[10]는 부정적인 평가가 엇갈린다. 박용래 특유의 수사법은 매번 참신한 비유를 창출하는 언어의 조작을 통해 형성되기보다는 대상 자체의 고유한 특질을 드러내는 방식이기 때문이다. 따라서 세련된 형식주의의 관점에서 보면 별다른 개성을 찾기 힘든 범박한 이미지들의 나열에 불과해보일 수도 있지만, 그 이미지들이 형성하는 독특한 세계에 주목한다면 '서정의 충격'을 느낄 수도 있는 것이다.

　대상의 부분적 독자성을 살려내는 박용래 시의 비유법은 '제유의 수사학'으로 파악할 수 있다.[11] 비유법이 사유나 상상력의 심층 구조의 형식이라 할 때 제유는 비유의 네 가지 유형—은유, 환유, 제유, 아이러니—중에서 가장 유기론적인 것이라 할 수 있다. 제유가 대상과 전체의 관계에서 통합적으로 표현된 내재성에 관한 어법이기 때문이다. 유기론은 K. 버크가 '고상한 제유'라고 말한 것에 해당한다. 버크가 말하는 고상한 제유란 소우주와 대우주가 동일하다는 형이상학적 주장인바, 이것은 가장 이상적인 제유의 실례가 된다. 이러한 제유적 해석 원리에 따르면 개인은 우주의 축소판이 되고 우주는 개인의 확대판이 된다. 전체는 부분을 재현하며 부분 또한 전체를 재현한다.[12] 제유법이 지배적인 박용래의 시에서는 소우주를 구성하는 다양한 이미지들의 병치를 통해 그것들을 포괄하는 보다 큰 세계를 상상할 수 있다.

　　木瓜나무, 구름
　　소금 항아리

---

10) 김재홍, 앞의 글, 29면.
11) 박용래 시의 제유적 수사학과 그것이 내포한 세계관에 대해서는 최승호, 「박용래론
　　—근원의식과 제유의 수사학」에서 상세하게 논의하고 있다. 여기서는 그것을 동양시
　　학의 '의경' 개념과 관련지어 보다 심층적으로 살펴볼 것이다.
12) 구모룡, 「서정시학·유기론·제유의 수사학」, 『서정시의 본질과 근대성 비판』, 다운
　　샘, 1999, 232면 참조.

삽살개
개비름
主人은 不在
손만이 기다리는 時間
흐르는 그늘
그들은 서로 말을 할 수는 없다
다만 한 家族과 같이 어울려 있다

—「뜨락」 전문

　이 시는 이미지의 병치를 통해 제유의 효과를 극대화시키는 박용래 시의 미학적 특성을 함축하고 있다. 모과나무, 구름, 소금 항아리, 삽살개, 개비름 등 하잘 것 없는 대상들이 어떤 수식도 없이 열거되면서 각각의 존재를 선명하게 드러내고 있다. '주인'이 아닌 '손'에 불과하지만 가족과 같이 서로 어울려 뜨락을 가득 채우고 있는 이들의 존재는 화합하며 조화를 이루는 유기적인 세계를 형성한다. 이 시는 흥미롭게도 뜨락에 대한 제유적인 수사가 다시 자연에 대한 비유로 확대되는 동심원적인 구조를 드러낸다. 뜨락을 구성하고 있는 대상물들은 자연을 구성하고 있는 사물들과 유사한 관계를 보인다. 이 시에서 뜨락은 자연이라는 대우주를 반영하는 조화로운 소우주에 해당한다. 시인의 의식 속에서 자연의 근간을 이루는 것은 그 구석구석을 채우고 있는 하찮고 미약한 존재들이다. 그에게 이 낱낱의 존재들보다 더 소중한 것은 없다. "개성을 잃고 비슷비슷"해 보이는 이 보잘것없는 '손'들을 한결같이 자연의 중심에 놓고 있다는 점은 오히려 박용래 시의 개성으로 파악할 수 있다.

　박용래의 시는 이미지 간의 긴장과 충돌에서 강한 미학적 효과가 발생하는 서구의 수사법과 다르게 범박한 이미지들의 병치로 정서적 통일감을 도모한다는 점에서 동양적 시학을 구현하는 것으로 보인다. '의경(意境)'이라는 동양시학의 주요 개념은 서구의 '이미지'와 달리 언어

형상 너머에서 이루어지는 의미의 차원을 지시한다. 의경은 작품 속에 묘사된 구체적이고 특정한 예술 형상들이 상상 속으로 이끌어 생성시킨 공간세계이며 정취이자 분위기의 총화이다.13) 의경은 구체적인 물상들을 포괄하는 전체이다. 의상(意象)이 이미지를 형성하는 기초 단위라고 한다면 의경은 그러한 의상들의 조합, 행이나 연, 나아가 작품 전체를 대상으로 하는 것이라 할 수 있다. 이미지나 비유·상징 등 형상 표현의 기본 단위들은 기본적으로 의상에 포괄된 개념이지만 그러한 표현들이 만들어내는 정경과 작용은 의경 개념에 포함된다. 정경의 어우러지기가 곧 의경을 창조하는 것은 아니다. 또 정경 어우러지기에 의한 선명한 예술 형상의 창조가 곧 의경의 전체 모습이라고 할 수는 없다. 오히려 더욱 본질적인 특징으로서 '상외지상' 즉 상상 속의 공간세계와 여기에 수반되는 정취 및 분위기 등을 빚어낼 수 있어야 비로소 의경을 생성시켰다고 할 수 있다.14) 즉 앞의 시에서 모과나무, 구름, 소금 항아리, 삽살개, 개비름 등 개별적이고 구체적인 사물들이 의상에 해당한다면, 그것들이 어울려 이뤄내는 평화롭고 자족적인 분위기는 의경이라고 할 수 있다.

박용래 시의 제유의 수사학은 간결하면서도 자연스러운 의상의 작용으로 시인이 지향하는 근원적 의경을 창조하는 동양적 시학의 사례에 해당한다. 흔히 '점묘법'이라 일컬어지던 이미지의 병치를 통한 소묘의 방식은, 밋밋하고 담담한 의상을 통해 전체적으로 완성된 의경에 이르는 동양시학의 작용과 관련해서 재해석될 수 있다. 서구의 관점으로 볼 때 단조롭기 그지없는 이미지의 병치는 그것이 궁극적으로 형성하는 정취와 사유의 경계에서 통합적으로 파악해야 할 것이다.

　　　오는 봄비는 겨우내 묻혔던 김칫독 자리에 모여 운다

---

13) 최일의, 「의경의 개념 분석」, 『중국학보』 43호, 2001.8, 57면.
14) 위의 글, 58면.

오는 봄비는 헛간에 엮어 단 시래기 줄에 모여 운다

하루를 섬섬히 버들눈처럼 모여 서서 우는 봄비여

모스러진 돌절구 바닥에도 고여 넘치는 이 비천함이여.
―「그 봄비」 전문

이 시에서는 '겨우내 묻혔던 김칫독 자리', '헛간에 엮어 단 시래기 줄', '모스러진 돌절구 바닥' 등 하찮기 그지없는 사물들을 병치하여 '비천함'이라는 정서와 관련짓고 있다. 제목에 쓰인 지시대명사 '그'가 지칭하는 것처럼 이 시는 일반적인 봄비의 생동하는 느낌과 다른 분위기를 드러낸다. '운다'는 어휘의 반복은 이 시의 처량한 분위기를 배가한다. 여백을 통해 더욱 강조되고 있는 처량한 봄비의 이미지는 기실 시인의 정서적 상황과 일치하는 것이다. 마지막 부분에서 "이 비천함이여"라고 직접적으로 노출되는 감정은 시인 자신의 것이라 할 수 있다. 시에서 병치되었던 비천한 사물들과 시인의 처지는 다르지 않다.

"시적 자아가 자신의 궁핍함, 비천함을 이렇게 시적 소재로 삼고, 나아가 그것을 우울하게 토로하는 데서 서정시가 지닌 하나의 위대한 힘이 나온다"[15]라는 데서 이 시의 이해는 일단락될 수 있다. 그러나 감정의 발산보다는 전체적인 분위기의 창출에 주력하는 이 시인의 성향으로 미루어볼 때 이 시의 이해는 좀 더 확대될 수 있을 것 같다. 시인은 자신까지 포함된 구석진 세계에서 비천함의 동류의식을 발견한다. 박용래 시에서 자연은 본질적으로 소박하고 미약한 존재들의 총화이다. 이 시에 등장하는 사물들은 박용래 시에서 익숙한 하찮은 존재들이다. 그렇다면 이 시에서 '비천함'은 시인 자신을 포함한 온 세상의 비천함을 의미하는 것이다. 중요한 것은 '비천함' 자체보다 '모여 운다'고 할 때

---

15) 최승호, 앞의 글, 421면.

의 공감의 정서일 것이다. 한없이 미약하고 비천한 처지를 공유하며 한 세상을 이루는 존재들에 대한 연대감과 동류의식이야말로 이 시에서 감추고 있는 의경이라 할 수 있다. "모스러진 돌절구"와 대비되는 "고여 넘치는"의 풍요로움은, '비천함'을 소외된 약자들에게 한정되지 않는 자연의 본질로서 인식하게 한다.

자아와 자연에서 비천함을 발견하고 공감함으로써 그것을 긍정하게 되는 경지는 근대적 세계에 대한 거부와 '자발적 가난'16)에 비견될 수 있다. 박용래 시에서 그려지는 하찮음이나 비천함은 근대적 세계에서 소외되어 변두리로 밀려나게 된 전근대적 세계의 모습과 다르지 않다. 시인은 전근대적 세계가 변두리화되어 버린 삶의 변화를 인식하면서도 그것의 본래적 가치를 잊지 않는다. 근대에 대한 그의 거부는 상당히 의식적인 것이다. 그것은 "목마른 침목(枕木)은 싫어 삐걱삐걱 여닫는 바람소리 싫어 반딧불 뿌리는 동네로 다시 이사 간다. 다 두고 이슬 단지만 들고 간다"(「강아지풀」)에서의 결단처럼, '목마른 침목(枕木)' 같은 삭막한 근대적 삶을 청산하고 '반딧불 뿌리는' 친자연적인 전근대의 삶으로 회귀하려는 실천적 행위이다. 그의 가난은 근대의 반생명적인 삶을 거절하고 선택한 자발적인 것이다. 그것은 "다 두고 이슬 단지만 들고 간다"는 결연한 다짐이 동반된 선택적 행위이다.

박용래 시에서 '가난'이나 '변두리'의 시학이 결코 소외된 약자의 정한으로 흐르지 않고 조화롭고 풍요로운 정경을 그리게 되는 것은, 그것이 자연의 본성에 가깝기 때문이다. "문학 예술은 궁극적으로 삶과 생명에 대한 긍정이고 이 긍정은 자연이 보장하는 생명의 큰 테두리 속에 있다"17)는 말처럼, 자연의 테두리 안에 놓여 있는 그의 시는 삶과 생명에 대한 긍정을 잃지 않는다. 박용래 시에서 '가난'은 근대적 세계가 만들어 낸 차별의 산물이다. 근대의 기준에 의하면 근대의 끊임없는 물질

---

16) 헨리 데이빗 소로우, 강승영 역, 『월든』, 이레, 1993, 24면.
17) 도정일, 『시인은 숲으로 가지 못한다』, 민음사, 1994, 352면.

적 발전에 순응하지 못하는 모든 대상이 가난하다. 자연 본래의 모습조
차 근대의 차별적 관점에 의해 가난해지고 주변적인 것이 되었다. 시인
은 이런 근대의 시선에 의해 떠밀려간 전근대적 삶을 시의 중심에 놓음
으로써 잊혀져가던 세계를 새롭게 복원시킨다. 그의 시가 구성하는 장
면은 작고 보잘것없는 존재들의 공동체적 공간이다. 전형적인 산수화의
이상적인 자연이 아니라 전근대적인 삶을 구성하던 범박하기 그지없는
물상들이 어우러진 모습이 그것이다. 비천한 것들이 모여 이루는 소박
하고 진솔한 아름다움을 그처럼 잘 포착한 경우는 드물다. 자신까지도
포함하는 친밀감과 동류의식, 그리고 오랫동안 삶의 바탕을 이루어 온
근원적인 것에 대한 신뢰가 온화하고 자족적인 의경을 창조한다.

"탱자울에 스치는 새떼 / 기왓골에 마른 풀 / 놋대야의 진눈깨비 / 일찍
횃대에 오른 레그호온 / 이웃집 아이 불러들이는 소리 / 해 지기 전 불 켠
울안"(「울안」)에서 그려지는 것과 같은 박용래 특유의 풍경은 자연과 인
간이 조화를 이루며 공존하는 소박한 삶의 모습이다. 무작위로 호명한
듯한 물상들은 자연스럽게 얽히면서 조화를 이룬다. 이 시에서 하나의
소우주를 이루는 '울안'은 시인이 꿈꾸는 이상적 세계의 축소판이다. 평
범한 개체들이 이루는 우주적 조화와 자족감을 그리기 위해 시인은 제
유법의 유기론적 관계를 십분 활용한다. 범박한 물상들을 무심하게 병
치함으로써 만들어내는 조화와 질서는 자연의 본성과 유사한 것이다.
평범한 듯 비범한 이런 이미지 작법은 그가 지향한 의경의 궁극적 경지
와 맞닿아 있다. 소박하면서도 충만한 전근대적인 삶에 대한 따뜻한 긍
정의 시선 역시 그의 의식의 지향점을 반영한다.

4. 단순성과 유기론적 생명시학

박용래 시의 친자연적인 성격이 가장 잘 드러나는 형상화의 원리는 단순성의 시학이라 할 수 있다. 단순성은 자연의 질서가 지닌 본질적 성격이라고 할 수 있다. 자연은 통일성을 지니고 있으며 그렇기 때문에 자연의 법칙은 단순할 수밖에 없다. 자연의 질서가 단순한 아름다움을 지닌 것이라고 한다면, 자연의 재현이요 진리의 표현인 예술이 단순성을 지향하는 것은 당연하다. 그러나 여기서 말하는 단순성은 내용이 빈약한 단조로움과 분명히 구분되어야 한다. 복잡성의 과정을 거친, 복잡성을 내포하는 단순성이다. 아른하임의 표현을 빌면, "복잡성과 상관 관계가 없거나 금욕적 빈곤에로 도피한 것이 아니라 실존적 풍요를 정복한" 단순성이다.[18] 자연의 단순성이 기계적인 단조로움이 아닌 것처럼 예술의 단순성은 미묘한 복잡성을 내포한다.

박용래 시를 규정짓는 단순성은 구조나 운율·어휘 등 많은 요소에서 발생한다. 그의 시에서 흔히 볼 수 있는 반복 기법은 단순성의 시학을 구성하는 중요한 형상화의 원리이다.

> 눈보라 휘돌아간 밤
> 얼룩진 壁에
> 한참이나
> 맷돌이나 가는 소리
> 高山植物처럼
> 늙으신 어머니가 돌리시던
> 오리 오리
> 맷돌 가는 소리.
>
> —「雪夜」 전문

---

18) 이남호, 「녹색문학을 위하여」, 『녹색을 위한 문학』, 민음사, 1998, 44~46면 참조.

이 시는 8행의 간결한 형태를 보인다. 4행과 8행에서 "맷돌 가는 소리"라는 구절이 반복되면서 통일성을 이룬다. 그런데 이 시의 내용은 전반부와 후반부에서 미묘한 변화를 보여준다. 전반부가 "맷돌 가는 소리"의 배경을 이룬다면 후반부는 구체적인 정황을 그리고 있다. 전반부가 객관적인 소묘에 가깝다면 후반부는 정서적 환기를 꾀한다. 동일한 구절을 중심으로 묘사의 범위와 태도에 변화를 가함으로써 단조로움에서 벗어나고 있다. 섬세하게 작용하는 운율적 장치 역시 이 시에 생기를 더한다. '소리'와 '오리'의 반복은 통일성 있는 율감을 형성하면서 지속적인 여운을 남긴다. 이 반복적인 리듬은 "맷돌 가는 소리"를 청각화하여 구체적인 감각으로 변화시킨다. 이로써 "눈보라 휘돌아간 밤"을 묵묵히 견디며 어머니가 돌리는 맷돌 가는 소리는 영원히 지속될 것 같은 강한 인상을 남긴다.

반복과 순환의 미학적 성과는 영원성과 생명을 표현할 수 있다는 데 있다. 반복과 순환은 자연의 원리이기도 하다. 친자연적인 전통 시가에서 반복과 순환은 가장 기본적인 시작의 원리였다. 근대적인 시일수록 이러한 시작 방법에서 멀어져 복잡하고 난해한 양상을 보이는 것은 자연적 질서로 표현하기 힘든 다변적인 현실을 반영한다. 전근대적이고 친자연적인 세계를 지향했던 박용래의 경우는 전통적인 시가의 반복과 순환의 원리를 되살려낸다. 그의 많은 시들은 동요나 민요에서 흔히 볼 수 있는 단순하고 반복적인 운율을 보여준다.

<blockquote>

짱아야 짱아야
보리짱아야
바람도 없는데
원두막 삿갓머리
물구나무 섰다.

</blockquote>

—「童謠風−원두막」 전문

한뼘데기 논밭이라 할 일도 없어, 흥부도 흥얼흥얼 문풍지 바르면 흥부네 문턱은 햇살이 한 말.
파랭이꽃 몇 송이 아무렇게 따서 문고리 문살에 무늬 놓으면 흥부네 몽당비 햇살이 열 말.

—「小感」 전문

동요풍인 앞의 시나 민요풍인 뒤의 시는 모두 시인이 전통 시가의 운율과 정서를 의식하고 수용하려 했음을 보여준다. 두 시에 나타나는 천진하고 낙천적인 태도는 단순하고 반복적인 운율과도 관련된다. 그것은 흔들림 없이 지속되는 세계에 대한 신뢰에서 비롯되는 것이다. "짱아야 짱아야 보리짱아야"라고 할 때의 천진한 동심은 자연과 구분되지 않는 공감의 영역에 놓여 있다. 소박한 율동감 역시 자연에 가까운 단순성을 내포한다. 「소감」의 시적 정황도 친자연적인 것으로서 홍겹고 안온한 분위기를 이루고 있다. 민요의 구성진 가락을 수용하면서도 단순한 구성으로 절제를 행하고 있다. 단 두 개의 행이 적절한 반복과 변주에 의해 생기 있게 연속된다. 이 시에서는 "햇살이 한 말"과 "햇살이 열 말"에서 반복과 변형의 질서를 유지시키면서 흥부의 삶과 자연이 이루는 조화와 흥취를 표출하고 있다. 두 시에서 또 하나 주목할 만한 사실은 어휘의 소박성이다. 박용래의 시는 대개 토속적인 재래의 어휘를 즐겨 사용함으로써 원초적인 감각을 환기시키는 경향이 있다. 토속적인 어휘에는 자연 상태의 날것의 감각과 원초적 생명력이 깃들어 있다. 그것은 문명어들과는 달리 직접적인 삶의 감각을 담아낸다. 운율의 절묘한 반복과 변형, 토속적인 어휘들의 조화는 박용래 시의 고요하면서도 생동하는 느낌을 뒷받침한다.

반복과 순환의 구조, 원초적 리듬과 어휘에 의해 자연의 영원성과 생명력을 구현하는 박용래의 시는 동양적 생명미학의 전통 속에 놓여 있다. 동양의 유기론적 관점에 의하면 예술행위는 대우주인 자연과 유사하게 조화와 질서를 이루는 소우주를 창조하는 일이다. "손바닥 위에서 세계를 보고 한 방울 이슬 속에 우주를 본다는 것은 이 세상의 모든 생명의 완성된 모습은 그대로 소우주(小宇宙)요, 개개의 태극(太極)이라는 것이다. 그러므로, 시가 몇 마디의 언어로써 완성된 언어요, 살아 있는 유기체라면 그는 혼돈과 복잡으로서 소재 그대로 방치된 것이 아니고 시인의 재창조를 통한 단순미의 설계로서 비약하면서 연락되고 나타난 이면의 무한광대성(無限廣大性)을 간직하는 것이기 때문이다"19)라는 유기론적 사유에 의하면 한 편의 시는 우주적 질서를 축약하고 있는 소우주이다. 동양적 기철학(氣哲學)에서 "미란 우주 속에 있는 보편적 생명의 흐름 속에 있는 것이다."20) 우주적 생명의 질서야말로 미의 근간을 이루는 것이기 때문에 동양적 미학의 핵심은 생명의 작용이라고 할 수 있다. 전통적인 시가의 단순성에는, 생명은 영원히 반복된다는 선한 믿음이 깃들어 있다. 자연의 영원성을 닮아 완전한 생명의 형식을 창조하려는 꿈이 동양 시가의 전통을 지속시켜 온 것이다.

박용래의 많은 시들은 동양시가의 형식 미학을 이어받아 생명의 영원성과 호응하는 반복과 순환의 구조를 창출한다. 때로는 기계적인 반복에 그치는 단순성을 보이기도 하지만, 그의 성공한 시편들 대부분은 미묘한 복잡성을 내표한 단순성의 구현에 있어 특이할 만하다. 단순성은 박용래 시에서 가장 중요한 미학적 원리임에 틀림없다. 다음 시에는 단순성을 비롯한 박용래 시의 미학적 특징이 망라되어 있다.

늦은 저녁때 오는 눈발은 말집 호롱불 밑에 붐비다

늦은 저녁때 오는 눈발은 조랑말 발굽 밑에 붐비다

---

19) 조지훈, 『조지훈 전집 2―시의 원리』, 나남출판, 1996, 105~106면.
20) 방동미, 정인재 역, 『중국인의 생철학』, 탐구당, 1992, 24~25면.

늦은 저녁때 오는 눈발은 여물 써는 소리에 붐비다

늦은 저녁때 오는 눈발은 변두리 빈터만 다니며 붐비다

—「저녁눈」 전문

이 시는 우선 형태상 4행으로 이루어져 있는 매우 간결한 구조를 보여준다. 또한 박용래 시에서 자주 볼 수 있는 1행 1연의 형식으로 여백의 효과를 충분히 살리고 있다. 매 행 동일한 구절의 반복으로 단순미를 극대화한 것도 시인 특유의 창작 방법에서 연유한다. 이 시는 반복으로 인한 단순미와 함께 미묘한 변주를 통해 기계적인 단순성과 구분되는 자연스러운 형식의 미를 획득하고 있다.

이 시에서 주목되는 부분은 당연히 반복되는 구절에 이어지는 변형부이다. "말집 호롱불 밑", "조랑말 말굽 밑", "여물 써는 소리", "변두리 빈터" 등의 물상들은, 앞 뒤의 반복 구조에 의해 두드러지며 조명을 받는다. 변형부를 구성하는 물상들은 한결같이 보잘것없고 미약한 존재들이라는 공통성에 의해 주화를 이루며, 또 서로 긴밀하게 관련되며 통일성 있는 풍경을 연출한다. 흥미로운 것은 '말집'이나 '조랑말', '여물' 같은 하찮은 존재들조차 그 자체가 아닌 부분에 대한 간접적인 표현을 통해 드러난다는 점이다. '말집'은 '호롱불'에 의해, '조랑말'은 '말굽'을 통해, '여물'은 그 소리를 통해 인식된다. 이런 암시와 간접적인 묘사는 여백의 미를 더욱 두드러지게 하며, 주변적인 존재들을 새롭게 조명하는 이 시의 시점과도 일치한다. 대상에 대한 직접적인 묘사보다 그 주변적인 것의 묘사를 통해 그것을 드러내어 여운을 더하는 것은 동양 시가에서 익숙한 작법이다.21) 이는 전체적인 균형과 조화 속에서 자연스러운 미감을 확보하는 방식이다. 이 시에서 대상에 대한 간접적인 묘사

---

21) "시인이 전달하고자 하는 바는 때로는 그가 말하는 것을 통해서가 아니라 그가 말하지 않는 것을 통해 구현된다."(서성록, 『동서양 미술의 지평』, 재원, 1999, 200면) 이러한 암시성(suggestiveness)은 동양 예술의 중요한 특징이다.

는 자연스러운 상상에 의해 대상들 간의 긴밀한 조화와 유대를 확인하
게 한다. 말집을 비추는 소박한 불빛과 조랑말의 연약한 말굽, 그리고
그 말의 여물을 준비하는 주인이 이루는 조용하면서도 긴밀한 호응이
이 시의 따뜻한 정서를 산출한다.

변두리 말집의 보잘것없는 존재들에 한없이 빠져드는 듯한 이 시의
시선은 마지막 연에서 완결미를 보이며 마무리된다. 박용래의 나열형
시들은 시형의 종료를 암시하는 미세하지만 효과적인 마감 장치를 마
련하고 있어서 불안정성을 예방한다.22) 이 시의 경우 마지막 행은 구문
의 유형이나 공간의 특성에 적지 않은 변화를 줌으로써 앞부분의 반복
적인 형식을 효과적으로 완결하고 있다. "변두리 빈터만"은 앞에서 나
열된 모든 공간의 특성과 일치하면서 좀 더 거시적인 시각에서 포괄해
내고 있다. 앞에서 상술되었던 각각의 장면은 바로 이 구절에 의해 더
욱 각별한 의미를 획득한다. 무심한 듯한 열거와 그것을 아우르는 압축
으로 완급을 조절하는 절묘한 호흡법은 이 시가 기계적인 단순성을 넘
어서는 형식미를 갖추고 있음을 입증한다.

탁월한 구성과 절묘한 호흡 속에서 이 시는 정중동(靜中動)의 동양적
자연의 질서를 그려낸다. "변두리 빈터만 다니며 붐비다"라는 구절로
함축되어 있는 이 시의 풍경은 텅 비어 있는 가운데 붐비는 동양적 자
연을 형상화하고 있다. 동양적 자연에 대한 탁월한 비유를 행한 노자(老
子)에 의하면 천지는 마치 대장간의 풀무와 같다. "풀무의 속은 텅 비어
있으나 그것은 움직일수록 더욱 많은 기운을 낸다."23) 천지는 비어 있
는 듯하나 실은 무궁한 가능성이 잠재해 있다는 것이다. 이러한 동양적
사유는 주체와 타자, 인간과 자연이 차별되는 서구 근대의 자연관과 달
리 강자와 약자가 대결이 아닌 협력과 조화 속에서 상생하는 자연을 상
정한다. 박용래 시에서 흔히 볼 수 있는 전근대적인 삶의 모습은 이런

---

22) 심재휘, 앞의 글, 253면.

23) "天地之間 其猶橐籥乎 虛而不屈 動而愈出."(『道德經』五章)

상생하는 자연의 생태와 다르지 않다. 시인은 중심과 주변, 강자와 약자의 차별에서 벗어난 본래적인 삶의 양상을 되살리려 하였다. 미약하기 그지없는 대상들에 대한 집요한 천착은 서구 근대의 자연 침해에 대한 시인의 의도적 저항을 담고 있다. 자연 본래의 모습을 회복하고자 시인은 한없이 작고 낮은 목소리로, 근원으로서의 자연이 갖는 유약한 본질을 설파했다.[24] 이는 서구 근대화의 물결이 침범하기 시작한 자신의 시대를 보호하려는 시인의 조용하지만 적극적인 반근대의 기획을 반영하는 것이다. 동시대의 많은 시인들이 서구적 모더니즘의 세례 속에서 전통의 파괴에 몰두했던 것과는 대조적으로, 동양적 생명시학의 단순성을 견지한 그의 미학적 실천이 그 증거이다.

5. 친자연적 감성과 미학

박용래 시의 생태학적 의미를 고찰함에 있어 심미적 감성과 미학적 형상화의 특성에 주목해 보았다. 지금까지 문학에 대한 생태학적 접근이 다분히 내용 중심적이어서 당위론의 범주를 벗어나지 못하고 있어 미학적 차원의 모색을 통해 보다 섬세하고 근원적인 이해가 요청되고 있기 때문이다. 박용래 시의 미학적 특성들은 자연에 대한 이해의 방식과 그 생태학적 의미를 파악하는 데 있어 많은 시사점을 보여준다.

박용래 시에서 특징적인 여백의 미는 동양의 수묵 담채화와 흡사한 정신적·미학적 지향점을 담고 있다. 동양화의 여백은 실재하는 공간에서 비실재로 연장되면서 유한한 인간 존재를 무한한 자연에 귀속시킨

---

24) "근본으로 돌아가는 것이 도의 움직임이요, 유약함이 도의 작용이다(反者道之動 弱者道之用)."(『道德經』 四十章)

다. 박용래 시의 화면 구성이나 주체의 시선은 구체적인 표현 대상을 넘어서는 영원한 자연이나 고향과 같은 이상향을 창조해낸다. 그의 시에서 여백은 가시적인 영역을 넘어서는 자연의 적요하고 절대적인 경지를 함축하고 있다.

제유의 수사학이 두드러진 박용래의 시는 대상의 부분적 독자성을 살려내며 전체와의 관계를 통합적으로 표현해내는 유기론적인 비유법이라는 점에서 특징적이다. 박용래 시에서 제유법은 소우주를 구성하는 다양한 이미지들의 병치를 통해 그것들을 포괄하는 보다 큰 세계를 그려낸다. 이는 동양 시학의 의경과 유사하게 구체적인 물상을 포괄하는 전체를 표현하는 방식이다. 평범한 물상들의 무심한 병치 속에서 이루어지는 조화와 질서는 시인이 지향한 의경의 궁극적 경지를 드러낸다.

단순성의 미학 또한 박용래 시의 친자연적인 성격을 보여주는 중요한 형상화 원리이다. 박용래 시에서 단순성은 구조나 운율·어휘 등 여러 요소에서 발생한다. 소박하고 단순한 미학을 통해 시인은 토속적이고 자연적인 세계의 반복과 순환의 질서를 구현한다. 반복을 통한 단순미와 절묘한 변용이 조화를 이루는 그의 시는 동양적 생명시학을 창조적으로 재현해낸다.

박용래의 시는 동양적 미학이나 자연관과 깊은 친연성을 드러낸다. 동시대의 많은 시인들이 서구적인 양식과 사유에 경도되어 있던 것에 비해 그는 동양적인 세계관을 계승하고 있다. 동양적 미학은 전통 속에 잠재되어 있는 본원적 감성에서 발원하는 것으로 자연과의 합일을 궁극의 지향점으로 삼는다. 근대화가 본격화되기 시작하던 시기에 시인이 의도적으로 고수한 전근대적인 삶과 미학은 각별한 의미를 지닌다. 박용래의 시는 근대화로 인해 상실되어 가는 본연의 자연을 형상화하는 것으로 일관한다. 그의 시는 본래적 자연의 감성을 되살리고 그것과 일치를 이루는 미학을 통해, 조용하지만 적극적인 반근대의 의지를 표출하였다. 자연의 일부로서의 인간 존재를 자각하고 통일을 이루는 가운데 커다란 조화 속에서 공존할 수 있는 가능성을 탐색했던 것이다. 중요한 것은, 시인이 독특한 감성과 미학의 발현을 통해 그것을 드러내고 있다는 점이다. 당위나 목적이 아닌, 감성과 미학적 차원을 통해 자연과 인간의 관계를 보다 근원적으로 재정립할 수 있었다는 점이다. 인간 내면의 절실한 감응이 없이 자연을 재인식하는 것은 불완전할 수밖에 없다. 오늘날 생태시학의 관점에서도 박용래 시가 각별한 의미를 갖는 것은 그가 보여준 미학적인 독자성에서 기인한다.

작은 생명의 힘과 꿈

야생화의 시적 변용

1. '이름모를 풀꽃'들의 전언

야생화에 대한 관심이 고조된 것은 환경 문제의 공론화와 밀접한 관련을 갖는다. 인간의 삶을 위협하기 시작한 생태 파괴를 인지하면서부터 야생화 같은 미약한 생명체에 대해 전례 없이 주목하게 된 것이다. 인간사회와 마찬가지로 자연에서도 가장 연약한 존재일수록 가장 먼저 도태되고 소멸되는 약육강식의 원리가 작용한다. 급격히 사라지는 야생화들의 자취는 인간 생존의 장으로서의 자연의 위기를 입증하고 경각심을 불러일으키는 계기가 된다. 아스팔트만을 밟고 사는 도시의 아이들까지 그 이름을 외우고 다닐 정도로 야생화는 자연 보호의 가치를 대변하는 일종의 상징이 되어 가고 있다.

시인들은 야생화에 대한 일반의 관심과 무관하게 오래 전부터 그것을 시적 대상으로 삼아왔다. 야생화가 환기시키는 자연의 아름다움과 생명력은 시인들의 미적 감수성을 근원적으로 자극했던 것이다. 야생화들이 갖는 독특한 꽃말들도 그들의 민감한 언어 감각과 풍부한 상상력과 만나 다양하게 변용되었다. 야생화를 그리는 시인들은 구체적이고 개별적인 생명이 갖는 독자성을 중시한다. 하나하나의 시편에 저마다의 이름으로 살아 있는 야생화들은 결코 자연이라는 더 큰 전체의 부분으로서 존재하지 않는다. 각자가 자신의 소우주를 이루는 개별적 존재로서 자리잡고 있다. 야생화를 그린 시에서는 아무리 작고 연약한 존재라도 더 크고 높은 존재를 위해 희생되지 않고 그 자체로서 존중된다. 이는 종종 확장된 자아를 최고의 가치로 대체하여 개별 존재의 중요성을 말살하는 생명에 대한 전체주의적인 시각과 대조적이다. 작은 생명의 가치에 대한 뛰어난 직관과 그 아름다움에 대한 본능적인 경이와 찬탄은 어떤 획기적인 생태 철학이나 환경에 대한 인식도 대체할 수 없는 가장 근본적인 생명의식이라 할 만하다.

가장 작은 풀꽃들에 대한 섬세한 관심은 그들을 생명의 공동체로 인식하고 연대감을 형성하는 지름길이라 할 수 있다. 우리가 들판의 풀꽃들이나 풀벌레보다 더 나은 존재도, 더 못한 존재도 아니며 다 함께 생명의 공동체를 이루고 있다는 깨달음이 인간중심주의를 극복하고 자연과의 공생을 도모할 수 있는 출발점이다. 상대를 동등한 존재로 인정하고 관심을 기울이면 자연스럽게 그 이름을 알고 싶어진다. 이름을 부르는 것은 양자 사이에 관계가 형성되었다는 증거이다. 상대방을 아는 첫 번째 단계는 바로 이름을 아는 것이다. '이름모를 풀꽃' 같은 말은 상대에 대한 무관심과 무성의를 드러낼 뿐이다.

나 서른 다섯 될 때까지
애기똥풀 모르고 살았지요
해마다 어김없이 봄날 돌아올 때마다

그들은 내 얼굴 처다보았을 텐데요

코딱지 같은 어여쁜 꽃
다닥다닥 달고 있는 애기똥풀
얼마나 서운했을까요

애기똥풀도 모르는 것이 저기 걸어간다고
저런 것들이 인간의 마을에서 시를 쓴다고

—안도현, 「애기똥풀」 전문

모든 시인들은, 아니 모든 인간들은 애기똥풀도 모르면서 무슨 시를 쓰냐는 애기똥풀의 항변에 귀기울여야 한다. 애기똥풀의 낮은 키에 눈을 맞추고 그들의 작은 목소리를 귀담아 들어야 한다. 이름을 익히는 데서 친밀감을 형성하고 그들과 함께 생명의 연대를 이룰 수 있다.

2. 생명의 빛

애기똥풀이 그렇듯이 대부분의 야생화는 작고 연약하다. 또 그렇기 때문에 깊은 연민을 자아낸다. 우리가 의존하는 생명의 거미줄은 강한 것들과 약한 것들이 서로 얽혀서 미묘하게 작용하는 공간이다. 서로 다른 존재의 생명을 취하지 않고서 살아갈 수 없다는 사실은 바로 그들과의 뿌리 깊은 연관성을 입증한다. 강한 존재는 약한 존재의 생명을 통해 생존하지만 필요 이상으로 그것을 취할 경우 생명의 거미줄은 파괴되고 만다. 약자를 존중하고 보호하는 것은 다른 피조물과 연결되어 이루는 유기적인 생명의 질서를 파악하고 유지하기 위한 것이다. 그러므로 약자에 대한 연민은 생명에 대한 존중과 사랑에서 비롯된다.

　이건청의 「망초꽃 하나」에서는 "발을 묶인 사람들인 사람들이 잠든 정신병원" 담장 안에 핀 "선 채로 죽어 버린 이년생(二年生) 초본(草本)"인 망초를 그리고 있다. 한 겨울 영하의 뜨락에 조용히 누워있는 망초의 마른 꽃과 "정신병원에 / 아름답게 잠든 사람들"이 병치되면서 무기력하고 연약한 존재들에 대한 연민이 드러난다. 망초의 마른 꽃이나 정신병원의 환자들이 '아름답게' 묘사되는 것은 그들이 비록 곤궁한 처지에 있는 약자들이지만 저마다 생명의 존엄성을 간직하고 있기 때문이다. 그들은 "풀무치 한 마리 죽이지 않은" 약자이기 때문에 생명의 거미줄을 훼손하는 횡포를 부리지 않는다. 그들을 바라보는 시인의 애틋한 연민의 시선에는 모든 연약한 생명에 대한 관심과 존중의 태도가 깃들어 있다.

　'풀꽃시인'이라고 불릴 정도로 야생화에 대한 시를 많이 쓴 양채영은 풀꽃들이 이루는 또 하나의 세계를 한결같이 애정어린 눈길로 조명한다. "황정리(黃亭里)엔 / 헐쭘한 쑥부쟁이들이 나서 / 언덕마다 쑥부쟁이 냄새를 피우고 / 그 쑥부쟁이 냄새가 불러들인 / 쑥빛 하늘이 알맞게 떠 있다"(「쑥부쟁이」)고 할 때 이곳의 중심을 차지하는 것은 다름 아닌 쑥부쟁이들이다. '헐쭘'하지만 질긴 생명력을 지닌 쑥부쟁이들이 골짜기를 가득 채우고 하늘마저 쑥빛으로 물들인다. 자연을 이루는 작은 생명체에 대한 자각과 존중은 생명을 긍정하는 기본적인 자세라 할 수 있다.

휘황한 햇빛
아프도록 등에 지고도
쪼그려 앉지 않으면 끝내 보이지 않는 꽃

산그늘 무거운 필부필부들
봄 하늘에 떨군 눈물방울들이 저만 했으리

풀섶에 반짝이네 뭇 별들의 섬광

은하의 여울이 봇도랑에 흐르고
생의 잔뿌리들 이따금 들이켜는 먼 물소리
    —김명리, 「꽃보다 작은 꽃—쇠별꽃을 노래함」 부분

　쇠별꽃은 별 모양의 아주 작은 꽃이다. 쇠별꽃과 만나려면 한껏 쪼그려 앉아야만 한다. 가장 낮은 곳에 위치한 그들은 '산그늘 무거운 필부필부들'과 흡사하다. 따라서 쇠별꽃은 한 많은 그들의 눈물이 모여 핀 꽃이 아닐까하는 상상이 자연스럽게 이어진다. 한껏 낮게 피어 있는 미미한 꽃이지만 시인은 그들의 생명력에 귀를 기울인다. 별모양의 꽃에서 은하수를 연상하고 그 눈물겨운 생명력은 '먼 물소리'로 조망된다. 작아서 더욱 소중하고 애틋한 꽃에 대한 섬세한 관찰과 역동적인 상상이 돋보인다.

　유수연의 「괭이눈」도 산속 습지에 자라는 작고 연약한 야생화를 대상으로 하고 있다. 괭이눈이란 이름은 고양이눈처럼 노랗고 동그란 꽃 모양과도 관련되고 열매의 모양이 햇빛 밑에서 보는 고양이의 눈과 흡사하여 붙은 것이다. 이 시에서는 작고 노란 꽃잎이 경계심을 가득 품고 있는 미세한 시선으로 묘사되고 있다. "정오를 지나 오후 2시 예각의 햇살이 섣불리 계곡의 꽃잎들을 전자파처럼 속속들이 파고들자 엇나갈 때 끊어진 뿌리의 통증, 꺾인 줄기들의 비명 토하듯 노랗게 진동하는 꽃잎들"에서는 여린 꽃잎과 날카로운 햇빛의 강렬한 대비가 인상깊다. 그렇지만 이 시에서도 작은 꽃의 경이로운 생명력이 더욱 강조된다. "어긋난 것들은 다른 눈높이에 새순을 매달기 시작"하며 구릉을 황금으로 덧칠해 간다. 온몸을 흔드는 통증을 견디면서 꽃은 기어이 생명의 빛을 퍼뜨리는 것이다.

3. 꽃의 역사, 역사의 꽃

　야생화는 그 특이한 생김새 때문에 독특한 이름들이 붙어 있다. 꽃 이름에는 그것에 이름붙인 사람들의 삶과 사고 방식이 투영되어 있다. "이름붙여지는 것 뒤에, 단어 밑에는 어떤 무엇인가가 있다. 이름지어진 것과 이름지어지지 않은 것 그리고 이름지을 수 없는 것이 있다"고 한 수전 그리핀의 말처럼, 꽃 이름은 사람에 의해 일방적으로 주어진 것으로 독자적 존재로서의 꽃의 위상을 훼손하는 측면도 있다. 꽃 이름에 드러나는 인간적인 관점은 우리와 같이 울고 웃고 한탄하는 존재로서 그것을 규정한다. 우리가 이름지을 수 없는 것이야말로 단독자로서의 꽃의 존엄성이 작용하는 부분일 것이다. 그러나 꽃이 우리와 관계 맺는 부분은 바로 너무나 인간적인 관점이 작용하는 명명의 과정과 불가분리하다.

　일찍이 이용악은 「오랑캐꽃」에서 꽃 이름에 부과된 인간적 관점의 부당함에 대해 거론한 바 있다. 오랑캐꽃은 "오랑캐의 피 한 방울 받지 않았건만" 뒷모양이 오랑캐의 뒷머리와 같다는 이유로 그러한 이름으로 불리게 되었다. 자신의 의지와 상관없이 규정될 때의 억울함을 식민 치하의 울분과 교차시키면서 시인은 "울어보렴 목놓아 울어나 보렴"이라고 감정을 이입한다. 오랑캐꽃의 특이한 생김새와 이름에 착안하여 당대의 민족 정서를 환기시킨 인간미가 두드러지는 시이다.

　들이나 산중에 야생으로 피어 있는 풀꽃들은 그것들과 늘상 접할 수 있었던 하층민들에게 동질감을 일으키며 그들의 고단하고 신산한 삶을 반영하는 이름을 얻게 된다. 엉겅퀴는 6~8월에 들판 어디서나 자주 볼 수 있는 야생화인데, 꽃을 받치고 있는 포에 끈끈한 액체가 있어 벌이나 개미가 엉켜 죽는 일이 많다. 흔하게 볼 수 있고 또 그 습성이 끈질기기 때문에 흔히 민중의 생명력에 비유된다. "엉겅퀴야 엉겅퀴야 / 철

원 평야 엉겅퀴야 / 난리통에 서방 잃고 / 홀로 사는 엉겅퀴야 / 갈퀴손에
호미 잡고 / 머리 위에 수건 쓰고 / 콩밭머리 주저앉아 / 부르느니 님의 이
름 / 한탄강변 엉겅퀴야 / 나를 두고 어디 갔소 / 쑥국 소리 목이 메네"(「엉
겅퀴꽃」)라는 민영의 시가 대표적이다. 거칠고 억센 엉겅퀴의 형상을 갈
퀴손에 호미를 잡은 과부의 모습에 빗대고 있다. 여기에는 전쟁통에 남
편을 잃고 홀몸이 되었던 여성들의 한의 역사가 담겨 있다. 철원 평야
와 한탄강이라는 구체적인 지명이 이 시의 호소력을 더욱 높여주고 있
다. 민요조의 소박한 리듬도 민중의 한과 끈질긴 생명력이라는 시의 주
제에 부합된다.

서정주는 "바보야 하이얀 민들레가 피었다 / 네 눈썹을 적시우는 문둥
病의 하늘 밑에 / 히히, 바보야, 히히 우습다"(「민들레꽃」)는 독특한 어조
로 문둥병이라는 천형의 한을 승화시키고 있다. 힘없이 솜털이 날리는
민들레의 속성이 눈썹이 빠지는 문둥병과 절묘하게 결부된다. 속수무책
으로 빠져버리는 눈썹을 보며 차라리 웃어 버릴 때의 짙은 애환은 기층
민의 정서와 상통하는 것이다.

우리나라의 초목에는 유난히 '며느리'와 관련된 이름들이 많다. 혹독
한 시집살이의 설움이 투사되어 있는 것이다. 송수권의 시 「며느리밥풀
꽃」에서는 "살강 밑에 떨어진 밥알 두 알" 때문에 시집에서 쫓겨나 꽃
으로 환생했다는 이 꽃의 전설이 들어 있다. 「며느리밑씻개」의 사연은
더욱 얄궂다. 콩밭 밑에서 뒤를 보던 새댁이 시어머니에게 콩잎 몇 장
만 따달라고 하자 "옛다, 받아라 밑씻개 콩잎 / 멋모르고 닦다보니 항문
에서 불가시가 이는데 / 호박잎같이 까끌까끌한 게 영 아니라"던 것이
다. 설움과 해학이 뒤섞인 민중의 정서, 그 중에서도 이중으로 억압되었
던 기층 여성의 역사가 배어 있는 시이다.

야생화의 정겨운 이름과 소박한 형상은 그와 흡사했던 민중의 역사
를 대변한다. 결코 지배자의 위치에 오른 적이 없지만 끈질긴 생명력을
이어온 그들의 삶은 산야에 무심히 피어 있는 야생화와 같다. "왕관초

라 부르기보다는 / 쪽도리꽃이라 불러야 / 더욱 쪽도리꽃다워지는 / 쪽도리꽃"(나태주, 「쪽도리꽃」)은 그 형상도 영락없는 쪽도리이지만 땅에 붙은 듯 낮게 피는 속성이 기층민의 입지와 유사하다. "검은 눈 별빛 초롱초롱 / 아들 형제 / 낳아 기르며 사는 오두막집" 옆에 지켜 서 있는 쪽두리꽃은 그렇게 또 인연을 맺고 끈질기게 살아갈 것이다. 야생화들은 그 이름처럼 단순하고 소박하지만 질기고 아름다운 민초들의 역사를 대변한다.

4. 추억과 그리움의 꽃

많은 시인들이 야생화에 대해 한두 편씩은 시를 쓸 정도로 그것이 일으키는 정서적 감응은 풍부하다. 그 중에는 객관적 소묘로 일관하는 경우도 있지만 시인 자신의 개인사나 감정적 반응이 직접적으로 드러나는 경우도 많다. 시인들의 다양한 정서적 반응과 상상으로 인해 야생화의 내포는 더욱 확산된다.

이근배의 「냉이꽃」은 희고 잘디 잔 냉이꽃에서 어머니의 땀과 눈물을 연상해낸 시이다. "어머니가 매던 김밭의 / 어머니가 흘린 땀이 자라서 / 꽃이 된 것아 / 너는 사상을 모른다 / 어머니가 사상가의 아내가 되어서 / 잠 못 드는 평생인 것을 모른다"에서는 눈물과 한숨으로 얼룩진 가족사를 간명하게 요약해낸다.

오탁번의 「끈끈이주걱」에서는 유년의 화자가 등장하여 가난조차도 아름다운 추억이 되는 어린 시절을 반추해낸다. 끈끈이주걱은 그 이름에서 연상할 수 있듯 주걱 모양이며 끈끈한 액이 있어 벌레들이 걸려들고 주로 무덤가에 많이 피는 꽃이다. "나도 한 마리 벌레가 되어 / 밥주

걱 속으로 빨려 들어가 / 살고 싶었다 / 흰 쌀밥 / 여름 내내 냠냠 먹다가
/ 통통하게 살진 벌레의 영혼이 되어 / 저승의 하늘 아래 / 깜장 열매로
흩어지고 싶었다”에서 시인은 죽음에 대한 공포를 능가하는 건강한 식
욕을 야생화의 생명력과 연결시키고 있다.

　기형도의 「위험한 가계(家系)」에 등장하는 여러 풀꽃들은 성장의 고
통과 불안을 암시한다. “가을 밤의 어둠 속에서 큰 누이는 냉이꽃처럼
가늘게 걸어왔다”에서 냉이꽃은 창백하고 연약한 누이의 모습과 일치
한다. “다음날 무엇을 보여주려고 나팔꽃들은 저렇게 오므라들어 잠을
잘까”에서는 미래에 대한 회의적인 태도가 암시된다. “둑방에는 패랭이
꽃이 무수히 피어 있었다. 모두 다 꽃씨를 갖고 있다니. 작은 씨앗들이
어떻게 큰 꽃이 될까”에서도 성장과 변화에 대한 의심이 서려 있다. 그
는 인간 삶의 질곡에 비추어 자연의 순조로운 생장을 낯선 눈길로 바라
보았던 것이다.

> 나를 재운 것은 스물세 알의 아달린이었으나
> 풀잎 이슬로 깨워
> 나를 다시 일으켜 세운 것은
> 되돌아온 애인의 미소가 아니었다
> 새 세상의 낭보는 더더욱 아니었다
> 쇠잔등에 돋은 힘줄 같은 쇠비름,
> 그 노란 꽃이었다
>
> 　　　　　　　　　　　　　　—복효근, 「들꽃에게 지다」 부분

　반면에 들꽃의 생명력에 촉발되어 자신을 일으켜 세웠다는 고백도
있다. 쇠비름의 잎은 둥글고 두툼하며 “쇠잔등에 돋은 힘줄 같은” 잎맥
이 그려져 있다. 작지만 다부지고 힘이 넘치는 모양이다. 꽃은 “원기소
알보다도” 작지만 하늘을 향해 고개를 빳빳이 세우고 있다. 그 작은 꽃
들이 당당하게 자리잡고 저희들끼리 어우러져 있는 모습을 보고는 휘

청거리던 감정을 수습할 수 있었던 것이다.

복수초도 강인한 노란 꽃이다. 오창렬은 이른 봄 흰 눈에서 피어나는 복수초에서 "언 손 녹여주시던 어머니의 더운 입김"을 연상한다.

> 잔설이야, 찬바람쯤이야, 환하던 입김 봄볕에 녹아 흘러
> 우리 누릴 봄 누리엔 복도 수도 넘치는데
> 이 화창 아래 복도 없이 스러진 노오란 불빛들
> 노오란 군불 지펴 어머니가 데우시던 저 새벽들
>
> —오창렬, 「복수초」 부분

봄을 앞당기고 복(福)과 수(壽)를 가져다주는 은혜로운 꽃이지만 정작 자신은 봄이 오면 스러져버리고 마는 복수초의 생리는 희생과 헌신으로 일관한 어머니의 삶과 흡사하다. 노란 불빛 같은 복수초의 빛깔은 추운 새벽을 덥히던 어머니의 불빛이라 할 만하다.

야생화들은 대부분 그 생김새가 조촐하고 소박하기 때문에 성적인 이미지와 연결되는 경우가 흔치 않다. 채호기의 「개양귀비」에서 드물게 꽃의 느낌과 여성의 몸에 대한 호기심을 감각적으로 결합시키고 있다. "알록달록 물들인 얇은 천 손수건을 펼쳐놓은 개양귀비 / 당신이 짧은 치마를 입고 앉을 때면 / 드러난 맨살을 아쉽게 가리던 그 손수건 같아요 // 개양귀비의 화려한 빛깔을 보고 있으면 / 가려져 있는 당신의 하얀 다리가 더 궁금해요"에서 꽃의 형상과 여성의 모습은 절묘하게 중첩된다. 개양귀비는 야생화 중에 드물게 화려하며 아편을 만들기도 하는 특이한 꽃이다. 시인은 여성의 감춰진 몸이 갖는 은밀한 매혹을 양귀비꽃의 이미지를 통해 감각적으로 재현해낸다.

5. 우주를 여는 꽃

　동양의 전통 속에서 개체와 전체는 유비적인 관계를 이루며 서로 융화하고 교섭하는 것으로 인식된다. 소우주와 대우주는 유기적으로 연결되어 순환적 질서를 이루며 생명의 과정을 형성한다. 이러한 유기적인 세계관에 의하면 정신과 물질 또한 분리되지 않는 하나의 생명현상이다. 두유명(杜維明)은 자연을 외부적 대상으로 보는 것은 자연을 그 안으로부터 경험할 수 있는 인간의 능력을 근본적으로 침해하는 인위적 장벽을 만들어낸다고 보았다. 감응의 기능은 자연을 거대한 조화로 특징지으며 그것을 정신에게 알리고, 정신은 그 자체를 환유적으로 확장함으로써 자연과 통일을 이룬다고 한다. 자연에 대한 심미적 감상은 주관과 객관의 변화와 참여를 통한 확장된 실재로의 자아의 출현이라 할 수 있다. 이러한 자아의 능동적 참여에 의해 들꽃 하나가 우주를 포괄하는 역동적인 사유가 가능해진다.

　　사람들 모두
　　산으로 바다로
　　신록철 놀이 간다 야단들인데
　　나는 혼자 뜰 앞을 거닐다가
　　그늘 밑의 조그만 씬냉이꽃 보았다.

　　이 우주
　　여기에
　　지금
　　씬냉이꽃이 되고
　　나비 날은다.

—김달진, 「씬냉이꽃」 전문

　　정신과 물질을 분리시키는 서양식의 이분법적 사유에 의하면 자연을 감상하기 위해 분주하게 산이며 바다로 찾아다녀야겠지만 동양식의 사유로는 정밀한 관조를 통해 씬냉이꽃이 우주가 되는 전일적 광경을 발견할 수 있다. “그늘 밑의 조그만 씬냉이꽃”은 미미하기 그지없는 자연이지만 감응의 정도에 따라 우주 전체와 맞먹는 전체성을 갖는 것이다.

　　김춘수의 유고시인 「달개비꽃」은 “울고 가는 저 기러기는 / 알리라. / 하늘 위에 하늘이 있다. / 울지 않는 저 콩새는 알리라. / 누가 보냈을까. / 한밤에 숨어서 앙금앙금 / 눈 뜨는”이라는 간결한 구조이지만 긴 여운을 남긴다. 젊은 시절 「꽃」 같은 존재론적이고 형이상학적인 시를 썼던 그가 말년에 이처럼 소박하고 구체적인 시를 썼다는 사실은 상당히 인상적이다. 생쥐의 귀처럼 작고 귀여운 형상을 한 달개비꽃에 대해 시인은 깊은 애정과 경이를 표한다. 하늘 위에 하늘이 있기에 이토록 사랑스러운 피조물을 창조했을 것이다. 소우주를 통해 대우주를 직관하는 유연한 정서적 감응을 살필 수 있다.

이따금 돌조각이 저절로 굴러내리는
절벽 앞을 걷다가
흰 빨래로 걸려 있는 구름 앞에서
그 흔한 망초꽃 속의 어느 눈썹 섭섭한 망초 하나와 만나
인사를 주고받겠는가.
“듣고 보니 우린 꿈이 같군.”
“끝이 환했어,”

— 황동규, 「망초꽃」 부분

몇 달 전부터 요사채 말석에
가부좌를 틀고 웅크리고 앉아
문득 한 소식을 얻었는지
노오란 안테나를 하늘로 띄우며

꽃씨 몇 개 날리며 천리길을 떠나는 그는
제 앞으로 등기한 집 한 채 없이도
바닥에서 자유롭게 살았다

오늘은 민들레꽃이 세운 집 한 채를 보았다
—고영섭, 「앉은뱅이 부처꽃」 부분

우주와도 맞먹을 수 있는 풀꽃에 불성(佛性)이 없을 리 없다. 돌조각이 저절로 굴러내리는 절벽 앞에서 수행한 망초꽃의 내공도 만만치 않아 보이고 요사채 말석에 가부좌를 틀고 앉은 민들레꽃의 수행도 상당해 보인다. 무심하고 허허롭게 한 생을 마감할 수 있는 풀꽃들의 생리는 인간이 오랜 수련 끝에도 도달하기 힘든 경지이다. 이렇게 훌쩍 한 세계를 넘나들기 전이라면 어쩔 수 없이 또 '구구' 울어대며 이곳의 삶을 살아내야 할 것이다.

산 우뚝한 건 지리산
금노루빛 놀

강 유장한 건 섬진강
은어빛 물살

강과 산 사이
달 떠올라 달맞이꽃 떼

그 꽃밭에선
어쩌려고 구구 비둘기
—고재종, 「마지막 죽음을 앞둔 카프카처럼 보다 좋은 또는 보다 나쁜 시기
      가 오기를 속절없이 기다릴 뿐인 생을 조금은 좀더 견디며, 아직
      도래하지 않은 죽음 앞에 미리부터 노출된 시간을 조금은 좀더
      견디며 부르는 노래」 전문

어쩌자고 제목이 시보다 길어진 이 시는 시간을 견디는 법으로 아름
다운 자연에서 노래할 것을 제안한다. 지리산의 금노루빛 노을과 섬진
강의 은어빛 물살과 달맞이꽃 떼 사이에서 하염없이 울다보면 또 한 세
상 잘 지나지 않겠는가.

6. 야생화와 생태시학

야생화를 그린 시들은 한결같이 몸을 낮추고 그 생명력과 아름다움
을 찬탄한다. '이름모를 풀꽃' 같은 무책임한 발언은 찾아볼 수 없다. 구
체적인 명명과 섬세한 관찰을 통해 그들을 우리와 대등한 생명체로 수
용하고 있다. 타 존재에 대한 깊은 관심과 애정은 황폐해지는 생명의
기반을 다질 수 있다. 미국 시인 로빈슨 제퍼스는 "자연의 아름다움을
크게 느끼고, 크게 알고, 크게 표현하는 것 / 그것이 시의 할 일이다"라
고 노래했다. 시는 자연에 대한 공감적 감성이 가장 극대화되는 장르이
다. 야생화와 함께 하는 한 순간의 일치감은 자연의 전체성을 감지하고
거기에 동참하게 한다. 한 떨기 풀꽃을 통해 생명과 교감하는 데서 시
는 자연과 인간이 나누는 공감의 우주적 차원을 펼쳐보인다. 자연의 전
체성을 간파하면서 우리는 전체의 부분으로서의 자신을 확인하게 되고
그것이야말로 인간중심주의를 넘어서 자연 속에서의 조화와 균형의 필
요성을 인지하게 한다. 다른 생명과의 유대를 도모하는 '생명 친화감
(Biophilia)'은 자연과 인간의 관계를 재정립하기 위한 미적 체험의 전제가
된다.

현대시에 나타난 야생화를 통해 우리는 선한 자연에 대한 믿음을 확
인하게 된다. 자연은 그 아무리 연약하고 미미한 존재일지라도 끊임없

이 생겨나고 변화하려는 움직임을 보여준다. 기운생동하는 자연은 미래의 시간을 살아 있는 것으로 꿈꾸게 한다. 삶과 생명을 긍정하는 것은 생태시학의 기본적인 태도라 할 수 있다. 극단적인 진보가 파멸과 죽음에 대한 공포로 변해버린 인간 중심의 세계에서 눈을 돌려 늘 생성과 죽음을 반복하며 변전해 온 자연의 '오래된 미래'를 숙고하며 생명의 지혜를 실천해야 할 것이다.

주체와 타자, 부분과 전체가 이루는 조화와 균형의 감각은 야생화를 그린 시들에서 얻을 수 있는 긴요한 생명의 지혜이다. 각각의 존재가 저마다의 우주를 이루며 그것이 상호 교섭하고 혼융됨을 실감하면서 생명의 거미줄이 갖는 신비한 관계를 인지할 수 있다. 인간 중심적인 사유에서 벗어나 타자를 배려하고 조화를 도모해야 생명의 영속이 보장된다. 이를 위해서는 생명의 신비와 경이를 감수할 수 있는 교감의 능력과 우주적 연민과 같은 섬세한 감수성이 뒷받침되어야 한다. 작은 생명체를 발견하고 공경하는 태도에서 인간을 포함한 거대한 생태계의 질서를 회복할 수 있다. 야생화와 인간이 어우러지는 긴밀한 공감의 순간이 그 출발점이 될 수 있다.

나무와 서정

1. 소극적 능력

　자연이 보편적인 삶의 공간으로서의 의미를 거의 상실해 가고 있는 오늘날에도 많은 시인들이 자연을 소재로 삼아 시를 쓴다. 물론 오늘날의 시인들이 소재로 삼는 자연은 사립문 밖의 달이나 앞마당의 매화나무를 노래하던 예전의 시들처럼 삶의 실감과 밀착되어 있는 것이 아니다. 그렇다면 왜 시인들은 도시의 주민이 되어 버린 오늘날에도 여전히 자연을 노래하는 것일까?

　시인들에게는 키츠의 이른바 '소극적 능력'처럼 세계의 전체성을 감수하고자 하는 욕망이 있다. '소극적 능력'이란 사물에 대한 이해를 모호하고 불가사의한 상태로 놓아둠으로써 미지의 세계를 광활하게 열려 있는 채로 수용할 수 있는 능력이다. 우리가 명료하게 알 수 있는 사실의 세계는 협소하기 그지없다. 설명할 수 있는 현상이란 것들도 지극히 한정되게 마련이다. 이성과 지각의 한계를 인정하고 영감과 통찰에 기대어 자신의 능력을 넘어설 때 드넓은 세계는 영혼과 조응하며 하나의 전체로서 파악될 수 있다는 낭만주의 시인들의 믿음은 여전히 서정시의 본질적인 욕망을 함축하고 있다.

자연은 오늘날의 시점에서 예외적으로 세계의 전체성을 느낄 수 있게 하는 공간이다. 자연은 소우주로서 드넓은 세계에 대한 상상력을 유연하게 작동시킨다. 자연에 관한 통찰 속에서 인간은 소우주로서의 자신을 발견하게 된다. 그러나 오늘날의 환경에서 전체로서의 세계를 드러내는 자연을 만나기는 쉽지 않다. 시인들은 아쉬운 대로 간접적이거나 축소된 상태로 자연을 만날 수밖에 없다. 일상을 떠난 여행의 체험 속에서 시상을 얻거나 주변의 작은 나무나 풀 포기에 눈길이 머무는 시인들은 대개 자연과의 접촉을 통해 세계의 전체성을 파악하고자 하는 서정시의 오랜 전통에서 크게 벗어나지 않는다.

자연에 대한 전면적 통찰이 불가능한 오늘날의 삶에서도 '나무'는 아직까지 쉽게 접할 수 있는 축소된 자연으로서 친숙하게 다가온다. 나무의 생리와 양태들은 다양하면서도 통일되어 있어 소우주로서 손색없는 풍부한 감응을 불러일으킨다. 시인들이 나무를 통해 말하려고 하는 서정의 세계와 그 다양한 양태들을 만나보도록 하자.

2. 생의 감각

나무의 생장 과정은 생로병사 하는 인생의 역정과 흡사할뿐더러 꽃 피고 열매맺고 잎 지고 하는 일련의 생태가 인간사의 면면과 닮아서 익

숙한 비유와 상징을 이루어 왔다. 그 중에서도 생식과 관련된 뚜렷한
현상들은 변할 수 없는 본성과 관련된 것이어서 가장 근원적이고 지속
적인 관련을 보여준다.
　장옥관의 「소나무가 있는 풍경」은 소나무의 솔방울을 강렬한 본능의
발현으로 보는 독특한 시각을 드러낸다.

> 기름때의 둥치 위에 오촉 전등알 같은
> 솔방울을 자욱하게 매달고 있다
> 아파트 공터 응달의 소나무
>
> 제 몸에 숨겨놓았던 性의 서랍이란 서랍
> 다 열어젖혀 질러대는
>
> 온몸에 돋은 발진처럼 툭툭 불거져 나오는
> 저 알록달록한 色情은 또한 말기 폐암의
> 밭은기침을 닮았다

　이 시의 소나무는 '아파트 공터 응달'이라는 척박한 환경 속에 놓여
있다. 아파트의 위용에 묻혀 무시되기 일쑤인 이런 소나무가 용케 시인
의 시선을 붙잡았다. 그것은 아마도 '오촉 전등알 같은 솔방울' 때문이
었을 것이다. 소나무는 '오촉 전등알 같은 솔방울'들의 연약한 온기로
아파트의 삭막한 응달을 견디고 있다. 일단 솔방울의 온기에 사로잡힌
시인의 눈길은 다시 새로운 상상으로 비약한다. 솔방울에 대한 비유는
'오촉 전등알'에서 '성(性)의 서랍'으로 옮겨간다. 솔방울은 소나무의 열
매라는 측면에서 '성(性)'과 쉽게 관련된다. 여기서는 '서랍'이라는 비유
가 재미있다. 소나무의 솔방울은 닫혀 있을 때는 전혀 의식되지 않던
서랍이 활짝 열린 것처럼 뜻밖의 느낌을 준다. 시인은 솔방울의 강렬한
인상을 '열어젖혀 질러대는'의 거친 어감으로 강조한다. 그런데 솔방울

이 드러내는 '성(性)'의 느낌은 '꽃'의 그것과는 같을 수 없다. 거칠고 불길한 솔방울의 성은 '말기 폐암의 밭은기침'이라는 절묘한 표현을 얻는다. 흔히, 특히 자연의 경우 아름답고 신비한 것으로 그려지던 '성'의 영역은 이렇게 확장된다.

솔방울이 보여주는 성의 특별한 느낌은 새로 피어나는 목련꽃과 대비에 의해 더욱 강조된다. "그렇거나 말거나 이웃집 목련가(家)는 / 사춘기 아이의 / 성이 나 꼿꼿해진 성(性)을 / 가지마다 총총들이 매달아 놓았으니"에서는 꽃망울이 터지기 직전의 목련을 통해 생명의 열기로 충만한 젊은 성을 보여준다.

이 시의 마지막은 "어디서 지난 겨울을 지샜는지 잉잉 / 어린 벌 하나 날아들어 / 노랗게 익어 가는 봄을 기웃거린다"라고 평이하게 처리되어, 앞에서 그려진 솔방울과 목련꽃 몽우리의 흥미로운 대비가 더 이상 진척되지는 않는다. 자연 속에서 나타나는 성의 다양한 모습은 우리의 삶과도 무관하지 않다. 솔방울의 색다른 성은 영화 「죽어도 좋아」에서 그린 노인의 성을 연상시킨다. 그것은 통념을 벗어난다고 기피될 것이 아니라 다양한 삶의 모습으로 수용되어야 할 것이다.

오태환의 시 「감나무에서 감잎 지는 사정을」에서는 자연의 무상함과 인정의 유심함을 대비시키고 있다.

감나무에서 감잎 지는 사정을
말해서 무엇하리
하, 몸의 귀 지천으로 창궐터니
귓불마다 辰砂무늬 鐵華무늬로
가생이를 두르며 쟁강쟁강 잉걸불 켜더니
참지 못하고
참지 못하고
지네들끼리 저 지경으로 붐비며 지는
사정을 더 말해 무엇하리

아슴아슴 꿈으로나 재우는
내 어린 첫사랑쯤 들키건 말건
검은 가지 곁가지 어름마다
하필이면 제일 깊고 투명한 하늘을 골라
무슨 참 독하기도 한 脚韻처럼
툭! 툭! 당기며 끊는
지네들 사정이야 말해 무엇하리

이 시에서 '감나무에서 감잎 지는 사정'이란 '스스로 그러한' 자연의
이치와 다를 바 없다. 그런데 이 시에서 정작 눈길을 잡아끄는 것은 피
었다 지는 생명의 작용 그 자체보다는 그 과정에 대한 인상적인 묘사이
다. 감나무에서 뾰족뾰족 돋아나는 잎사귀들은 '몸의 귀'이다! 우리 몸
에서 가장 예민하고 연약한 귀처럼 감나무 잎새는 절기의 변화에 민감
하게 반응한다. 새봄을 맞아 지천으로 창궐했던 잎새들은 가을이 되자
어느새 말라들어 "귓불마다 진사(辰砂)무늬 철화(鐵華)무늬로 / 가생이를
두"른다. '진사(辰砂)무늬 철화(鐵華)무늬'의 선연한 시각적 이미지 외에
도 '쟁강쟁강'의 청각적 이미지, '잉걸불'의 시각과 촉각의 공감각적 이
미지들이 결합하여 이 시의 감잎은 유례없이 감각적인 인상을 남기고
있다.

이 특별한 감잎이 "참지 못하고 / 참지 못하고" 지는 사정을 저리도
강조하고 있는 데에는 더욱 각별한 사정이 있을 수밖에 없을 것이다.
감잎의 묘사에 한껏 치중했던 화자의 마음은 기실 '아슴아슴 꿈으로나
재우는' 애틋한 첫사랑의 기억에 붙들려 있었던 것이다. 아슴아슴 잘도
재워놓은 첫사랑을 들킨 듯 마음이 황망해지는 까닭은 무엇일까? 시인
특유의 탄력과 긴장감이 넘치는 마지막 구절에 그 답이 들어 있다. 감
잎이 붐비며 지고 난 뒤의 앙상한 가지는 창공을 "각운(脚韻)처럼 / 툭!
툭! 당기며 끊는"다. '아슴아슴' 재워놓은 첫사랑의 꿈 따위도 얼마든지
'툭! 툭!' 끊을 만한 독한 단절감이다. 지천으로 창궐했던 감잎이 지고

난 뒤의 가지가 드러내는 날카로운 구도는 첫사랑의 허망한 결과를 통렬하게 일깨운다. "참지 못하고 / 참지 못하고"의 안타까운 반복의 의미는 더욱 분명해진다. 무상한 시간 앞에 부질없는 한 때의 사랑의 기억을 포개어볼 뿐. 이 시에서 '무엇하리'라는 고어투의 어미는 '독하기도 한 각운(脚韻)'처럼 세월의 부질없음을 단정짓는다. 이 시의 나무는 생성과 소멸의 유구한 철칙을 보여주는 시간의 상징이다.

3. 나무 숭배의 전통

나무는 그 역사가 인류보다 훨씬 오래고 그 생명이 인간보다 더 길기 때문에 일종의 신비감과 존경심을 자아낸다. 나무가 자라는 곳에서는 어디서든지 나무 숭배가 있었다. 인간 중심의 세상을 살아가는 요즘의 나무는 관상수로 쓰이면서 눈요기 감으로 전락한 처지이지만 불과 몇십 년 전까지도 마을의 크고 잘생긴 나무는 경의와 숭배의 대상이었다. 은행나무는 나무들 중에서도 가장 오랜 역사를 가졌고 크고 곧고 외양을 지녀 종종 숭배의 대상이 되어 왔다.

손택수는 요즘 시인으로서는 드물게 나무 숭배의 전통을 보여준다. 그의 시 「은행나무 사리알」에서 은행나무는 '만공(滿空)'을 보유한 비범한 나무로 그려진다. 이 시의 나무 숭배는 경탄조의 자연예찬과는 전혀 다른 방식으로 이루어지고 있어 신선한 감각을 엿보게 한다. 이 시는 은행나무 열매의 고약한 냄새에 대한 상념에서 출발한다. 은행 열매가 무르익었을 때의 향기란 대개 은행나무에 대한 평소의 인상을 크게 손상시키는 것인데 시인의 해석은 역시 남다른 데가 있다.

"아랫배에 끙 힘을 주고 밀어낸 열매들이 온 천지를 잘 익은 된장 냄새 황금빛으로 물들여 준다 동제가 있을 때면 한 상 걸게 차려 놓고 밥을 먹던 은행나무 고목"에서 은행 열매의 독특한 향기는 자연스럽게 은행나무의 생리작용과 결부되고 있다. 시인은 분뇨의 냄새와 너무나도 흡사한 은행 열매의 향기와 동제(洞祭)의식을 기발하게 결합시킨다. 은행나무 밑에 잔뜩 깔려 있는 열매는 동제 때 한 상 잘 얻어먹은 은행나무의 배설물이라 할 만하다. 시인의 은행나무 숭배는 "온 천지를 잘 익은 된장 냄새 황금빛으로 물들여 준다"에서 그치지 않고 은행알에서 '사리알'을 연상하는 데 이른다. 그런 비약이 가능한 것은 만공 스님의 바리때로 쓰였던 은행나무의 기억이 작용했기 때문이다. 시인은 만공(滿空) 스님의 법호와 바리때의 만공, 그리고 은행나무 가지 사이의 만공을 하나로 엮는 기지를 발휘한다. 그리고 다음 단계에서는 "스님도 한 그루 은행나무로 살다 간 것이 아닐까 아픈 몸 속에 들어와 입적한 목숨들을 품고 잘 익은 똥내음, 사리알 맺는 일에 한 평생을 보내고 간 것이 아닐까"라며 스님의 삶을 은행나무의 삶에 슬그머니 겹쳐 놓는다. 번뇌의 바다에 머물며 고달픈 중생들을 구제하다 간 스님의 일생은 그 나무며 잎이며 열매 모두를 인간세계에 알뜰히도 보시하는 은행나무와도 흡사하다. "은행나무 더부룩한 아랫배가 다 게운하다는 듯 가볍게 몸을 흔든다 앗따 뭘 퍼먹었길래 이렇게 독한고, 똥 푸러 온 인부처럼 코를 쥐고 마을 사람들이 푸지게 퍼질러놓은 알들을 줍는다"라는 마지막 구절은 만공의 덕을 실천하는 은행나무와 중생에 해당하는 마을 사람들의 관계를 정겹게 그리고 있다. 시인은 나무 숭배의 전통을 현대적으로 이어받아 은행나무의 독특한 향취에서 만공의 오묘한 진리를 끌어낸 것이다.

안도현의 시 「덜컹거리는 사과나무」에는 지극한 모성의 나무가 등장한다. 이 시에서는 사과나무에서 사과 꼭지를 따는 소리가 '가위로 탯줄을 자르는 소리'로 비유된다. 사과가 나무에서 떨어져 나와 세상에 놓이게 되는 과정이 그럴 듯도 하다. 사과 따는 처녀들이 사과를 받아서 두 손으로 닦은 뒤에 차곡차곡 궤짝에 담으면 사과들은 영문도 모르고 세상으로 팔려나가게 된다. 사과를 따는 사람이 '처녀'로 설정된 데는 또한 그만한 이유가 있다. 사과 포장을 마친 처녀들은 '둥근 잇몸 자국을 찍으며' 사과를 베어 먹고 '사각사각 달이 환하게 뜨는 소리' 또한 조화를 이룬다. 이 시는 모성의 전제로서 이런 건강하고 생명력 넘치는 여성성을 강조하고 있다.

모성이 강력하게 작동하는 순간은 자식과 떨어져야 하는 때이다. 사과나무에게 드디어 위기가 닥쳐온다. 처녀들과 달이 어울린 평화로운 정경을 깨고 과수원으로 트럭이 다가오자 "사과나무는 덜컹거리기 시작한다", "트럭 짐칸으로 사과 궤짝들이 서둘러 뛰어오르고 그 맨 꼭대기에 달도 둥실, 걸터앉는다"라는 구절로 보아 트럭은 착취와 수탈의 의미보다는 사과들을 세상으로 데려가는 매개체로서 설정되어 있다. 사과 궤짝들은 서둘러 뛰어올라 세상으로 나가려 한다. "맨 꼭대기에 달도 둥실, 걸터앉는다"에서 그 경쾌하고 들뜬 분위기는 더욱 고조된다. "사과나무는 양팔을 늘어뜨리고 / 괜찮지? 괜찮지? 하면서 / 또 다른 사과나무의 옆구리를 찔러본다"에서 사과나무들은 영락없이 자식을 도회로 떠나보내는 어머니들의 모습을 연상시킨다. "그러나 사과나무는 사과나무끼리 / 손끝이 닿지 않는다"에서 그 안타까움은 한층 절실하게 그려진다. "트럭이 시동을 걸고 멀리 떠나기 전에 / 사과나무가 먼저 덜컹거린다"로 마무리되는 이 시는 간절한 모성을 실감나는 비유로 담아내고 있다. 언제나 제자리에서 묵묵히 생장하고 과실을 일구어내는 나무는 모성과 근원적으로 상통하는 부분이 있는데, 이 시에서는 비유의 묘미를 한껏 살려 그것을 표현하고 있다.

4. 현실 속의 나무

　나무는 그 다양한 생태와 외양에 의해 여러 가지 상징적인 의미를 갖는다. 보편적으로 상록수는 장수와 불멸과 관련되고 낙엽성 나무는 신생과 재탄생을 나타낸다. 이런 식으로 뚜렷한 보편성을 갖는 외에도 나무는 그것이 속해 있는 환경이나 문화에 의해 개별적이고 특별한 의미를 내포하게 된다. 더 나아가서는 개개인의 경험과 의식에 투영되면서 다기한 의미를 산출하게 된다.

　이학영의 「느티나무」는 벼락맞은 나무에 관한 시이다. 이 시의 주인공 나무는 폭풍우가 몰아치던 밤 단숨에 벼락을 맞고 꺾였다. "푸른 머리 당당하게 치켜들고 / 이 땅에 살아남는 일 죄악이었구나"에서는 존립조차 힘겨웠던 이 땅의 역사를 되돌아보게 한다. 이 땅을 휘몰아갔던 격동의 역사는 벼락처럼 급작스럽게 개개인의 운명을 타격했다. 그 바람에 뿌리까지 뽑혀 영영 자취를 감춘 경우도 있고 목 부러지고 어깨 무너져 내리는 충격은 다반사였다. '이 땅에 살아남는 일이 죄악'인 듯 무지막지한 폭력에 결단이 나곤 했었다.

　생명의 놀라운 힘은 죽음을 딛고 일어설 때 가장 극적으로 발현된다. "녹아버린 혀 / 흘러내린 뜨거운 심장 / 숯덩이처럼 꺼멓게 타버려 / 텅 빈 등걸로 시린 겨울 지내더니 / 날아가 버린 부엉이가 다시 돌아오듯 / 봄 새벽 실눈으로 떠오르던 그믐달처럼" 다시 돋아나는 생명은 감격스러운 역전의 드라마를 보여준다.

어디 생의 밑둥에선가
식지 않은 불덩이 웅크리고 있었던지
배냇짓하듯 여린 발로
툭툭 차며 새순 내미는 것들

잘린 혀 연둣빛 잎사귀로
수수천천 되살아오나니

내리치는 벼락을 끌어안고
스러지기는커녕
되레 불꽃을 삼켜버렸구나, 너는

에서는 재생의 신비를 경이롭게 바라보는 시선이 그려진다. 새롭게 움
트는 생명은 "배냇짓하듯 여린 발로 / 툭툭 차며 새순 내미는 것들"로
생생하게 묘사된다. "잘린 혀 연둣빛 잎사귀로 / 수수천천 되살아오나
니"의 무시무시한 생명력도 경탄스러운 것이다. 이 시에서 벼락을 삼킨
듯 강렬하게 타오르는 새잎의 이미지로 표출되는 생명의 역동성은 각
별하다. 이것은 김소월의 「금잔디」에서 보이는 '불'과 '풀'의 절묘한 결
합처럼 재생의 경이를 극화하고 있다.
　　이원규의 시 「사랑의 이름으로」에서 나무는 주인공이 아니라 소도구
로 등장한다. 여기서 나무는 땔감에 불과하며 주인공의 가난과 방황의
시기를 수식하는 소품으로 쓰이고 있다.

옛사냥의 기억이
나를 가만두지 않는다

겨우내 땔나무 걱정이
아직 어린 나를
눈보라 속으로 내몰았으니
지리산의 소나무든 주목이든
모두 아궁이 속의 장작이라

섬진강변 무덤이들의 새들
유유히 날아오르는 왜가리를 볼 때마다

왜 가니, 너만 가리?
마구 쏘고 싶다

할 때의 나무는 궁핍한 생활의 상징이다. 지리산의 소나무나 주목이 땔나무로서만 절실한 지독한 가난은 유유히 날아오르는 새들을 마구 쏘고 싶은 거친 반발심을 불러일으킨다. "왜 가니, 너만 가리?"는 '왜가리'와 관련된 말장난으로 쓰였지만 현재의 처지를 벗어나고자 심리를 압축하고 있다.

가난에 발목잡혀 울분에 싸여 있었던 어린 시절을 지나 "나무 아래당산나무 아래 / 오체투지의 나이가 되었지만 / 머릿속엔 이글이글 불의기억뿐"이 가득하다. 나무의 희생과 포용의 정신을 받아들이기에는 아직도 이글거리는 불의 기억이 압도적이기 때문이다. "사냥이, / 사랑의이름으로 / 도용되는 날들의 연속이여 / 누군가의 이마를 스치며 / 또하나의 화살이 날아가고 있다"에서는 나무와 같은 식물성의 원리보다는 거칠고 공격적인 사냥의 원리에 의해 운용되는 현실을 제시하고 있다. 현실은 나무의 숭고한 희생과 인고의 생리와는 달리 쫓고 쫓기는, 쓰러지거나 살아남는 냉혹한 약육강식의 공간이다. 삶과 밀착된 일인칭의 진솔한 고백 속에서 나무는 이처럼 생활의 도구이거나 현실과 동떨어진신앙의 대상에 불과한 것으로 나타난다. 다른 한편으로는 그러한 경우에도 여전히 삭막한 삶의 대척점에서 어떤 숭고한 가치로서 자리하고있다는 점이 나무의 변하지 않는 의미일 것이다.

5. 서정의 지속

　나무가 아직까지 이렇게 많은 시심을 불러일으키고 있다는 데에서 서정시가 지속되는 동인을 찾을 수도 있을 것 같다. 시는 시대의 변화에 따라 부단히 변모하는 한편 끈질긴 지속성을 보인다. 우리 시의 큰 줄기를 이어온 서정시의 전통은 시대 변화를 넘어서는 보편적인 정신적 지향을 내포하고 있다. 그것은 오늘날의 삶에서 나무가 갖는 의미와 흡사한 바가 있다. 나무는 자연의 위축과 더불어 인간중심세계의 주변으로 밀려나 있지만 여전히 그 효용과 가치가 무시되지 않는다. 나무는 그 현실적인 쓰임새 외에 축소된 자연으로서 근원에 대한 향수와 동경을 충족시켜 주는 역할을 한다. 나무라는 소우주를 통해 우리는 근원적이고 보편적인 세계와 전체로서의 삶을 통찰할 수 있는 계기를 얻는다. 아직까지 서정시가 쓰이고 읽히는 것도 이와 비슷한 이유에서일 것이다.

　서정시의 전통 속에는 본원적 삶과 소통하고자 하는 욕망이 내재하고 있다. 현실과의 거리감을 노정하기 마련인 이 서정시의 욕망은 현재의 삶을 전체적으로 파악할 수 있게 하지만 그에 대한 절실한 표현을 얻기는 힘들게 한다. 서정시인이란 현실과의 고독한 거리감을 근원적인 세계에 대한 동경으로 극복하려는 자들이다. 그것이 현실에 대한 회피라고 쉽게 말할 수는 없을 것이다. 근원적 세계를 향한 그들의 끈질긴 지향은 삶을 보다 넓은 차원에서 이해하고자 하는 또 다른 방법의 실천이기 때문이다. 서정의 지속이 바람직한 것인가 그렇지 못한 것인가의 분별은 현실과의 거리감에 의해서가 아니라 삶의 전체성에 대한 탐구의 열도와 태도의 진정성을 통해 가려져야 할 것이다.

화두(花頭), 영원한 화두(話頭)

꽃처럼 동서고금의 시인들에게 강한 정취와 사색을 불러일으키는 대상은 많지 않을 것이다. 꽃은 아름다움의 대명사로서, 혹은 유한한 생명의 상징으로서 시인들의 감관을 자극해 왔다. 대상에 대한 직관과 풍부한 상상력을 요하는 서정시의 특성상 꽃의 강렬한 인상과 특이한 생태는 각별한 시적 감흥을 제공할 수 있는 것이다. 물론 꽃을 대하는 시인들의 관심과 태도는 각양각색인 꽃의 형용만큼이나 천태만상이다. 미학적 감성이 충일한 시인들은 꽃의 현상적 아름다움에 몰입하고 삶의 방식에 고심하는 시인들은 개성의 발화라 할 만한 다양한 꽃의 생태에 주목한다. 유한한 생명으로 무한한 자연의 섭리를 증명하는 꽃의 생리에서 존재론적인 성찰을 이끌어내는 시인들도 있다. "내가 너의 이름을 불러주었을 때 / 너는 나에게로 와서 꽃이 되었다"라는 시도 있지만, 어떤 시인이 불러주었느냐에 따라 꽃은 제각각 새로운 의미의 외장을 두르게 된다. 꽃은 시인에게 시심을 일으키고 시인은 꽃에 의미를 부여하면서 서로의 존재를 영위한다는 점에서 꽃과 시인의 만남은 운명적인 것이 된다. 부처님은 꽃을 들고 미소 지음으로써 높은 깨달음을 드러냈지만 시인들은 미소가 아닌 언어로써 그것을 그려내야 한다. 꽃이 던지는 화두를 끝내 언어로서 풀어내야 한다는 것이 시의 과제이다. 시인은 꽃이라는 화두를 매만져 또 다른 언어의 꽃을 피워내는 것이다.

1. 상처의 역사, 한의 형상

꽃들이 갖는 저마다의 이름과 별명에는 그렇게 이름붙인 사람들의 삶과 정서가 깃들어 있다. '며느리밥풀꽃', '각시붓꽃', '애기똥풀' 식으로 인간적인 체취가 강한 꽃이름들은 더욱 애틋한 감응을 불러일으킨다. '얼레지꽃' 역시 그 이름으로 보아 만만치 않은 사연이 깃든 꽃으로 짐작할 수 있다. 박남준의 「그 곱던 얼레지꽃」은 '어느 정신대 할머니에 부쳐'라는 부제가 붙어 있듯이 얼레지꽃의 형상에 정신대 할머니의 삶을 비유한 시이다.

다 보여주겠다는 듯, 어디 한번 내 속을 아예 들여다보라는 듯
낱낱의 꽃잎을 한껏 뒤로 젖혀 열어 보이는 꽃이 있다
차마 눈을 뜨고 수군거리는 세상 볼 수 있을까
꽃잎을 치마처럼 뒤집어쓰고 피어나는 꽃이 있다
아직은 이른 봄빛, 이 악물며 끌어모아 밀어올린 새 잎새
눈물자위로 얼룩이 졌다 피멍이 들었다
얼레꼴레 얼레지꽃 그 수모 어찌 다 견뎠을까
처녀로 끌려갔던 꽃다운 얼굴에
얼룩덜룩 얼레지꽃 검버섯이 피었다

이고 선 매운 봄 하늘이 힘겹다 그 고운 얼레지꽃

　얼레지꽃은 얇고 긴 꽃잎이 활시위처럼 팽팽하게 뒤로 젖혀진 특이한 형상을 하고 있다. 그로 인해 꽃의 속몸이 온통 드러나보이고 아마 그 때문에 얼레지꽃이라는 이름을 얻게 되었을 것이다. ‘얼레지’라는 말은 ‘얼레꼴레’라고 할 때의 그 원초적인 야유를 담고 있다. 오랑캐와는 상관도 없이 오랑캐꽃이 되어 버린 꽃처럼 얼레지꽃 역시 부끄러워야 할 아무 이유도 없이 조롱받는 꽃이 된 셈이다. 작고 연약한 꽃잎들이 잔뜩 힘주어 몸을 젖히고 있는 얼레지꽃의 형상은 자신에게 주어진 부당한 멍에에 항변하는 듯하다. 시인은 이러한 꽃의 모양을 “꽃잎을 치마처럼 뒤집어쓰고 피어나는” 것으로 보았다. 치마같이 펼쳐진 꽃잎 속으로 점점이 흩어진 반점들에서는 ‘피멍이 든 눈물자위’를 연상한다. 아직도 매서운 칼바람이 몰아치는 이른 봄에 연약한 꽃잎을 낱낱이 열어 젖히고 있는 얼레지꽃에 정신대 할머니의 한과 아픔이 겹쳐진다. 이용악의 「오랑캐꽃」이 그런 것처럼 얼레지꽃 역시 그 특이한 이름과 연약한 모습으로 인해 상처의 역사와 한의 뿌리를 대변하는 꽃이 되는 것이다. 구구한 사연이나 감정을 배제한 간결한 묘사와 적절한 비유가 핍진성을 더하고 있다. 다분히 문학적인 연상을 일으키는 얼레지꽃은 이 시인이 부여한 역사적 상상력으로 인해 더욱 구체적인 삶을 얻게 되었다. 다만 ‘이름’에 지나지 않던 이 꽃에 이제는 우리 민족의 상처를 공유하는 역사성이 깃들게 된다. 꽃은 시인에게 시상을 불러일으키고 시인은 꽃에 의미를 부여하면서 서로의 삶을 확장해 간다.

2. 심연 속에 숨은 꽃

‘얼레지꽃’이 지극히 선명한 형상과 이름으로 시인의 상상력을 자극하는 것과 반대로 형상도 불분명하고 따라서 이름도 잘 알 수 없어 묘한 관심을 불러일으키는 꽃도 있다. 나희덕이 그린 「땅 속의 꽃」이 그러하다.

<blockquote>
땅 속에서만 꽃을 피우는 난초가 있다
땅 위로 모습을 드러내는 일이 없기 때문에
그 꽃을 본 사람이 드물다 한다
가을비에 흙이 갈라진 틈으로 향기를 맡고 모여든
흰개미들만이 그 꽃에 들 수 있다
빛에 드러나는 순간 말라버리는 난초와
빛을 피해 흙을 파고드는 흰개미,
어두운 결사에도 불구하고 두 몸은 희디희다

현상되지 않은 필름처럼 끝내 지상으로 떠오르지 않는
온몸이 뿌리로만 이루어진
꽃조차 숨은 뿌리인
</blockquote>

이 시에서 그리고 있는 ‘땅 속의 꽃’은 ‘무화과’와 같은 모순의 꽃이다. 꽃은 일반적으로 뿌리와 상반되는 향일성의 수직적 자세를 취한다. 꽃은 태양을 닮은 강렬하고 순간적인 생명이다. 하루를 주기로 명암을 달리하는 태양처럼 꽃은 순간적으로 명멸하는 생명의 상징이다. 꽃과 불꽃과 여자의 동질적 속성이라 하는 아름다움은 그 속절없는 유한성으로 특징지어진다. ‘영원한 아름다움’이란 일종의 모순어법이라 할 만한 것이다. 반면에 뿌리의 세계란 무명(無明)의 심연이요 유구한 시간성

을 암시한다. 어둠을 질료로 태양을 향해 솟아오르는 꽃은 광대무변한 대지와 뿌리의 생명력을 증언하는 전령과도 같다.

그런데 이 시에서의 꽃은 일반적인 꽃의 생태와는 다르게 땅 속에서 피어난다. 이 꽃은 생명의 전령이라기보다는 어둠을 지향하는 은자(隱者)이다. 한껏 아름다운 자태로 피어올라 한순간이나마 경이와 찬탄을 자아내는 향일성의 운명을 거부하고 대지의 어둠을 자신의 세계로 받아들인 것이다. 마치 세상으로 나아가기를 거부하고 자신만의 세계를 탐구하는 은자처럼 이 꽃은 일종의 신비감을 자아낸다. 이 꽃은 다만 은은한 향기로서 자신의 존재를 드러낸다. 이 향기를 맡고 찾아드는 흰 개미들은 은자의 덕을 느끼고 찾아드는 사람들을 연상시킨다. 세상으로 나아가지 않고 은일한 채 존재의 본질을 탐구하는 사람들이 있듯이 식물의 세계에도 그런 존재가 있다면 바로 이 '땅 속의 꽃'이 그러할 것이다. 이 꽃은 온 몸이 뿌리로 이루어진 채로 대지와 어둠이 함유하고 있는 근원적인 생명력을 신비롭게 증언한다. 이 꽃의 신비로움은 어둠 속에서 오롯이 빛나는 희디흰 몸으로 인해 더욱 강조된다. '빛에 드러나는 순간 말라버리는 난초'와 '빛을 피해 흙을 파고드는 흰개미'가 벌이는 결사의 장면은 건조할 정도로 담담한 이 시에서 가장 역동적인 부분이다.

시의 전반부는 철저히 이 신비로운 꽃의 묘사로 일관한다. 이 꽃은 땅 속에서만 핀다는 그 특이한 속성만으로도 풍부한 시적인 의미를 함축하고 있다. 시인은 정갈하고 절제된 언어로 이 형이상학적인 꽃의 신비한 내포를 담백하게 전달하고 있다. 꽃에 대한 통념을 뒤집는 이 '땅 속의 꽃'의 생태를 통해 눈에 보이는 세계와 보이지 않는 세계 사이의 부질없는 경계에 대해 새삼스럽게 되묻게 된다. 우리의 인식이란 대개 현상에 얽매어 그것의 본질에 대해서는 묵과하기가 쉽다. 꽃의 단발적인 개화에 찬탄하면서도 그 생명의 근원인 대지와 뿌리의 존재에 대해서는 잊고 지내는 편이다. '땅 속의 꽃' 역시 "그 꽃을 본 사람은 드물다” 하고 “현상되지 않은 필름처럼 끝내 지상으로 떠오르지 않는” 숨은 꽃으로서 머물고 말 것이다. ‘땅 속의 꽃’에서 시인은 문득 현상과 본질에 대한 인식론적인 의문을 발견하고 있다. 이 세상은 눈으로 보이는 것 이상의 근원적인 세계와 맞닿아 있음을. 그리고 그 세계란 좀처럼 인식되지 않지만 매우 깊고 본질적인 존재의 근거라는 사실을. “온몸이 뿌리로만 이루어진 / 꽃조차 숨은 뿌리인” 이 역설의 꽃은 시인의 형이상학적이고 존재론적인 의문을 만나 현시된다. 그리하여 꽃과 뿌리란 근원적으로 하나라는 사실을, 생명의 현현이란 반드시 깊고 오랜 시간의 작용에 근거하는 것이라는 사실을 증언한다.

3. 뿌리, 잃어버린 암호

박해람의 시 「블랙박스」에서도 꽃과 뿌리의 깊은 관련을 살펴볼 수 있다. 그런데 이 시에서는 뿌리를 통해 꽃을 보는 것이 아니라 꽃을 통해 뿌리의 존재를 확인한다.

나를 알고 있는 모든 슬픔과 우울함으로
이 오래된 말들을 부화시키고 싶다

어쩌다 부러진 꽃대를 얼른 땅에다 꽂아 둔다.
아내가 혀를 차듯 몇 마디 말과 함께 물을 넣어준다
세상과 세상을 연결해 주는 것이 호흡이 아니라
물인 것을 알았다
뿌리가 생겼나 확인하고 싶어도 할 수 없다.
다만 꽃이 피면 그것이 꽃나무의 새로 생긴 뿌리일 것이다.

이 시에는 '언어'와 '존재'의 문제가 병렬되어 그려진다. 진정한 '말'에 대한 희구와 강렬한 '생명'의 욕구가 절실한 생존의 문제로 제시된다. 이 시의 화자가 추구하는 말은 본래의 모양을 간직하고 있는 말이다. 본래의 말을 잃어버린 사람은 부러진 꽃대처럼 상처의 삶을 살아가는 것이리라. 이 시에서 화자의 아내는 부러진 꽃대에 몇 마디 말과 함께 물을 넣어준다. '말'이 '물'과 같이 필요불가결한 생존의 요건임을 보여주는 대목이다. 뿌리를 잃은 꽃대는 생명의 근원을 잃은 것과 다름없다. 부러진 꽃대에서 피어난 꽃이 유일한 생명의 증거가 될 수 있을 뿐이다.

말을 잃어버린 사람은 뿌리를 잃은 꽃대처럼 삶의 근거를 상실한 것이다. 이 시에서는 말을 잃어버린 사람의 단적인 예로 화자의 친구가 등장한다. "친구가 세상의 모든 말들을 잃어버리고 돌아오자 / 가족들은 서둘러 땅속으로 옮겨 심었다 / 그 친구의 블랙박스는 어디에서도 찾아지지 않는다"에서 말을 잃어버린 것은 극단적인 생존의 위기에 상응하는 것으로 그려진다. 식물의 블랙박스가 뿌리라면 사람의 블랙박스는 감추어진 말일 것이다. 친구의 위기를 증언할 수 있는 유일한 증거인 말이 사라짐으로써 그는 세상과의 소통 가능성을 상실하고 만다. 부러진 꽃대에서 피어난 꽃이 간절한 생명의 항변이듯이 이 친구의 경우도 "마지막 소리가 끊어진 자리에서 / 붉은 꽃이 순식간에 피었다 지는 것을 본 적이 있다"에서처럼 안타까운 절규를 보인 듯하다. "그러고 보면 / 세상 모든 다급함에는 뿌리가 자라는 것 같다"에서는 생명이나 존재의 근거가 위협받는 상황에서 더욱 절실해지는 근원에 대한 강렬한 동경을 보여준다. 친구의 경우는 극단적인 경우이지만 어쩌면 이 시대의 모두가 "압력에 찌그러져 / 본래의 모양을 잃어버린 깊은 암호"로서 세상에서 잊혀진 블랙박스인지도 모른다.

말과 생명의 본원에서 멀어져 뿌리를 잃고 방황하는 오늘날의 삶을 반추하게 하는 시이다. 시인은 부러진 꽃대에서 피어난 꽃잎의 경이로운 생명에서 잃어버린 말과 뿌리에 대한 강렬한 동경을 이끌어낸다. 시인에게 이 꽃잎은 '새로운 곳으로 가는 뿌리'와 상통한다. 꽃잎 그 자체가 눈부신 생명의 현현이고 보면 그것이 곧 새로운 생명의 출발점에 해당하는 뿌리이기도 한 것이다. "그러고 보면 가장 화려한 색깔은 / 맨 마지막에 가서야 몸에서 터져 나온다 / 그 힘으로 어디든 가는 것이다"에서는 생존의 위기 속에서 가장 절실한 생명의 욕구가 분출되며 그것이 곧 존재의 역동성이라는 사실을 역설한다. 시인이라면 '모든 슬픔과 우울함'에서 '오래된 말들을 부화'시킬 수 있는 힘을 얻어낼 터이다.

4. 장엄미와 생명의 섭리

아름다우면서 영원한 것은 일종의 모순어법이라고 했지만 예술의 궁극적 지향은 바로 이 모순을 통합하려는 열정이라 할 만하다. 아름다움과 영원성이 결합하여 이루어낸 미적 성취는 '장엄미'로 대변될 수 있을 것이다. 영원히 아름답게 피어 있는 꽃이 있다면 이 장엄미의 극치라 할 수 있을 텐데 조용미의 시에서 바로 그러한 꽃을 만날 수 있다. 「마량간다」에서 그려내는 꽃의 장엄을 보자.

대웅전 사분합문의 어칸에는 커다란 검은 날개를 가진 나비 열두마리가 붙어 꽃살문의 장엄을 이루고 있다

노란 연둣빛 등을 한 동박새들이 반짝이는 동백잎과 눈 덮인 동백 붉은 꽃들 사이를 장엄인 듯 날아다닌다

대웅전 사분합문의 꽃살무늬를 묘사한 이 시에서 동박새와 동백잎과 동백꽃의 문양, 그리고 나비경첩의 조화는 '장엄'의 경지를 보여주고 있다. 만개한 채로 누대를 지내온 동백꽃 문양이나 활짝 펼친 날개로 그만큼의 시간을 지켜낸 꽃살문의 나비는 영원성을 희구하는 종교와 예술의 정신을 함축하고 있다. 이 시에서 장엄미를 발산하는 또 다른 대상은 '푸조나무'이다. 당진 당전마을의 푸조나무는 기품 있는 고목으로 장엄미를 자아낸다. 대웅전 사분합문 꽃살문의 아름다움에 취해 당전마을을 지나친 시인은, "푸조나무, 푸조나무는 내 머릿속에서 또 한동안 꿈틀거리며 맹렬히 잎을 피우겠다 내게 처음부터 늙은 나무였던 내가 보지 못한 그 나무는"이라며 푸조나무에 대한 상상에 몰입한다. 푸조나무는 그 이름의 독특한 음가로 인해 '꿈틀거리며 맹렬히 잎을 피우'는 듯하다. "내게 처음부터 늙은 나무였던 내가 보지 못한 그 나무"는 '늙은 나무' 또는 '늙은 나'로 애매하게 분절되면서 의미를 배가한다. "마음에 담아두고 펼치지 못하는 것은 병든 몸과 같다"는 다음 구절로 미루어 볼 때 시인은 마음에만 골몰하고 행동하지 못하는 것을 늙고 병약한 것으로 인식하고 있는 것을 알 수 있다. 대웅전 사분합문의 커다란 검은 나비에 반하거나 오래된 거대한 푸조나무에 몰입하는 것은 아무래도 젊고 건강한 사람이 행할 바라고 하기는 어려운 것이다. 시인이 갑작스럽게 '곽탁타'의 이야기를 꺼내는 것도 이런 맥락에서 이해할 수 있다.

곽탁타는 어떤 영혼을 가졌기에 옮겨 심은 나무마다 살아나고 무성히 자라나 가득 열매를 맺었을까 탁타가 가꾼 것은 나무일뿐 아니라 그의 등에 난 혹 또는 세상의 이치.

아무도 모르게 낙타처럼 굽은 등을 쭉 펴보았다가 다시 구부리는 것, 머릿속에 늙은 푸조나무와 검은 나비를 키우기보다 집에 두고 온 산부추분을 살려내

야 하는 일이 먼저인 걸 알겠다

　　나는 늙은 푸조나무도, 밤나방처럼 가만히 붙어 몇백 년이라도 꽃살문을 떠
메고 있으려는 커다란 나비경첩이 주는 무거움도 내려놓고 꽃살문 앞 떠난다
마량 간다 까막섬 간다

　　곽탁타는 나무 가꾸기의 달인으로 알려져 있는 전설적인 인물이다.
'탁타'는 '낙타'란 뜻으로 곱추였던 그가 기꺼이 자신의 이름으로 받아
들인 그의 별명이었다 한다. 그는 타고난 섭리에 따라 본성에 이르는
방식으로 나무를 가꾸었고 자신 또한 그렇게 살아갔다. 섭리를 거스르
지 않고 본성에 이르는 곽탁타의 생존의 방식에서 시인은 건강하고 자
연스러운 삶의 태도를 깨닫는다. 또한 머릿속의 어떠한 장엄의 광경보
다도 살아 있는 풀 한포기 가꾸는 것이 더 의미 있다는 결론에 이른다.
'늙은 푸조나무'와 '커다란 나비경첩'에 매달려 있는 생각의 '무거움'을
내려놓고 시인이 향하는 길은 '집에 두고 온 산부추분'이다. '꽃살문'의
장엄을 지나 시인이 향하는 '까막섬'은 장엄과 영원의 경지보다 더 절
실한, 소박한 생명의 섭리를 암시한다. 꽃살문의 장엄을 완성한 장인의
정신보다 생명을 다룰 줄 알았던 곽탁타에게 더 많이 이끌리는 것으로
보아 앞으로 시인의 행로 역시 미학적 완성 이상으로 삶의 방식에 대한
진지한 질문을 지속해 나갈 것으로 보인다.

교감과 연민의 생명시학

이정록의 시

1. 서정시와 자연

최근 시의 두드러진 현상은 전통적인 서정시의 범주를 지키는 시들과 그로부터의 과감한 일탈을 도모하는 시들이 보이는 양극화 현상이다. 이 두 가지 경향의 시들은 우리 현대시사에서 각각 뚜렷한 계보를 형성하고 있지만 대체로 서정적인 시들이 주류를 이루는 가운데 일부 실험적인 시들이 혁신과 모험의 전위를 이루는 예외적 소수의 역할을 담당해 왔다고 할 수 있다. 그런데 최근 들어서는 서정시의 범주에서 일탈하는 새로운 감성의 시들이 양적으로 크게 증대하면서 그 비중과 역할에 변화가 일어나고 있는 듯하다. 예외적 소수의 범위를 넘어 대량 생산되고 있는 이러한 시들은 문화적 전위로서의 의미보다는 시대적 징후를 드러내는 일종의 사회현상으로 이해된다.

우리시의 지형도를 바꾸고 있는 이러한 변화의 근저에는 전면적인 도시화와 대량소비사회로의 진입 같은 전반적인 사회 변동이 작동하고 있다. 예컨대 도시에서 태어나 줄곧 도시에서만 생활해 온 대다수 젊은 시인들의 경우 자연친화적인 전통 서정시의 감성으로는 표현할 수 없는 독자적인 의식과 감각의 영역이 자리할 수밖에 없는 것이다. 그들이 몰입하는 탈자연의 새로운 감성은 도시의 삶과 정서를 닮아 지극히 파편적이고 고립된 장면들로 구축된다. 자아와 세계의 소통과 교감을 특성으로 하는 전통적인 서정의 세계는 기피와 부정의 대상이 된다. 고립되고 소외된 자아의 실상을 그에 상응하는 단속적이고 파편화된 이미지로 그려내는 이들의 시는 전면적인 감수성의 혁명에 이르지도 못하고 서정시에 내재하는 소통의 기율에서도 지나치게 벗어난 채 폐쇄적인 자의식의 회로를 부유하고 있다.

우리 시의 전반적인 지각 변동을 예고하는 젊은 시인들의 폐쇄적이고 파편화된 언어에서 느끼게 되는 가장 큰 우려는 소통 불능의 현상이다. 현대사회에서 고립된 단자들의 적막한 내면을 지나친 쇄말주의로 그려낸 시들은 현실보다 더 답답한 소통 부재의 공간을 창출하고 있다. 감수성의 혁명과 의식의 확대에 이르지 못하는 소통 불능의 언어들은 시의 역할과 운신의 폭을 더욱 축소시킬 뿐이다. 고립과 소외의 자폐적인 공간으로 함몰하는 이런 시들에 비해 교감과 소통에 대한 기대를 고수하는 서정시들의 의미는 오히려 새롭게 다가온다. 오랫동안 시의 전형으로 자리잡아 온 서정시에는 시에 대한 보편적인 이해와 기대의 지평이 내재하고 있다. '자아와 세계의 통합'이니 '동일성의 시학'이니 하는 고전적인 명제들이 함축하고 있는 서정시의 원리가 그것이다. 요즘에도 많은 시들이 타성에 의한 것이든 자각된 것이든 이러한 서정시의 특성을 보유하고 있다.

이정록은 서정시의 전통을 유지하고 있는 시인들 가운데 상당히 주목받는 시인이다. 그의 시가 구태의연한 서정시의 표본에 머물지 않고 구체적인 실감을 동반하는 통합된 감수성의 가능성을 보여주기 때문이다. 그의 생활 공간이 도시가 아닌 자연에 가깝다는 사실이 그의 시에 체험의 구체성을 부여한다. 즉 그는 요즘 흔치 않은 자연친화적 삶의 경험이 풍부한 시인으로서 자연에 대한 원초적 감수성에 기인하는 저력을 내포하고 있다. 이정록의 시에서 자연은 관찰의 대상이나 풍경으로서 존재하는 것이 아니라 삶의 근거와 감성의 기원으로 작용한다. 그의 시에는 자연에 대한 찬탄과 환호보다는 내밀한 관조와 교감이 자리한다. 그의 삶이 자연에 밀착되어 있기 때문이다. 그렇다고 자연 중심적인 관점을 보이는 것은 아니다. 그의 시는 항상 자연에 대한 관조와 호응에서 출발하지만 결코 인간적인 시선에서 벗어나지 않는다. 인간이 함몰된 자연을 그리기보다는 자연과 인간이 소통하는 현장을 보여줌으로써 그의 시는 현실과 유리되지 않는 실감을 확보한다. 요컨대 이정록의 시는 이 시대의 서정시가 취할 수 있는 현실적인 관점과 감성의 가능성을 드러낸다는 점에서 대표성을 갖는다고 할 수 있다.

2. 인간적인 관점과 연민의 감정

이정록의 시는 자연을 소재로 무궁무진한 사유와 성찰이 가능함을 증명한다. 단순한 자연의 소묘에 그치지 않고 항상 인간적인 관점으로 굴절되는 과정에서 시의 의미는 보다 풍부해진다.

남쪽으로
가지를 몰아놓은 저 졸참나무
북쪽 그늘진 둥치에만

이끼가 무성하다

아가야
아가야
미끄러지지 말아라

포대기 끈을 동여매듯
댕댕이덩굴이
푸른 이끼를 휘감고 있다

저 포대기 끈을 풀어보면
안다, 나무의 남쪽이
더 깊게 패여 있다

햇살만 그득했지
이끼도 없던 허허벌판의 앞가슴
지가 더 힘들었던 것이다

덩굴이 지나간 자리가
갈비뼈를 도려낸 듯 오목하다

—「나무도 가슴이 시리다」 전문

이 시는 졸참나무에 대한 사실적인 관찰에서 시작된다. 해가 비치는 남쪽으로 잔가지가 많이 뻗쳐있고 북쪽은 그늘져 이끼가 무성한 것은 어느 나무에서나 흔히 발견되는 자연스러운 생리이다. 그런데 이를 보는 시인의 눈길은 자못 인간적이다. 푸른 이끼를 휘감고 있는 댕댕이덩굴에서 그는 뜻밖에도 포대기 끈을 연상해낸다. 나무의 등 쪽에 붙어 있는 푸른 이끼는 어미 등에 매달린 아가와 동일시된다. 그렇다면 이끼가 자라지 않는 남쪽 기둥은 새끼를 품을 수 없는 허허벌판의 앞가슴이

되는 셈이다. 이런 인간적 관점이 사실적 소묘와 절묘하게 일치하는 것
또한 이정록 시의 특징이라 할 만하다. 이 시의 끝 부분은 덩굴이 지나
간 깊은 흔적을 갈비뼈를 도려낸 듯 오목한 상처자국에 비유함으로써
자식을 잃은 허허로운 심정을 표현하고 있다.

'나무도 가슴이 시리다'라는 이 시의 관점은 지극히 인간적이다. 이
정록의 시는 자연친화적이지만 인간 중심적인 시각에서 벗어나지는 않
는다. 그의 시선은 자연현상에 내밀하게 침투하면서도 결국 인간 중심
의 사유로 전환된다. 이는 그의 생태학적 상상력이 갖는 한계라기보다
는 가능성이라고 할 수 있다. 어차피 철저하게 중립적인 사유가 불가능
한 것이라면 인간의 관점에서 자연과의 교감과 공생을 도모해야 할 것
이다. 자연과 인간이 공생하는 길은 서로의 생명을 존중하고 보존하려
고 애쓰는 것이다. 생명의 소중함과 존속의 본능을 긍정하는 것이 그
일차적인 방법이라고 할 때, 나무에서 모성의 본질을 발견하는 이 시의
관점은 바람직한 인간중심주의의 한 방향을 제시한다고 볼 수 있다.

인간 중심적인 사유가 가장 자연친화적인 양상으로 발현되는 경우는
'연민'이라는 확산적 감성이 작용하는 때이다. 유한한 생명을 가진 존재
로서 '나'와 '너', '인간'이나 '자연'이 갖는 유대감을 인식할 때 각자의
생명이 갖는 의미는 각별해지지 않을 수 없다. 이정록의 인간 중심적인
사유는 '연민'이라는 감정적 유대감을 바탕에 둠으로써 생명시학으로서
의 뚜렷한 의미를 확보한다. "병원에 갈 채비를 하며 / 어머니께서 / 한
소식 던지신다 // 허리가 아프니까 / 세상이 다 의자로 보여야 / 꽃도 열매
도, 그게 다 / 의자에 앉아 있는 것이여"(「의자」) 할 때의 동병상련이야말
로 자연과 인간의 공존을 가능케 하는 교감의 근원이라 할 수 있다. 이
런 인간 중심적인 사유는 또한 철저한 관찰의 시나 중립적인 관점의 시
들보다도 공감의 폭이 넓고 표현의 영역이 다양하다는 측면에서도 바
람직한 방향을 제시하는 것으로 보인다.

3. 죽음의 관찰과 삶의 통찰

이정록의 시는 자연친화적이고 생명 지향적이지만 생명 예찬으로 일
관하지는 않는다. 그의 시에서는 오히려 삶보다 죽음이, 생성보다 소멸
이 더 철저하고 깊이 있게 다루어진다. 많은 시들이 죽음을 직접적인
소재로 삼고 있다. 죽음을 바라보는 그의 시각은 지극히 냉정하고 관조
적이다.

티베트 라롱 마을의 산꼭대기, 天葬의 시신을 독수리들이 파먹는다. 독수리
들의 발톱 사이로, 온전하게 손가락 발가락만이 남는다. 가솔들의 양식을 끌어
들이고 밥을 짓던 손발에 대한 경배가 아니다, 오로지 밥이 되잖기에 남은 것
이다

—「天葬」 부분

돼지머리는
제대로 한 번 앉아보려고
목덜미 아래를 버린 것 같다

선지피는
단풍잎이 다 들이마셨나

도끼가 지나간 자리로
산 하나를 꿰차고 있다

—「산 하나를 방석 삼아」 부분

갈수록 賻儀란 한자가 반듯하게 써진다. 꼿꼿하게 잘 나온다. 쓰는 김에 몇
장 더 써놓을까? 흠칫 놀랄 때 많아졌다. 편지봉투를 묶고있던 종이 띠에, 수갑
처럼 양손을 끼워 넣는다. 손가락도 묶지 못하고 툭 끊어진다. 슬픔이나 설렘

없이 편지봉투를 꺼내는, 내 손에서 屍臭가 났다

> ―「겉봉에만 쓰는 편지」부분

할아버지가 숨을 놓자
혼자 살던 집에 사람 북적인다

저렇게
食口가 많았던가

> ―「목련나무엔 빈방이 많다」부분

　죽음을 묘사한 어느 대목을 보아도 즉물적인 묘사와 객관적 진술이 지배적이다. 특히 「천장(天葬)」과 「산 하나를 방석 삼아」에 나타나는 주검의 묘사는 철저하게 물화된 이미지를 창출하고 있다는 점에서 인상적이다. 「천장(天葬)」에서는 기찻간에서 읽은 티베트 라롱 마을의 천장 풍습에 대한 사실적인 취재 기사를 통해 죽음의 의미에 새롭게 천착하는 시이다. 손바닥 발바닥에 남은 손금들마저 곱게 빻아서 독수리의 뱃속으로 디밀고 완전히 무화시키는 충격적인 장례 방식을 보며 시인은 그 특유의 역동적인 상상력으로 상행과 하행을 무수히 반복한 열차들의 손가락 발가락과 힘겨운 한 생애의 종말을 떠올린다. 티베트의 천장과 다르지 않게 우리의 삶이라는 것도 뼛가루가 쏟아질 때까지 "불 달아오른 부젓가락 위에서 몸 지지며 살아온 것" 아니냐는 냉철한 주장을 행한다. 죽음에 대한 사유도 결국은 삶에 대한 통찰로 회귀하는 시인의 특성을 여기서도 확인할 수 있다. 「산 하나를 방석 삼아」는 단풍나무 아래 버려진 돼지머리의 묘사를 통해 죽음을 물화시키고 희화화한다. 돼지머리가 산 하나를 방석 삼아 앉아 있다는 대담한 발상이 붉은 단풍나무가 선지피를 들이마신 것으로, 도끼가 지나간 자리로 산 하나를 꿰차고 있는 형상의 묘사로 이어진다. 철저하게 물화된 죽음의 이미지를 그려내던 이 시도 마지막 부분에서는 "잘린 목으로 / 일찍 떨어진 낙엽을 / 어루만지고 있다"고 하여 언뜻 인간적인 관점을 내비친다. '잘린 목'과 '일찍 떨어진 낙엽'의 유사성을 통해 유한한 생의 비애를 포착하고 있는 것이다.

「겉봉에만 쓰는 편지」와 「목련나무엔 빈방이 많다」에서는 조금 다르게 죽음의 풍경을 목격하는 화자 자신의 사유가 드러난다. 「겉봉에만 쓰는 편지」에서는 갈수록 죽음의 소식에 무감각해지는 자신에 대한 반성적 성찰이 나타난다. 편지봉투가 영수통지나 부의 봉투가 되어 가고 있는 삭막한 현실이 '봉투'를 매개로 일관성 있게 그려진다. 이 시에서도 역시 죽음이 갖는 현실적 의미와 적막한 광경이 인상 깊게 표현되고 있다. 「목련나무엔 빈방이 많다」에서는 한 노인의 쓸쓸한 죽음을 통해 삶의 비애를 그리고 있다. "가까이 다가서니 / 언제부터 펄럭였나 / 빛 바랜 달력 한 장 // 빈방잇슴 / 보이라 절절 끄름"에서 나타나는 적막감에 대비되어 "목련나무의 빈방 안에서 / 곡(哭)소리 새나온다 // 건을 벗어 / 문상(問喪)하는 목련꽃 이파리들"에서 보이는 연민의 정서는 더욱 강화된다.

이정록의 시에서는 죽음에 대한 사유조차도 삶에 대한 통찰로 귀결된다. 그의 관심은 죽음에 대한 관념적이고 존재론적인 사유로 치닫지 않고 항상 일상적 현실로 되돌아온다. 그의 시에서 그려지는 처절하리만치 적막한 죽음의 풍경은 한없이 쓸쓸한 삶의 실상과 다르지 않다. 탈신비화되고 물화된 죽음의 묘사를 통해 그는 삶의 실상을 적나라하게 투영해 보인다. 이 시대의 과도한 죽음의 이미지들이 제각각 폐쇄적이고 고립된 자아를 노출하는 것에 비해 이정록의 시는 보편적인 삶의 의미에 대한 질문으로 이어지면서 공감의 폭을 확대한다. 냉정하고 처절한 죽음의 풍경에 이어지는 아련한 연민과 비애의 정서 또한 감정적 유대를 확보하는 중요한 요인이라 할 수 있다.

4. 풍부한 자연의 비유와 이미지의 역동성

이정록의 시가 남다른 공감대를 확보하는 것은 서정시에서 익숙한 동일성의 원리를 바탕으로 보편적인 삶의 의미를 추구하기 때문이다. 이 외에도 그의 시가 표현 면에서 보여주는 친숙하고 평이한 서술 방식이 소통의 효율을 높이는 것으로 보인다. 젊은 시인들이 즐기는 폐쇄적인 언어나 암호 같은 문법이 그의 시에는 전혀 드러나지 않는다. 지극히 평이하고 정확한 문장들만으로 담담한 진술을 행할 뿐이다. 별다른 시적 향취가 느껴지지 않는 평서형의 완결된 문장들이 주류를 이룬다는 점은 그의 시가 보여주는 개성 아닌 개성이라 할 만하다. 시적인 포즈가 제거된 담백하고 평이한 문장들이 그의 시의 진솔한 느낌을 보강한다.

> 잘 마른
> 핏빛 고추를 다듬는다
> 햇살을 치고 오를 것 같은 물고기에게서
> 반나절 넘게 꼭지를 떼어내다 보니
> 반듯한 꼭지가 없다, 몽땅
> 구부러져 있다
>
> 해바라기의 올곧은 열정이
> 해바라기의 목을 휘게 한다
> 그렇다, 고추도 햇살 쪽으로
> 몸을 디밀어 올린 것이다
> 그 끝없는 깡다구가 고추를 붉게 익힌 것이다
> 햇살 때문만이 아니다, 구부러지는 힘으로
> 고추는 죽어서도 맵다

물고기가 휘어지는 것은
물살을 치고 오르기 때문이다
그래, 이제, 말하겠다
내 마음의 꼭지가, 너를 향해
잘못 박힌 못처럼
굽어버렸다

자, 가자!

굽은 못도
고추 꼭지도
비늘 좋은 물고기의 등뼈를 닮았다

—「구부러진다는 것」 전문

　이 시를 통해 그의 시에서 흔히 쓰이는 작법을 살펴볼 수 있다. 그의 시는 대부분 평범한 일상의 체험을 바탕으로 한다. 이 시는 "잘 마른/ 핏빛 고추를 다듬는다"라는 첫 문장에서 보이듯 고추를 다듬으면서 떠올린 단상에서 출발한다. 싱싱하게 잘 익은 나선형의 고추가 신선한 물고기를 연상시키고 이러한 비유의 연관성은 뒷부분에서도 계속 이어지게 된다. 일상적인 체험과 각별한 성찰의 순간은 그의 시에서 기본적인 추동력이 된다. 이 시에서는 고추를 다듬다보니 반듯한 꼭지가 없이 모두 구부러져 있다는 사실을 발견한 것이 착상의 계기를 이룬다. 평이한 서술로 일관하는 가운데 특별한 발견의 순간을 강조하기 위해 "반듯한 꼭지가 없다, 몽땅/ 구부러져 있다"에서와 같은 재치 있는 시행 이월을 행하고 있다.
　시상이 지나치게 단조로워지지 않도록 몇 가지 상관되는 이미지를 병치시켜 의미와 표현의 확산을 꾀하는 것도 그의 시에서 즐겨 사용되는 방법이다. 이 시에서는 구부러진 고추의 이미지에 해바라기, 물고기,

굽은 못 등의 이미지를 연계시키고 있다. 그리고 이 모든 자연과 물상의 이미지들은 지극히 인간적인 의미를 향해 집약된다. "그래, 이제, 말하겠다"라고 힘겹게 고백하는 사실은 "내 마음의 꼭지가, 너를 향해 / 잘못 박힌 못처럼 / 굽어버렸다"는 내면의 진심이다. 고추나 해바라기의 목이 굽고 물고기의 등뼈가 휘어지는 것도 모두 무언가를 향한 강렬한 열망 때문이라는 인간 중심적인 사유가 통합된 이미지의 연계로 확증되는 것이다. 「더딘 사랑」에서도 이 시와 비슷하게 인간적인 관점과 자연현상이 결합하여 비약적으로 귀결된다. "그대여 / 모든 게 순간이었다고 말하지 마라 / 달은 윙크 한번 하는 데 한 달이나 걸린다"라고 하여 자연에서 사랑의 방식을 배울 것을 제안한다. 그의 시에서 쓰이는 풍부한 자연의 비유는 그의 유심론적 사유와 긴밀하게 호응하면서 흥미로운 상상의 장을 이룬다.

그의 시는 대체로 이와 같이 평이한 고백체의 서술로 진정성을 확보하는 한편 다채로운 이미지의 연계를 통해 단조로움을 극복하고 의미의 확산을 꾀하는 방식을 취한다. 「천장(天葬)」에서는 기차에서 읽은 월간 『지오』의 기사에 착안하여, 손바닥 발바닥에 남아 있는 손금들마저 알뜰하게 던져지는 '천장'과 힘겨운 일생들을 쏟아놓는 열차의 이미지를 연결시키고 있다. 「겉봉에만 쓰는 편지」에서는 부의 봉투의 '남빛 지느러미'와 관련지어 '부조함 속에 든 흰 봉투들'은 '어망에 든 조기 떼'로 '망자'는 '비늘 좋은 고기'로 '지하영안실'은 '물 빠진 수족관' 등으로 자유로운 연상을 이어나간다. 비유의 연관이 긴밀하면서도 역동적이어서 삶에 대한 흥미롭고 깊이 있는 통찰을 이끌어내는 것은 그의 시가 갖는 괄목할 만한 특징이다. 그는 자연과 사물에 대해 예리한 관찰을 행하는 한편 인간 중심적인 사유로서 그것을 집약해낸다. 마음을 열고 소통할 때 자연과 인간이 연민의 정서로 일치되는 교감의 장이 열리는 것이다.

5. 소통과 연대의 꿈

　폐쇄적인 자의식에 몰두하는 도시적 감성의 시들이 증가하는 가운데 이정록의 시는 서정시의 전통적인 미학과 모범적인 문법을 고수하면서 꿋꿋하게 자신의 세계를 다져나가고 있다. 그의 시는 까다롭고 불편한 암호 없이 편안하게 교감할 수 있다는 장점을 지녔다. 저마다 개성을 주장하고 고도의 위장술을 발휘하여 자신을 은폐하는 소통 불능의 언어들이 넘쳐나는 이 시대에 자연과 인간, 자신과 타자와의 교감을 도모하는 그의 시는 오히려 신선하게 다가온다.

　그의 시는 쉽게 읽히지만 결코 단순하고 상투적인 생각을 드러내는 것은 아니다. 자연과 일상에 대한 면밀한 관찰을 삶에 대한 깊이 있는 통찰로 이끄는 것은 그의 시가 갖는 저력의 근거이다. 그의 시에서는 갖가지 자연현상들이 인간 중심적인 관점에 포착되어 일관된 맥락을 형성한다. 그는 인간 중심의 시선으로 자연과 인간이 연대를 이루는 공생과 교감의 장을 그림으로써 삶의 실감과 유리되지 않는다. 그는 또한 일방적인 생명 예찬보다는 죽음을 포괄하는 삶의 본질을 예리하게 포착해냄으로써 더욱 근원적인 통찰을 행한다.

　그의 시를 끌어가는 지배적인 정서는 ‘연민’이다. 연민은 소통과 교감을 전제로 하는 지극히 이타적인 정서이다. 연민은 모든 유한하고 불완전한 존재에게 바쳐지는 비애의 감정이다. 「주름살 사이의 젖은 그늘」에 나오듯 늙은 암소가 “제 젖은 목 주름을 보여주고는 / 저를 후려 팬 노인의 / 골진 이마를 물끄러미 바라”볼 때의 그렁거리는 눈물 같은 것이다. 자연과 인간은 모두 유한한 운명을 견디면서 서로 의지하며 살아가야 할 나약한 존재들이다. 시인은 연민이라는 보편적 감성으로 이 유한한 존재들의 연대와 교감의 가능성을 타진한다. 그가 꿈꾸는 시는 다름 아닌 ‘좋은 술집’과도 같이 고달픈 삶을 위로하는 안식처 같은 것이다.

하고많은 꿈 중에 내 꿈 하나는, 오도독오도독 생쌀을 씹으며 돌아가는 서늘
한 밤을 건네주고 싶은 것이다 이미 멈춰버린 가슴속 발동기에 시동을 걸어주
고, 어깨 숙인 사람들의 등줄기나 사타구니에 왕겨 한 줌 껄끄럽게 집어넣는
것이다 웃통을 벗어 탈탈 달빛을 털기도 하고 서로의 옷에서 검불도 떼어주는
어깨동무의 밤길을 돌려주고 싶은 것이다 논두렁이나 자갈길에 멈춰 서서 짐
승처럼 울부짖게 하는 것이다

—「좋은 술집」 부분

고립되고 폐쇄적인 자의식 과잉의 시대에 이렇게 투박하게 교감과 소통을
소통을 도모하는 시를 만나는 것은, 시인의 바람처럼 문닫은 방앗간을
개조해놓은 좋은 술집을 찾아가는 것 같은 느낌이다. 그의 시는 가슴속
발동기도 돌려주고 굽은 등도 펴주는 좋은 술집 같은 감정의 해방구가
되고자 한다. 교감과 연민은 서로의 고통과 비애를 이해할 때 가능해지
는 유대감이다. "허리가 아프니까 / 세상이 다 의자로 보여야 / 꽃도 열매
도, 그게 다 / 의자에 앉아 있는 것이여"라고 하는 동병상련의 감정이다.
모두가 힘들게 앓고 있는 이 시대의 시 역시 연민 어린 눈길로 의자 하
나 내어주는 교감의 장이 되어야 하지 않을까 싶다. 그래서 참 따뜻한
시 「의자」를 흉내내며 이렇게 끝맺고 싶어진다.

싸우지 말고 살아라
시 쓰고 문학하며 사는 게 별거냐
그늘 좋고 풍경 좋은 데다가
의자 몇 개 내놓는 거여

자연의 시에 대한 동경

이재무 · 함민복의 시

 삶의 공간이 전반적으로 도시화되고 있는 현재에도 많은 시인들은 시적 영감의 원형을 자연에서 찾는다. 어린 시절을 자연과 친숙한 환경에서 보냈을 경우는 더욱 그러하다. 자연은 고향과 더불어 원초적인 행복감과 근원에 대한 향수를 불러일으키는 특별한 공간이다. 자연에서의 체험은 도시적 삶의 피로에서 벗어나 있는 신성불가침의 영역을 이룬다. 자연의 체험을 기억하고 있는 자들에게 그것은 진정한 삶의 지평으로 자리잡고 있다. 삶의 원형으로서의 자연은 미적인 인식에 있어서도 최고의 지향점으로서 제시된다. 그들에게 자연은 영원한 창조력의 근원이며 삶의 전체성에 대한 통찰을 제공하기 때문이다. 자연에 감응할 수 있는 시인들은 공감과 역동의 시를 꿈꿀 수 있다. 이재무와 함민복은 자연과 도시 생활을 두루 체험했으며, 자연을 현재적 삶과 긴밀하게 실감의 차원으로 관련짓는 시인들로서 주목된다.

1. 무위의 율동―이재무

　이재무의 시세계는 자연에 대한 원초적 기억과 도시의 일상 사이에서 긴장을 유지하며 지속되어 왔다. 맹목적인 자연 예찬에 그치지도 않고 피폐한 도시적 이미지에 집착하지도 않으면서 양자를 실감 있게 아우른다. 그의 시는 정서와 의식의 뿌리를 이루는 자연의 체험과 절실한 현실이 되어 있는 도시의 삶 모두를 충실하게 반영하는 진솔한 고백과 진지한 모색을 담고 있다. 그의 시가 보여주는 건강한 느낌은 도시의 삶에서 왜소화된 자아의 저편에 놓인 원형으로서의 자연에 대한 동경과 일체감을 드러내는 데서 온다. 현재의 삶이 아무리 피폐하더라도 자연과 호응하는 감각과 기억을 간직하고 있기 때문이다. 자연의 역동하는 기운과 유구한 작용에 찬탄하는 그의 시는 원초적인 삶의 느낌을 잃지 않는다.

　아마도 시인이 꿈꾸는 위대한 시는 자연의 율동과 힘을 간직한 것이리라. 자연의 묘사에서 그의 눈길은 그 장엄하고 황홀한 율동에 도취된다. 그에게 있어 시란 무릇 바다의 파도와 같이 자유롭고 활달해야 하는 것이다.

> 수십 수백 마리의 장엄하고도 도저한
> 행진을 보라
> 저것이야말로 위대한 잔치가 아니냐
> 저들, 바다의 건달들이 추는 무위의 춤사위
> 그으름 낀 영혼의 등피 닦는다
> 자유를 사는 저 바다의 시인들을 보라

―「바다의 시인들」 부분

　시란 바다의 시인들이 보여주는 '무위의 춤사위'처럼, 이유가 없이 지속되는 것일 때 가장 자유롭고 아름답다. 자율적인 율동만으로 충분히 아름다운 자연의 시는 인위적인 세상의 '그으름 낀 영혼의 등피'를 닦아주는 원형의 질료이다. 바다의 시인들은 태초의 율동을 통해 황홀한 충족감을 준다. 원초적 율동의 느낌은 세계와 자아의 일체감을 환기시킴으로써 영혼을 치유할 수 있다. 무위의 도를 실천하는 자연의 작용이 그러한 것처럼 바다의 시인들은 이유 없는 율동으로 영혼을 위무한다. 시인은 바다의 율동에서, 의미를 강요하지 않으면서 변화를 일으킬 수 있는 위대한 시를 발견한다. 인간의 시들 중에서도 가장 좋은 것들은 의미하지 않고 존재할 뿐이며 단순하면서도 주술적인 리듬을 내포한다는 사실을 새삼 상기하게 된다. 시의 생명력은 자연의 율동과 불가분의 관련을 갖는다. 그러나 오늘날 이 자연의 율동은 점차 잊혀지고 사라져 가고 있다. 자연과 현실의 거리에 민감한 시인은 바다의 시인들을 기꺼이 찬탄하는 데서 그치지 못하고 "멸종해 가는 바다의 원주민들이 아프고 괴롭다"고 고백한다. 바다의 시인들이 사라져가는 이유는, 그들이 열연하는 황홀하고 찬란한 오페라에 귀기울이는 사람들이 없기 때문이다. 원초적 기억 속에 자연의 율동이 자리하고 있지 않다면 그것은 더 이상 '찬란한 오페라'나 '귀 부신 행진곡'으로 느껴지지 않는 것이다. 시인이 격앙된 어조로 바다의 시를 찬미하는 것은 잊혀져가는 자연의 율동에 대한 감각을 일깨우기 위함이다. 자연의 율동에 대한 감응은 원초적인 삶의 느낌을 깨닫게 한다.

　자연의 율동을 대표하는 바다는 원초적 생명력을 함축한 생육의 장이기도 하다. 바다를 묘사할 때 시인은 한껏 고양된 밝고 유쾌한 분위기를 창출한다. 「해돋이」에서는 바다의 풍요로운 이미지와 햇빛의 눈부신 이미지가 합쳐져 행복감이 넘치는 공간을 이루고 있다. "해가 돋는다 / 바다와 하늘이 만나 만든 꽃밭 / 저리 환하니 / 물고기들 오늘 하루도 지느러미 세우고 / 부지런히 바다 누비며 통통 살이 찌겠지"와 같이 동시적 상상력이 돋보이는 자족적인 세계가 그려진다. 자연이 이루는 조화와 화합의 공간이야말로 모든 생명의 근간이 된다. 생명의 터전은 '바다와 하늘이 만나 만든 꽃밭'처럼 자연스럽고 아름답고 단순하다. 시인의 시선이 자연에 밀착될수록 단순하고 충일해지는 것을 눈여겨보아야 한다. 자연과 생명의 원리는 단순하고 조화롭다. 자연의 본질을 포착하는 시인의 시선 또한 그러하다. 자연의 단순성에 의심 없이 빠져든 이 시는 한없이 밝고 평화롭다. 어릴 적 살았던 고향의 느낌이 그러하듯이.

「서산 마애석불」에서도 자연은 역시 환한 웃음과 같은 것으로 다가온다. 물론 돌이 함축한 웃음은 바다의 웃음보다 훨씬 인간적이다. 바다와 햇빛이 꽃밭을 이루었던 것처럼 돌의 웃음도 시인에게는 '꽃'으로 인식된다. "돌 속에 새겨진 무애한/저 웃음이야말로 꽃 아니고 무엇이랴"에서 돌의 웃음은 바다의 시처럼 무위의 도를 실천하는 자연의 미학이다. 돌의 웃음은 "보는 이의 가슴에 활짝 천진을 꽃 피우는 무소불위의 힘"을 가지고 있다. 천년을 지지 않은 웃음의 꽃은 자연의 유구한 생명력을 보여준다. 이 강력한 웃음꽃이 몸속에 스미면 생활의 퍼런 독이 녹을 정도이다. 바다의 건달들이 추는 무위의 춤사위가 그으름 낀 영혼의 등피를 닦는 것처럼 무애한 돌의 웃음은 생활의 독을 제거하는 치유의 작용을 한다. 자연의 권능은 무위의 힘에서 나온다. 아무런 목적도 이유도 없이 한없이 지속되는 단순하고 천진한 율동은 인간적 번뇌를 초월한다. 석불은 자신을 매만졌던 사람의 설움과 미움도 훌쩍 넘어서 환한 웃음만을 꽃피우고 있다. 자연의 시는 인화의 웃음과 같아서 번뇌를 다독이고 생명의 느낌을 일깨운다.

시인은 원초적인 생명의 장인 자연에 대한 강렬한 동경을 지니고 있다. 자연의 시들에 내재한 무애와 인화의 힘은 그의 시가 지향하는 바이기도 하다. 그의 시가 지니는 진솔하고 활달한 느낌은 가식이 없는 자연의 시를 닮았다. 자연의 원초적 힘에 대한 동경은 「푸른 늑대를 찾아서」에서 매우 인상적으로 그려진다.

내 생전 언젠가는 찾아갈 거야, 푸른 고독
광도 높은 별들 따로 떨어져 으스스 춥고
쩡쩡 우는 한 겨울 백지의 광야
방랑과 유목의 부족 찾아갈 거야 처음 그들은
낯선 이방인 두려운 적의로 맞겠지만
청동 빛 근육에서 동족의, 굽이치는 피의 유전과
마음의 시장기 무청처럼 퍼런 얼굴에서 읽어내고는
네 발 달린 짐승 하나 불쑥 적선하겠지

—「푸른 늑대를 찾아서」 부분

 '푸른 늑대'는 시인이 지향하는 강한 원시적 생명의 상징과도 같다. '푸른' 고독의 빛깔을 띠고 있는 이 늑대는 세상에서 거리가 먼 '방랑과 유목'의 피를 간직하고 있다. 푸른 늑대는 번다한 생활의 독을 과감하게 떨쳐버리고 본능이 명하는 대로 살고 싶은 욕망의 표현이다. "초원에서는 더러 행위와 동기가 한 몸이라서 / 더운 피가 시키는 대로 달리는 것뿐 / 딴 뜻 있어 달리는 것은 아니지 / 추상이나 개념만으로 세계를 읽을 순 없지 / 달리고 또 달리다 보면 맨발에 달라붙는 진흙 같은 / 잡념 따위 바람 앞에 검불로 흩어지고 걸핏하면 찾아와 / 몸과 마음 물어뜯던, 까닭 없고 대상 없던 우울과 초조, / 울분이며 분노 등속 햇살 만난 눈처럼 사라지겠지"에서 그가 지향하는 세계는 명백해진다. 본능이 명하는 대로 거침없이 살다 미련 없이 생을 마감하는 장렬한 삶을 꿈꾸는 것이다. 온갖 번잡스런 세상 잡사로부터 자유롭게, 피의 이끌림대로 살고 싶다는 원시적 충동이 그를 이끈다. 추상이나 관념의 세계는 그가 벗어나고 싶어 하는 생활의 독이다. 그는 행동을 결여한 사변적인 인간에서 벗어나 푸른 늑대처럼 생의 본능에 충실한 자아를 원한다.
 그러나 현실의 자아는 푸른 늑대처럼 싱싱한 본능의 힘을 보여주지 못하고 생활의 악취를 품어내는 무력한 모습이다. 「냄새」에서 보여주는 적나라한 일상의 묘사에서 '나'는 냄새 때문에 가족들까지도 기피하는

가장이다. "지난 과오의 생이 피우는 내의 권위"에서 비롯된 그 냄새는
오래 묵어 은은한 향기도 아니고 싱싱하고 비릿한 생명의 증거도 아니
다. 그것은 오랫동안 빠져 있던 생활의 독과 허위의 삶이 풍기는 악취
이다. 냄새라는 원초적 감각을 통해서 시인은 생활에 찌든 일상의 자아
를 가차 없이 비판한다. 그의 내면은 푸른 늑대처럼 싱싱한 피의 부름
을 쫓고 있는 것이다.

자연의 원시적 생명력에 대한 동경은 이재무 시의 동력을 이룬다. 그
의 시에서는 자연의 힘과 율동에 대한 근원적 이끌림을 느낄 수 있다.
근원에 대한 동경을 간직한 시인은 행복하다. 그에게는 과오의 생을 되
돌려 돌아가고픈 고향이 존재하는 것이기 때문이다. 행복의 원형인 고
향은 창조적이고 자율적인 생명과 자아와의 일체감을 제공한다. 관념의
허위를 과감하게 떨치고 푸른 늑대의 삶을 지향하는 그의 시는 요즘 시
로서는 드물게 활달하고 굳건한 기상을 보여준다. 진솔하고 건강한 그
의 시가 더욱 자연의 시에 가까워져 잊혀져가는 원초적 율동과 소리를
살려내기 바란다.

2. 평평한 마음의 길—함민복

최근 함민복의 시는 그의 시의 커다란 두 가지 경향, 즉 문명 비판적
인 시들과 자연과의 친연성을 보여주는 시들 가운데 후자 쪽에 더 많은
비중이 실려 있다. 최근 시들에서는 시인이 10여 년째 살고 있는 강화
도에서의 생활이 중요한 배경을 이룬다. 바다와 갯벌과 하늘은 시인에
게 평평한 세상의 이치를 새롭게 각성하는 계기가 된다. 마천루의 빌딩
숲에 가려 수직으로 솟아 있던 하늘이 바다나 갯벌과 맞닿아 수평선을

이루는 곳에서 시인은 문명과 대조되는 자연의 원리를 확인한다. 그는 도시에서의 삶이 "벼랑을 쌓아올리는 일"이었음을 돌이켜보게 된다. 도시는 "24평 벼랑의 집에 살기 위해 / 42층 벼랑의 직장으로 출근하고 / 좀더 튼튼한 벼랑에 취직하기 위해 / 새벽부터 도서관에 가고 가다가 / 속도의 벼랑인 길 위에서 굴러 떨어져 죽기도 하"(「옥탑방」)는 비정한 생존의 장이다. 도시의 수직 구조는 끝없는 경쟁과 탈락의 과정을 양산하는 배제의 원리를 함축하고 있다. 이는 수평적인 자연의 구조가 우열의 차별 없이 모든 구성원들을 포용하는 것과 대조적이다. 견고한 수직의 구조를 유지하기 위해 도시는 점점 더 딱딱해지고 차가워진다. 경화되어 가는 도시는 죽음의 징후를 드러내는 것이다.

시인이 갯벌의 말랑말랑한 흙에 감탄하는 것은 도시와는 전혀 다른 삶의 감촉을 느낄 수 있기 때문이다. 말랑말랑한 것은 다른 존재를 깃들게 하고 숨쉴 수 있게 하고 서로를 붙잡아 준다. 뻘밭은 평평한 대지에 무수히 많은 생명이 깃들어 있는 신비로운 자연의 집이다. "딱딱한 놈들도 부드러운 놈들도 / 제 몸보다 높은 곳에 집을 지은 놈 하나 없"(「뻘밭」)는 이곳은 서로를 낮추고 더불어 살아가는 공존의 장이다. "말랑말랑한 흙이 말랑말랑 발을 잡아준다"(「뻘」)는 느낌을 통해 시인은 부드러움의 커다란 힘을 확인한다. 말랑말랑한 뻘밭은 딱딱하게 죽어가는 문명과 대척점에서 변함없는 생명의 원리를 증명한다. "거대한 반죽 뻘은 큰 말씀이다 / 쉽게 만들 것은 / 아무것도 없다는 / 물컹물컹한 말씀이다"(「딱딱하게 발기만 하는 문명에게」)에서 '물컹물컹한 말씀'은 딱딱하게 정형화되는 문명과 달리 "무엇을 만드는 법을 보여주는 게 아니라 / 함부로 만들지 않는 법"이 생을 보장한다는 노장적 사유와 상통한다. 인위적인 제도나 질서를 부정한 노장철학이 무위자연에서 삶의 지혜를 도출했던 것처럼 시인은 현대문명의 위력과 폐해를 경고하며 평평하고 부드러운 자연에서 그 비판적 대안을 찾고 있다.

평평한 것들로 향해지는 시인의 눈길은 위태롭게 솟아오르는 수직적 세계를 반성하게 한다. '그림자'는 '뻘밭'과 마찬가지로 수평적 세계에 대한 시인의 관심이 집중되는 대상이다. 그림자는 높낮이가 없이 평평하다. 다른 물상과 빛에 기대어 존재하는 그림자는 한없이 낮고 미약하다. 시인은 "불타며 / 마지막 자신의 모습을 / 다른 몸을 빌려 그려보는 / 그림자들의 화엄"(「불타는 그림자」)에서 삶과 죽음의 순환적 고리를 간파한다. 삶은 그림자 속에서 예고된 죽음을 확인하고 그림자는 삶을 통해 죽음을 증명할 수 있다. 「질긴 그림자」에서 그림자는 삶의 궁극적 거처인 죽음의 존재를 극적으로 표출한다.

태양이 어서 일터로 나가라고
넥타이를 매주듯 그림자를 매주었다
농부들이 들판에서 그림자를 파내고 있었다

달이 뒤에서 앞에서 자신의 포즈까지 바꾸며
뒷모습만 나오는 흑백 그림자를 찍어 주었다
올빼미가 제 그림자가 되어준 들쥐를 내리쪼았다

불빛 속에서 그림자가 화들짝 튀어나왔다
죽음만이 실재하고 살아가는 모든 일들이
죽음의 그림자일 뿐이라는 생각이 타올랐다

—「질긴 그림자」 전문

이 시는 아침부터 밤까지의 시간 동안 다양한 대상에서 발견되는 그림자를 그리고 있다. 자신의 무덤을 파듯 그칠 줄 모르고 일하는 농부, 올빼미에게 내리쪼이는 들쥐, 불빛 속에서 튀어나오는 그림자는 강렬한 죽음의 이미지들을 순간적으로 포착하고 있다. 모든 물상이 이끌고 있는 죽음의 검은 그림자는 죽음이 삶을 지배하는 궁극의 지점이라는 통찰을 가져 온다. 삶 속에 깃든 죽음의 그림자를 의식할 때 현란한 물질문명의 결말을 감지할 수 있다.

시인에게 그림자는 또한 그리움이고 기억이다. "천만 결 물살에도 배 그림자 지워지지 않는다"(「그리움」)에서는 한 마디로 진한 그리움의 정서를 표현한다. "기억이여 // 태양빛으로 빚은 그림자의 씨앗 / 머리에 촘촘히 박고 서 있는"(「해바라기」)에서 그림자는 태양을 향한 해바라기의 간절한 그리움과 집요한 기억의 징표이다.

그림자를 통해 시인은 지극히 섬세하고 내밀한 마음의 흔적을 드러낸다. 수직상승하는 화려한 문명의 그늘에서 고요하게 침잠한 채 마음의 움직임을 그려낸다. 시인의 마음 역시 딱딱하고 꼿꼿하게 솟아오르는 수직의 문명과는 다르게 말랑말랑하고 평평하게 퍼져나가는 수평의 움직임을 보여준다. "삐뚤삐뚤 / 날면서도 / 꽃송이 찾아 앉는 / 나비를 보아라 // 마음아"(「나를 위로하며」)에서 마음은 나비와 같이 유연하면서도 분명한 움직임을 지향한다. 시인에게 세상에서의 길찾기는 그리 수월하지가 않기 때문이다.

시인의 길찾기는 길 자체의 움직임에 주목하는 방식을 수행한다. 그의 시에서 길은 독자적인 유기체처럼 능동적으로 자신의 존재를 드러낸다. "길도 길을 간다 / 제자리걸음으로 / 제 몸길을 통해 / 더 넓고 탄탄한 길로 / 길이 아니었던 시절로 // 가다가 // 문득 / 터널 귓바퀴 세우고 / 자신이 가고 있는 길의 소리 듣는다"(「길의 길」)에서처럼 길은 스스로 자신의 길을 간다. 시인은 사람들이 만든 흔적으로서가 아니라 스스로 존재하는 자연의 길에서 삶의 의미를 찾으려 한다. 가령 "식물들은 살아온 몸뚱이가 가본 길이다"(「길」)에서는 식물의 길을 통해 삶에서 죽음으로 이어지는 생의 행로를 확인하며, "길이 길을 잡아먹는 만큼 길은 길인 것"(「길 위에서 깔려 죽은 뱀은 납작하다」)에서는 자신을 온통 투신해야 만들어지는 길의 어려움을 드러낸다.

그 많은 길 중에 가장 인상 깊은 길은 자신의 길을 포기하면서 타자의 길이 되어주는 길들이다. "아직 가 보고 싶은 길 더 있어 / 길 벗어나기도 하는 바퀴들 이탈 막아주려 // 몸 속 탱탱히 품었던 공기 바람에 풀고 / 움직이지 않는 길의 바퀴가 되어 // (…중략…) // 몸 반 묻고 / 드디어 길이 된"(「폐타이어」) 경우가 그것이다. 자신을 포기하고 다른 길의 바퀴가 되는 것은 또 다른 길의 방향을 보여준다. 「폐타이어·2」에서의 바퀴는 리어카 뒤에 매달려 브레이크 역할을 한다. "구르는 바퀴를 굴러본 바퀴가 붙잡는 봄 // 어미 가슴팍 또 한 겹 얇아진다"에서 시인 특유의 모성적 사유를 살필 수 있다. 자신의 희생을 통해 다른 길을 보호하는 이러한 길의 존재는 숭고한 삶의 방식을 보여준다. 이는 자신을 한껏 낮추어 다른 길의 몸이 되려 하는 평평한 마음에서 비롯된다.

그러나 이러한 숭고한 모성적 사유가 이기적이고 공격적인 삶의 방식들을 보조하는 데서 그치거나 무조건적인 희생을 종용하는 수단이 되는 것은 애써 경계해야 할 것이다. 시인은 자본주의와 문명의 병폐를 반성하고 극복할 수 있는 대안을 자연의 구체적인 생태나 마음의 움직임 속에서 긴밀하게 모색하고 있다. 수직상승하는 문명의 위기를 제어할 수평의 세상과 마음에 대한 시인의 통찰은 근원적인 것이고 설득력이 있다. 맹목적인 자연 예찬이나 희생의 덕목에 기대지 않고, 지금까지 보여주었던 것처럼 문명과 자연 사이에서 날카로운 비판과 통찰의 안목을 유지해나가도록 해야 할 것이다. 그는 요즘 보기 드물게 삶과 시가 일치되어 있는 천형의 시인이다. 문명의 불길한 그림자를 주시하며 뻘밭의 지혜를 길어 올리는 그는 이 시대가 각별히 주목해야 할 시인이다.